班主任专业基本功书系
丛书主编　齐学红

育人故事

齐学红　主编

YUREN
GUSHI

南京师范大学出版社

图书在版编目(CIP)数据

育人故事 / 齐学红主编. —南京：南京师范大学出版社，2022.7（2024.1重印）
（班主任专业基本功书系 / 齐学红主编）
ISBN 978-7-5651-5327-3

Ⅰ.①育… Ⅱ.①齐… Ⅲ.①中小学—班主任工作 Ⅳ.① G635.16

中国版本图书馆 CIP 数据核字（2022）第 094943 号

丛 书 名	班主任专业基本功书系
丛书主编	齐学红
书 名	育人故事
主 编	齐学红
丛书策划	张　春
责任编辑	李丛竹
出版发行	南京师范大学出版社
地 址	江苏省南京市玄武区后宰门西村 9 号（邮编：210016）
电 话	（025）83598919（总编办）　83598412（营销部）　83373872（邮购部）
网 址	http://press.njnu.edu.cn
电子信箱	nspzbb@njnu.edu.cn
照 排	南京凯建文化发展有限公司
印 刷	南京迅驰彩色印刷有限公司
开 本	710 毫米×1000 毫米　1/16
印 张	19.75
字 数	323 千
版 次	2022 年 7 月第 1 版　2024 年 1 月第 5 次印刷
书 号	ISBN 978-7-5651-5327-3
定 价	62.00 元
出 版 人	张鹏

南京师大版图书若有印装问题请与销售商调换
版权所有　侵犯必究

序

国运兴衰,系于教育,教育的根本在教师。班主任是教师中的骨干,是学校德育工作的中坚力量。班级是学校教育的基层组织和教学活动的基本单位,班主任工作是学校进行日常思想品德教育和指导学生健康成长的重要途径。班主任与学生朝夕相处,对班级学生的全面发展负有重要责任,对学生成长发挥着举足轻重的作用。学校各个部门的工作,各科任课教师的教学,几乎都离不开班主任,都需要通过班主任或者在班主任的支持协调下进行。因此,班主任工作的重要性怎么强调都不为过,怎么重视也不为多。

班主任工作很重要。在学校,条条渠道通向班主任,"上面千条线,下面一根针"。通过班主任的协调,可以将校内各项工作在班级范围内组织成为一个整体,以整体的力量对学生施加教育影响。班主任是桥梁,连接着学校、家庭和社会。学生是鲜活的,是家庭、社会中的人;教育是立体的、多维的,不是学校单方面的。班主任必须关注社会,走向家庭,对来自各方面的繁杂信息进行鉴别、筛选,给予必要的协调和正确的引导。可以说,班主任是学校各项工作的聚焦处,是学校、家庭、社会协同育人的交汇点。

班主任工作很辛苦。班主任既要做教学工作,又要做班主任工作。无数班主任忘我地、全身心地投入到忙碌而烦琐的教育工作之中,投入到对学生敏锐的观察与细致入微的关心之中。为了完成建班育人的任务,班主任需要付出数倍于他人的努力,以辛勤的劳动和无私的奉献教育学生、感染学生,从而成为促进学生全面健康成长的重要力量。

班主任工作很光荣。随着社会的不断进步和发展,当代学生的思想意识也在不断发生着变化。在教育教学工作中,班主任肩负的使命既光荣又神圣,班主任不仅应是一名好老师,成为学生的良师益友,更要关心学生的发展,成为学生健康成长的引路人,引导学生在德智体美劳诸方面得到全面而充分的发展。为此,江苏省及长三角地区从2012年起组织开展中小学班主任基本功比赛,不仅是为了选拔出一批优秀班主任,表彰先进,树立典型,为班主任成长发展搭建平台,更重要的是,通过比赛在校内外营造"尊重班主任、关心班主任、发展班主任"的良好氛围和生态环境,增强班主任的成就感和幸福感。

党的十八大以来,以习近平同志为核心的党中央高度重视教育工作,始终关注教师队伍建设。习近平总书记2014年同北京师范大学师生代表座谈时指出:"各级党委和政府要从战略高度来认识教师工作的极端重要性。"在2020年9月教师节到来之际,习近平总书记希望广大教师"不忘立德树人初心,牢记为党育人、为国育才使命,积极探索新时代教育教学方法,不断提升教书育人本领,为培养德智体美劳全面发展的社会主义建设者和接班人作出新的更大贡献"。面对"十四五"发展新目标,面对社会主义现代化建设新阶段,面对实现中华民族伟大复兴新征程,广大班主任要积极融入,积极作为,积极贡献。

新形势需要新担当,新时代呼唤新作为。我们正处在向着全面建成社会主义现代化强国的第二个百年奋斗目标迈进的新时代。我国教育改革发展站在新的历史起点,既面临着前所未有的机遇,也面临着前所未有的挑战。广大班主任和教育工作者要坚持立德树人、全程育人,不断探索教书育人的方法与途径,为推进社会主义现代化建设、为实现中华民族伟大复兴培养更多的优秀人才。

一是以生为本,做有温度的班主任。人无德不立,做人是做学问、干事业的前提。立德树人是中国教育的根本任务,作为"中小学日常思想道德教育和学生管理工作的主要实施者","中小学生健康成长的引领者",班主任更要大力加强德育工作,推进社会主义核心价值观教育,将德育工作融入教育教学全过程。要"眼中有人、心中有德",自觉把学生发展放在第一位,关注学生的身心健康和人格的全面发展,将"以生为本"落实到班主任工作的方方面面。

二要加强研学,做有深度的班主任。苏霍姆林斯基说:"只有当教师的知识视野比学校教学大纲宽广得无可比拟的时候,教师才能成为教育过程中的真正能手、艺术家和诗人。"班主任要成为自觉的学习者,不断提升自己的学习能力,向同行学,向专家学,在书本中学,在实践中学,还要向学生学,与学生一起学,成为学生的良师益友,与学生一起享受成长的快乐。"学而不思则罔,思而不学则殆"一句话道出了学习与思考的关系。班主任应具备较强的研究意识和研究能力,善于将日常的工作转化为学习和研究的资源,通过研究来促进班主任专业素养和能力的全面提升。2021年7月,中共中央办公厅、国务院办公厅印发了《关于进一步减轻义务教育阶段学生作业负担和校外培训负担的意见》,受到了社会的广泛关注,对教育教学产生了重大影响。作为班主任,更要主动加强研究,抓住"双减"契机更好地促进学生素质的全面发展。

三要组织协调,做有广度的班主任。教育离不开先进的理念,同时也离不开接地气的资源整合。一个优秀的班主任,应该在自己的工作实践中不断提升教育资源整合能力,让各种资源在同向同行中形成协同效应。作为新时代的班主任,要积极转变观念,充分借助家长委员会、家长支持小组、社会教育基地、社区教育工作者等资源,加强与家庭、社会的有效沟通,形成家校社合作协同育人的良好局面。

四要信念常在,做有高度的班主任。一个优秀的班主任,应该志存高远,对自己的班主任工作有信念,始终坚守理想;有追求,永远憧憬明天;有希望,持续寻求突破。一个优秀的班主任,会认真规划发展蓝图,清楚自身现状与班主任专业素养要求之间的差距,不断提升自己的专业道德、专业知识、专业技能,树立强烈的神圣感、责任感、使命感,全身心投入工作,创造诗意的教育生活,享受班主任工作的幸福。

为学习贯彻习近平总书记关于教育的重要论述,落实立德树人根本任务,展示新时代班主任的综合素质、专业水平和育人能力,2021年7月,教育部基础教育司印发《关于开展2021年全国中小学班主任基本功和思政课教师教学基本功展示交流活动的通知》(教基司函〔2021〕29号),组织开展全国中小学班主任基本功展示交流活动。这一举措对于推动中小学校加强班主任队伍专业化建设,发挥班主任在落实立德树人根本任务中的骨干作用,提高班集体建设、学生发展指导、家校沟通合作等方面的专业化水平,切实增强班主任的职业认同感、荣誉感、责任感,起着非常重要的作用。

为了帮助广大中小学班主任准确理解和把握班主任基本功展示交流活动的要求与特点、理念与策略、做法与经验,基于班主任基本功展示交流活动,切实提升班主任的专业素养,南京师范大学出版社组织编写了《班主任

专业基本功》的配套用书《主题班会》《育人故事》《带班方略》,该系列图书吸纳了德育和班主任工作领域专家学者的最新成果,以及近年来在江苏省中小学班主任基本功比赛中获奖并参加长三角地区中小学班主任基本功比赛选手的鲜活案例和典型经验。相信该丛书的出版将对江苏省乃至全国中小学班主任的专业成长,促进基础教育的高质量发展起到积极的推动作用。

是为序。

2022 年 5 月

前　言

为学习贯彻习近平总书记"七一"讲话的重要精神，落实立德树人根本任务，展示新时代中小学班主任和思政课教师队伍的综合素质、专业水平和育人能力，2021年7月5日教育部基础教育司发出了《关于开展2021年全国中小学班主任基本功和思政课教师教学基本功展示交流活动的通知》（教基司函〔2021〕29号），将中小学班主任基本功与思政课教师的教学基本功放在同等重要的位置，凸显了班主任育人工作地位的重要性，开启了班主任专业化成长的实践路径。在全国范围内进行班主任基本功展示活动是史无前例的，其旨在为全国中小学班主任提供展示交流的平台，推动班主任队伍建设和班主任专业素养的提升；该举措是班主任制度史的一件大事，有着深远的历史意义和现实意义。

我作为长三角地区中小学班主任基本功大赛的评委，十年间领略了班主任基本功大赛中涌现出的一批优秀班主任的教育智慧和专业风采，见证了基本功大赛对于班主任专业成长及队伍建设发挥的重要作用。这里，我将对照全国中小学班主任基本功展示交流中"育人故事"的相关要求，结合自己在评审中发现的问题，对班主任如何写好育人故事，进行简要的内容辨析和观念澄清，进而帮助大家更好地定位和把握班主任育人故事的要旨所在。

一、育人故事的构成要素

育人故事要求以爱岗敬业、价值观教育、班级管理、师生沟通、家校共育等为切入点，讲述班主任工作中的育人故事，并结合新时期学生成长过程中的新情况、新变化，彰显班主任人格魅力，体现班主任的专业素养和教育情怀。

从班主任专业化的视角来看，带班育人故事是班主任面向学生个体或集体开展的教育，是班主任育人理念和方法策略的叙事性表达，凸显了班主任育人工作的情境性、丰富性，在细节处见精神，考察的是班主任对于教育问题

的敏感与觉察,对于育人过程和方法策略的批判与反思,不是成功经验的简单介绍。

育人故事的内容一般包括"案例素描"原因分析"方法策略"等要素。在案例素描部分,应尽可能详细地呈现案例学生(个体或集体)的背景性知识,以及班主任对学生的认识与了解过程,但案例素描不是心理学或医学诊断中的条目化罗列。班主任对学生个体特征与差异性的了解越充分,对学生问题的把握越准确,方法策略就越有针对性和实效性。在原因分析部分,应体现学生问题形成的复杂性、获取信息渠道的多样性、分析诊断的全面性;在方法策略层面,应体现教育手段的多样性、方法策略的针对性,不是泛泛而谈,空洞说教。优秀的育人故事为我们展现了班主任与学生沟通的艺术,以及润物无声的教育智慧,是班主任带班育人能力的集中体现。

二、班主任育人故事中的专业意识和能力

班主任育人故事中的专业意识和能力具体体现在如下三个方面。

(一)研究学生的意识和能力

育人故事更多地指向学生个体,体现班主任面向个体开展教育的意识和能力,以及育人工作的情境性、复杂性,应从学生个体或班级集体存在的问题出发,比如手机管理、网络安全、青少年交往问题等,以青少年社会性学习与发展为目标开展有针对性的教育引导工作。

班主任的专业意识首先体现为面向全体或个体学生开展教育的意识,没有长期以来对于学生深入细致的调查研究,班主任就不可能走进学生的内心世界,了解学生的所思所想,以及学生在成长过程中面对的困惑和烦恼;缺少基于学生立场的同情同理心,势必无法讲出入情入理、生动感人的育人故事,也无法形成清晰的教育目标和育人理念。为此,班主任应自觉成为研究学生的专家,深入研究不同年龄阶段学生身心发展的特点,准确把握青少年认知、情感、社会性交往以及世界观、人生观、价值观的形成规律,确立自己的班级育人理念。

（二）整合教育资源的意识和能力

中小学班主任基本功展示凸显了班主任整合班级教育资源的意识和能力。班主任作为班级的主任级教师，除了面对学生及其家长之外，还承担着建设班级教育团队的责任，需要沟通与协调班级任课教师的教育力量，形成家校共育的教育合力。当面对班级个别学生或班级集体中出现的问题时，班主任要善于向家长、教师甚至学生借力。为此，应树立整合教育资源意识和课程开发意识，将学生存在的问题转变为教育资源；善于发挥班级教育团队的力量，借助心理教师、家长委员会的力量，将随机的、分散的班级活动转化为促进青少年社会性发展的系列课程，增强班级育人工作的科学性和有效性。这些都会使育人故事更为生动、鲜活，具有教育意义。

（三）批判反思的意识和能力

中小学班主任基本功展示意在引领班主任在日常工作与生活中研究与思考，把班主任工作变为研究的田野。班级不仅是青少年进行社会性学习与发展的场所，更是班主任开展研究、提高自身专业意识和水平、体验班主任职业幸福、获得专业成长的重要场所；育人故事凸显了班主任带班育人工作的复杂性、情境性，方法策略的针对性，以及班主任的批判反思意识与能力。

综上所述，班主任育人故事及其展示活动基于班主任的日常生活，关注生活，源于生活，引领生活，在促进班主任专业成长方面发挥了巨大作用。我们希望通过《育人故事》这部图书，体现班主任育人工作的理念、方法与策略，引领中小学班主任老师讲好教育故事，讲好中国的班主任故事，推动班主任专业素养的全面提升。

目　录

序 ———————————————————————————— 001
前　言 ———————————————————————— 001

小学篇

导　语 ———————————————————————— 003

个别教育 ———————————————————— 005

那只可爱的"跳跳虎" ————————————————— 006
讲光阴故事，品幸福滋味 ——————————————— 009
向心灵深处漫溯 ——————————————————— 012
"小讨厌"不讨厌 ——————————————————— 015
天乐的"工具箱" —————————————————— 019
大拇指的回报 ———————————————————— 021
花开有期，一起静待 ————————————————— 024
撑一支长篙，在星辉斑斓里放歌 ———————————— 027
你从崖边跌落 ———————————————————— 030
我和"小树女孩"的故事 ——————————————— 034

集体教育 ———————————————————— 038

擦亮孩子心中的那抹红 ———————————————— 039
与"新成员"一起成长 ———————————————— 042
"理想座位"的诞生 ————————————————— 045
小纸条里的大智慧 —————————————————— 048
我的情感班集体建设 ————————————————— 051

和孩子一起编织故事 —— 055
陪着孩子"追星筑梦" —— 059
我们出书啦 —— 062

特别教育 —— 065

我想和你一起"虚度"时光 —— 066
有一种相遇，唯美了我整个曾经 —— 069
"育花"与"育人" —— 072
长大后我要成为你 —— 074
让每一个生命都灿烂 —— 077
阅读点亮"孤独的星" —— 080
"小蜗牛"成长记 —— 083

家校共育 —— 086

"毛毛虫"的蜕变 —— 087
"协同"更需"携手" —— 089
那个一言不发的女孩 —— 092
"大圣"归来 —— 095

与学生共成长 —— 098

校门口的一场风波 —— 099
"插班生"可以跑出加速度 —— 103

专家点评　彰显人格魅力，体现专业素养（黄正平）—— 106

初中篇

导　语 —— 113

个别教育 —— 115

"留白"的力量 —— 116

万物有时，花开有期 —— 119
心中的水仙 —— 122
把梦铺到学生脚下 —— 125
做一名"心灵摆渡人" —— 128
"扭转乾坤"的舞台 —— 131
我牵挂的女孩 —— 134
一双会流泪的眼睛 —— 137
孤零零的志愿 —— 140

集体教育 —— 143
闪耀吧，劳动之星！ —— 144
一次"成功"的校园合唱比赛 —— 147
红色棒球帽 —— 150
"迟到"的祝福 —— 152
美丽的"蝴蝶效应" —— 155
用爱成就未来 —— 158

青春期教育 —— 161
一朵小红花 —— 162
QQ之王 —— 165
不能说的秘密 —— 168
那一朵盛开的蔷薇花 —— 171
解开心灵之锁 —— 174

家校共育 —— 178
"懂事"的背后 —— 179
春天是一点一点化开的 —— 183
将"沼泽"变成"池塘" —— 186
一封信的距离 —— 189

育人故事

与学生共成长 —— 192
笔尖记录的成长 —— 193
守望学生成长 —— 196
被"打扰"的幸福 —— 199

专家点评　用爱讲好育人故事（颜　莹） —— 202

高中篇

导　语 —— 207

个别教育 —— 209
好样的俊逸 —— 210
用爱照亮"被遗忘的角落" —— 213
枫叶是自己红起来的 —— 216
人生的惊喜 —— 219
"网红"风波 —— 222
"育"见花开 —— 225
一根弦的吉他 —— 228
爱，是要用爱来点燃的 —— 231
一碗鱼汤 —— 234
把爱种进学生心田 —— 237

集体教育 —— 240
素衣锦袍，少年犹在 —— 241
我与"秦明"斗智斗勇的那些年 —— 243
目　送 —— 247
一起飞过高山 —— 250
虫儿飞 —— 253

青春期教育 — 256
- 用赞扬燃心中之火 — 257
- 带"刺"的鲜花一样美丽 — 260
- 老师,我向她表白了 — 263
- 我没有监护人 — 265

家校共育 — 268
- 陪着你,在疼痛中成长 — 269
- "可爱多"回来了 — 272
- "剧"说 — 275

与学生共成长 — 278
- 我和我的"小可爱"们 — 279
- 学会"真"爱 — 282
- 始于误会,终于沟通 — 285
- "伤疤"带来的幸福 — 288
- "走近"才能"走进" — 290
- 一次危险的家访 — 293

专家点评　理念、策略与智慧
　　　　　　——班主任育人故事三要素(齐学红) — 296

Primary School

小学篇

导　语

　　根据班主任育人故事的主题和内容,我们将"小学篇"分为"个别教育""集体教育""特别教育""家校共育""与学生共成长"五个部分。其中,"个别教育"与"集体教育"是班主任工作的核心内容;面对特殊儿童的"特别教育"针对的是当下班主任工作中的现实难题;在《家庭教育促进法》出台的时代背景下,"家校共育"特别凸显了班主任协同家长开展教育的意识和能力;"与学生共成长"凸显的是班主任在带班育人过程中的自我反思意识和能力。

　　小学生正处在身心发展的关键期,表现出好奇多问、表现欲强、好胜心强、专注力不够等身心发展特点;如同植物生长的播种育苗期需要更多的看护,小学阶段的学生,尤其需要得到父母与家人、老师与同学的关爱与陪伴。在班主任的育人故事中,班主任老师大多善于运用赏识激励的教育原则,发现每个孩子身上的闪光点。在与学生共同面对一个个具体问题或困扰的过程中,班主任要发现和创造教育的契机,成为善于把握教育细节的"心灵捕手"! 当面对特殊儿童的特殊教育问题时,班主任的实践智慧则需转化为一份特别的爱心与耐心,以及不离不弃的教育坚守。一些孩子在成长过程中父母陪伴缺位、家庭教育缺失,班主任老师更是自觉担起了"代理父母"的责任,将特别的关爱给予特别的儿童,通过为其创造展示才能的机会,家校协同,帮助他们重获学习与生活的自信。

　　除了对个别学生有针对性的教育引导之外,班主任老师还会面向班集体,主动寻找与创造一个个教育契机,例如,班级的植物角、排座位、留言板、"追星筑梦"、"写书行动"等,致力于营造民主、平等、公平、信任、尊重、关爱的育人环境,充分发挥集体教育的作用与影响。在班主任老师对学生真情付出、用心陪伴的过程中,他们也收获了独特的、充满温情的教育体验,为自己的职业生涯留下了一段段弥足珍贵、值得回味的光阴故事。

个别教育

> 教育的艺术不在于传授本领,而在于激励、唤醒、鼓舞。
>
> ——第斯多惠

> 21世纪无疑是"学会关心"的世纪。……孩子们时刻在我们周围向我们展开生命的叙述,寻求我们的对话和理解。
>
> ——冯建军《生命化教育》

那只可爱的"跳跳虎"

孩子的成长需要家长的陪伴,但很多家长忙于工作,往往只顾着给予孩子物质的富足而忽视日常的陪伴,家中老人成为教育孩子的主力军。"隔代亲""隔代疼"往往使孩子以自我为中心,他们渴望交往但不会与人交往。

2018年9月,秋光正好,我迎来了一年级新生。刚入学的那几天,孩子们都有点怯怯的,简直把我说的话当成了"圣旨"。课间,我陪着他们一起聊天,一起玩耍,眼睛逡巡四周,留心每个孩子,防止他们发生磕着碰着的小意外。不一会儿,一个小家伙一蹦一跳地来到我面前。"跳跳虎"家明个子小小的,一双黑黑的大眼睛特别好看,尤其是那又长又卷的睫毛,跟小刷子一样。

一到课间,家明就像一个不明飞行器,穿行在同学们中间,追追这个,拉拉那个,像鱼儿一样滑过女孩子们的游戏搭桥,一转眼又在黑板上胡写乱画。有时,他跑得太快,为了防止他磕碰,我会一把拉住这个小家伙,温柔地提醒他注意行走安全。家明却睁着大眼睛看着我,顽皮地说:"老师,我没跑,我就是走得快哦。老师,你和我玩吧。"他拉着我的手,仰着小脸,大大的眼睛里流露出期待的神情。

这时,旁边的女孩子们忙说:"别和他玩,他会打人!"我看了一眼家明,他先是愣了一下,然后脸噌的一下红了,大声说:"不玩就不玩,我还不想和你们玩呢。"说着,他挣脱了我的手,飞快地钻进了教室。

透过窗户,我看到家明趴在课桌上,小小的背影有些孤单、落寞。其实,经过一段时间的观察,我发现,家明跳来跳去,活泼调皮,看似无忧无虑,其实他很孤单……孤单的"跳跳虎"希望制造点动静来吸引大家的关注,希望有人来和他一起玩耍。

怎么让家明找到朋友呢?那就让我先做他的朋友吧!于是,课间我就和家明玩起了自创的游戏,把写好内容的纸条贴在板上当作"苹果",摘下哪个"苹果",就当众大声读出来。

"我是好孩子家明!"

"家明不爱吃大猪蹄子!"

我小声地念一遍,家明大声跟读一遍,我们的笑声吸引了同学们,大家先是围观,渐渐地也加入进来,几个小脑袋凑到一起,玩得可开心了。

看着家明和同学们开开心心地一起玩,我很高兴自己的策略成功了,一种为人师的成就感油然而生。看来,不让一个孩子游离于集体之外,离不开教育智慧啊。

利用课余时间,我又给家明讲了很多与友谊相关的绘本故事,《我有友情要出租》《敌人派》……一个个故事像一粒粒种子在他心里生根、发芽。就这样,家明一天天地改变。渐渐地,其他同学"告状"的声音小了、弱了。

我以为家明从此就走上了和大家和谐相处的阳光大道,没想到平静的湖面又起了涟漪。那天道德与法治课,我刚走进教室,小朋友们就喊起来:"老师,家明说你是狗!"一时间,孩子们七嘴八舌地说个不停。我一听,又失望又生气,这孩子竟然骂起老师来了!

讲台上,赫然放着一张"证据"——家明的画。画得不怎么好看,一个小孩咧着大大的嘴巴,手里牵着一条瘦瘦长长的小狗,还有箭头指明:杨老师。白纸黑字,铁证如山,几十双小眼睛齐刷刷地看着我,等着我发落这只调皮的"跳跳虎"。

我望向那个熟悉的座位,家明软软地趴在课桌上,又是惶恐又是委屈的样子。此时,我的眼前浮现起了上个周五放学时的情景:

孩子们一个个雀跃着被父母接走,我也安心地往回走。突然,一位老人叫住了我,一回头,只见一位奶奶手里拎着一个黑袋子,快步追上来。我忙停住,老奶奶一把拉住我的手,然后把黑袋子往我手里塞,说:"老师哎,谢谢你对我们家明这么好哦!他天天回家说老师喜欢他,还陪他玩,他爸爸妈妈在菜市场卖鱼,早出晚归的,也顾不上这小孩……这小孩皮,我追不上他,平时只能关在家里……"奶奶慌慌张张地说着,真诚的心意我是深深地感受到了,袋子里两条大鱼活蹦乱跳,跳得袋子哗哗响。我由衷地赞美了这份真诚的礼物,也成功地让奶奶相信老师不爱吃鱼,但很爱很爱她的孙子……

想到这些,我对孩子们说:"想不想知道这张画背后的故事?"大家听故事的胃口被吊了起来,家明也悄悄地坐正。

我接着说道:"在魔法森林里住着一只跳跳虎,他想跟小动物们玩,可是大家都怕他,怕他锋利的爪子,怕他横冲直撞,怕他震撼山林的吼叫声,怕他乱发脾气。跳跳虎很孤单,爸爸妈妈忙于管理森林,顾不上陪他,奶奶怕他出去闯祸欺负小朋友,总是把他关在家里,跳跳虎觉得好闷啊。只有森林学校的驯鹿老师不怕他,愿意陪他玩。为了回家也有人陪,跳跳虎就想了一个办法,把驯鹿老师变成一只可爱的茶杯犬,经常陪伴他。"

"我知道了,家明就是跳跳虎。"一个孩子叫了起来。教室里一下子安静了。有个女生弱弱地说:"老师不用变成狗,我们也可以做他的好朋友!"

"对!对!我们来陪他玩!"我笑了,孩子们都笑了。

有一句话说得好,友谊的种子不说话,但它会在不经意间开出绚丽的花,唯一需要的就是时间。现在"跳跳虎"已经四年级了,小农场里有他忙碌的身影,运动会上同学们卖力地为他加油助威……时光不语,花开半夏,谁也不记得从什么时候起他已经和全班同学打成了一片。

花开不同期,花开不同样,每个孩子都是努力绽放的花。

(连云港市苍梧小学　杨　思)

讲光阴故事，品幸福滋味

"流光容易把人抛，红了樱桃，绿了芭蕉。"不知不觉，我已经在教师岗位上耕耘了十年，悄然流逝的光阴在我身上留下时间的印迹，更在我的心里积淀了许多温暖的故事。静静地，我常在光阴的故事里行走，去感受乐为人师的幸福以及慎为人师的智慧。

丹桂飘香的九月，寂静了一个暑假的校园又沸腾起来了。我站在教室门口迎接我的新学生。一位爷爷带着一个女孩来到了教室门前："这就是一（2）班，你进去吧。"说罢，爷爷转身离去。我伸出手去接女孩，她却低着头，咬着唇，看也不看我，在门口犹豫了一下便自己走进了教室，我伸出去的手定格在了半空。为此，我也记住了这个特别的女孩——萌萌。

接下来的日子里，渐渐熟悉的孩子们在快乐地学习、游戏着，而萌萌却总是毫无表情地坐在一旁，沉浸在自己的世界里。天啊，这孩子不会有孤独症吧？我的心悬到了半空。我连忙和她在上海读博士的父亲联系，通过交流，我悬着的心才放了下来，萌萌并没有病，只是遭遇有些不一般：前不久妈妈在一次意外事故中去世了，爸爸常年不在家，她只能一直跟着性格比较内向的爷爷。看着与小朋友们格格不入的萌萌，看到她忧郁的眼神，我心痛不已：任何人遭遇了这么大的不幸都有可能一蹶不振，何况她还只是个不到7岁的孩子！本该无忧无虑、纵情玩耍的年纪，却因突遇暴风雨，原本晴朗的天空现在布满了阴霾。我不能眼睁睁地看着这阴霾扩散，不能任由忧郁、悲伤占据孩子的心灵。我该怎么办？我会成为那一道阳光，驱散阴霾，温暖她的心房吗？我一边用心陪伴她，一边静静地思索着。

三月初的一天，结合即将到来的"三八"国际妇女节，我让孩子们回家对妈妈说声"妈妈我爱你"。第二天的班会课上，我请孩子们说说妈妈听了他们话语后的反应，孩子们纷纷表述着自己妈妈的兴奋与激动，在一张张泛红的笑脸中，我看到了萌萌那张忧郁的小脸——我怎么会忘了她呢？她一定在为没能将那句"妈妈,我爱你"说出口而难过吧!我示意孩子们安静下来。

"孩子们!我们来做个游戏好吗?老师闭上眼睛去摸你们的头,摸到谁,谁就可以说声'老师妈妈,我爱你'!"

孩子们都想得到这个机会,他们端正地坐着,期待的眼神都投注到了我的身上。我心存私心,看准萌萌的位置,闭上眼睛摸了过去,伸出双手,我摸到了羊角辫。哈,应该是萌萌。我睁开眼睛,看到她的小脸红彤彤的,紧紧地抱着我的腰,怯生生地说道:"老师妈妈,我爱你!"

"宝贝,我也爱你。"我低下头,紧紧拥抱了她。教室里响起了掌声,我的眼睛禁不住湿润了。这个拥抱不仅温暖了她,也让我的心底升腾起对她别样的情感,似乎不仅仅是同情,又似乎超越了师生间的情谊,我只知道,这小小的人儿早已成为我的牵挂。

初春的雨,缠绵阴冷。我带着孩子过天桥回家,萌萌没有带伞,我走在她的身旁,搂着她的身体,尽量让伞完全遮住她。走着、走着,一只软软的小手拉住了我的手:"老师!小心台阶!"这是萌萌的手,这是来自萌萌的关心。细雨中,我仿佛看到了穿透阴云的一丝阳光。

不知不觉,端午节到了。为了让孩子们了解更多的有关传统节日的知识,我决定给他们送礼物。

周日,我去超市精心挑选了50个鸭蛋,然后把它们洗净、煮熟、晾干,装进蛋网,再用一张张卡片写上不同的话语。

"乐乐,最近锻炼有成效哦,期待你成为运动小健将!"

"启佑,还记得我们的约定吗?要继续努力哦!"

…………

写到萌萌的时候,我停了下来。这个敏感的孩子,最近确实开朗活泼了许多,课间经常能看到她和孩子们一起开心地玩耍,前几天还悄悄地把家里好吃的带来和大家分享,看来也懂得关心别人了……捧着为她"定制"的鸭蛋,就如同看见了她可爱的笑脸,让我不禁分了神。初夏的阳光从密密层层的枝叶间透射下来,地上印满铜钱大小的粼粼光斑,我小心地整理好孩子们的礼物,期待着看到孩子们雀跃的笑脸。

当班会课接近尾声时,我把我准备的礼物拿了出来,孩子们惊喜的表情无法用语言来描述,他们大声读着蛋壳上的话语,用手轻抚着原本并不稀奇的鸭蛋,幸福、快乐、温馨在教室里弥漫。

喧闹间,我特别看向了萌萌,她依然是低着头害羞地笑,不过两颊间的绯红出卖了她内心的波澜。我走过去对她说:"萌萌,你的卡片上写了什么?读出来好吗?"

萌萌抿嘴笑了笑,站起身来,把嘴巴凑近我的耳朵,小声说:"老师,我只想说给你一个人听,谢谢你,我觉得我的妈妈又回来了!"像被电击了一般,我怔在了那里,透过模糊的双眼,萌萌的笑脸更加清晰了,而我的心田,也被这份幸福装满。

爱心最是有情物,化作春风更动人。流逝的光阴里,我和孩子们演绎着属于我们的故事!没有轰轰烈烈的大事,没有惊天动地的壮举,只有一个个用爱积聚的教育幸福。

爱在光阴的故事里绽放,孩子在光阴的故事里成长。而我——在光阴的故事里感受着快乐和幸福!

(淮阴师范学院第一附属小学　刘利娟)

向心灵深处漫溯

这是非洲堇,美丽的花朵像丝绢一样的轻巧与精致,但它又是那么的单薄脆弱。这似乎就是他——小宇的形象。

"我不交,反正交了也是白交,我不会写,全是错的!"

愤怒的声音穿透了整个教室,是小宇!这是我接班后的第一次课堂练习,组长收作业时,小宇坚决不交。组长急了,其他同学也帮着组长,强行从小宇手里抢过作业。经过几双手的蹂躏,练习纸皱得不成样子,小宇的"小宇宙"爆发了!我跨进教室,同学们迅速回到座位。小宇敌视地瞪着我,似乎在说:在你们眼里我就是多余的。我什么话也没说,只是轻轻地从他手里拿过那张纸,细心地把它抚平。这是我们师生的一次无声对抗,从小宇伸手接下练习纸的那一刻,我们的故事就此开始!

经过一番了解,我才得知小宇小时候父母对他很好,可是后来父母离婚,小宇跟着爸爸。没多久父亲再婚,又生了一个妹妹,家人就忽略了他。爸爸虽然爱他,但工作繁忙,脾气又暴躁,唯分数至上,若考试不理想就对他非打即骂。十多岁的小宇孤单、脆弱,他的内心多么急切地想得到爸爸的关爱,于是就用另一种极端的方式吸引父亲的注意:课堂上不是睡觉就是看课外书,作业都是惹得爸爸揍过之后才动笔。他自卑、孤僻、敏感,稍有不顺则不管不顾任意宣泄,同学们都离他远远的。我越是走近他,了解他,越是心疼这个孩子。怎么办呢?

正思索着,一株四叶草跳入我的眼帘。四叶草是幸运的象征,我也要变成小宇的"幸运草"。于是,我每天都默默关注这个孩子,当我批改他按时交来的作业时,我会在他的本子上画上一个笑脸或一个大拇指;当我课堂上巡视走到他身边时,会多停留片刻,摆正他桌上的书本;当他写作业时,我会走过去轻轻摸摸他的头,提醒他注意自己的坐姿……当同学们羡慕他作业本上的"大拇指"时,我捕捉到了小宇得意的神色。就这样,我和小宇的关系似乎拉近了许多,无言的抚慰正在融化小宇冰封的心灵。

一天,我从他的周记本中读到这样一段话:"今天妹妹的外婆来了,她抱着妹妹,亲热地喊着'外婆的小心肝'。喊我小心肝的人在哪呢?"我一下子被触动了:这是一个多么渴望爱的孩子啊!我把小宇带到身边,拉着他的手,看着他的眼睛,一字一句真诚地说:"小宇,妹妹有外婆,你没有;可是妹妹没有徐老师,你有!你有爱你的徐老师和同学!"他一愣,不吱声,眼圈红了。过了许久,才"嗯"了一声。我想这句话或许不能改变他,但是至少已经给他带来些温暖、期待吧!

班长小涵,是一个热心善良、充满正能量的孩子。我找到他,请他帮助小宇。小涵成为小宇同桌,和同学们一起包容他、鼓励他。小涵的妈妈也加入进来,小涵有的书本、笔什么的,小宇也会有。小宇刚开始很排斥,但渐渐地,以前那个傻傻看着窗外发呆的孤独的小宇,开始在操场上和同伴一起奔跑了;放学路上那个贴着墙低头走路的小宇,开始和同学们一起快快乐乐地背古诗了呢!他终于不再是孤单一人……一个朋友、一份友谊,如一阵微风,悄悄地吹开了那扇窗!

可是有一天,小宇再一次发疯般在走廊里宣泄,坐在地上任凭谁喊都不肯起来。看到那个满脸泪水和鼻涕的小孩,我心疼。小宇双手捂着脸,从手指缝里偷瞧着我。他必须自己"站"起来!我的手伸向他,一秒,两秒……世界太安静了,所有人都看着小宇,屏息凝神。最终,小宇伸出了手,把它放到我的掌心,他站起来了!我紧拥着他,轻拍他的背,任凭他的眼泪、鼻涕沾湿我的衣服。一次拉手、一个拥抱,看似简单的肢体语言,传递的却是对他的理解与关爱。他完全放下了抵触。

悄悄"套"了一些话,我才知道,原来那天是小宇的生日,没有人记得。我于是决定和同学们策划给小宇过一次别样的生日。

下午的自习课上,在生日歌中,同学们纷纷给小宇报喜点赞:"小宇,你的英语默写连续5次100分,给你一个赞!""小宇的字写得很认真,给你一个赞!""小宇主动帮助值日生打扫卫生,给你一个赞!"……小宇没有想到在同学眼里自己有这么多优点,他的眼角湿润了。接着我给小宇的爸爸拨打电话:"小宇爸爸,今天是小宇的生日,我想和你分享小宇的进步……"电话那一头,小宇爸爸歉意又感激地连声道谢,电话这一头,小宇泪湿眼眶。后来,我

欣喜地发现小宇的爸爸开始经常主动与我交流孩子成长的点滴。一通电话，拉近了这对父子的距离，消除了家人之间的隔阂！小宇的笑容越来越多。

小宇变成了一株被点燃生命的风信子，在春风中欣然盛放。

小宇喜欢看科技类的书籍，因此积累了丰富的科学知识。在学习《千年梦圆在今朝》这篇课文时，他的那双小眼睛里满满的都是表现欲，不时想要发言。为了保护他的积极性，我对小宇说："小宇，老师知道你热爱航天，你爸爸也是航天科技迷。老师给你一个星期的时间，下周的语文课以'科技'为主题，你来组织吧！"一周后的小宇，站在讲台上，熟练地和大家分享着他和爸爸一星期的努力，自信的眼神是那么的明亮。我静静地欣赏着。老师的信任，是孩子成长的助推器，一次展示的机会，让我们看到了小宇生命的光彩。

当我看到小宇一天天进步，当我看到全班孩子花儿般灿烂的笑脸，我感觉自己真的就是一缕春风，和一群又一群孩子相遇。我渴望向每一个孩子的心灵深处漫溯，带领孩子们向美而行。我在春天里低吟浅唱，用我的爱和智慧续写属于我和孩子们的成长故事！

（盐城市第一小学　徐婷婷）

"小讨厌"不讨厌

为了鼓励学生们积极阅读,我坚持每周推荐阅读文章,要求他们每天阅读半小时,每两周进行一次阅读分享,每月开展一次阅读小竞赛。同时,我还鼓励他们尝试写一写阅读摘抄。考虑到学生间的能力差异,我并没有要求每个人都必须做。但是,对于那些坚持做摘抄的学生,我会给予一定的奖励。

还有两周,学期就要结束了。那天,我提醒学生:"明天把你们的阅读摘抄本带到学校来,老师要进行评比与奖励了哦。"到底是孩子,不管是写了的还是没写的,一听到奖励,他们都很兴奋。

第二天,当我要进行评比时,几个学生难过地说:"老师,我忘记带了。"我笑着说道:"那我再给大家一天时间,忘记带的明天一定要带来哦,到时候要参加评比。"学生们很高兴,纷纷答应了。

第三天中午,我利用午自习时间,进行了摘抄评比,所有交了摘抄本的学生都获得了一定奖励。活动结束后,学生们开始自习,我坐在讲桌边批改作业。突然,小晨跑到我跟前,扔下一张纸条就转身走了。我一抬头,看到他已经坐到座位上,小脸通红的,发现我在看他,他立马低下头去看书。

这个小家伙,平时就爱看书,上课还经常偷看书,但脾气不太好,总爱生气。今天又怎么了?我心里嘀咕了一声,随即低头看了下桌上的纸条,上面写着:"老师,我讨厌你!我很不开心!"第一次被学生这样赤裸裸地讨厌,我有些难过,不免心生怨言:"你个'小讨厌',平时总惹出各种问题让我头疼,居然还敢讨厌我?"当然我没有讲出口,调整了下情绪,抬头看他,发现他也在看着我,目光倔强地与我对视。

"老师,小晨写了些什么啊?"爱凑热闹的小洋问我。我朝他笑了笑,做了一个嘘声的动作,继续批改作业。

小晨为什么讨厌我?他为什么不开心?如果我是他,希望老师怎么做?如何应对其他学生的好奇心?不管什么原因,有一点我是肯定的:小晨希望

我关注他。想到这里，我决定当着学生们的面来解决这个"纸条风波"。

下课了，我站起身来，慢悠悠地说："刚才小晨递给我一个小纸条，大家都很好奇写了什么，是不是？"学生们纷纷点头，有的甚至凑过来想抢纸条看。而小晨，显然没想到我会把这个事情告诉全班同学，向我投来生气的目光。我故作神秘地和那些好奇的学生说："这是我和小晨之间的秘密，他如果不让我说，我可不能说哦！"

如我所料，小晨的目光缓和了，可是要面子的他居然回应道："你想说就说，我才不怕！"我知道，他想让更多同学知道我这个老师被学生讨厌了。

要想教育一个学生，首先要去理解他、懂得他，同时还不要让自己处于被动状态。我想到纸条上有两句话，于是抓住后一句，进入话题："在我告诉他们之前，让老师来猜猜你为什么不开心吧。"我假装思考了一会儿，然后说道："今天阅读摘抄评比，你没有获奖，所以不开心，是吧？"

"我做了摘抄的，就是本子忘记带了。"小晨迅速地辩解道。果然，被我说中了。那我一定要让他意识到自己的错误。

"同学们，小晨写纸条给我，说他很不开心，因为他忘记带摘抄本，没有评上奖。我能理解他的心情，可是，这个怪老师吗？"我转向其他学生，故作委屈地问。

此言一出，学生们纷纷为我抱不平：

"老师不是给了两次机会吗？"

"是你自己忘记带的，这能怪老师吗？"

"有错要自己反思，不能把责任推到别人身上。"

"小晨，这次没有得奖，下次再努力，只要你坚持摘抄，一定有机会的。"

…………

听着同学们的评论，小晨红了脸。我知道，教育学生也要有个尺度，于是我打断了其他同学的话语，说："谢谢你们理解老师的良苦用心。"然后转向小晨，问道："如果你今天带了摘抄本，你觉得能获得几等奖？"

"我也没有坚持天天写，应该三等奖吧。"看来，我的话语能够引导他跟着我的节奏走了。

"其实你是一个爱读书的好孩子，老师开展这个评比就是为了鼓励大家坚持阅读。这样，明天你把摘抄本带来，我和同学们一起给你评比，好吗？"他似乎有点尴尬,但随即又开心地点点头。看来,纸条上"我很不开心"这个问题解决了。但是,他讨厌我,这个怎么办呢?

"小晨,你就是因为这件事情讨厌我吗?那你现在还讨厌我吗?"他一下子又涨红了脸庞,嘴里嘟囔着:"其实我还讨厌很多人,他们有的不带我玩,有的在我看书时打扰我,有的吃饭时总讲话……"小晨这个总是挑别人刺的毛病,可要好好改改。于是,我也学他的样子嘟囔道:"其实,我也讨厌很多很多人,你写纸条说讨厌我,其实我也讨厌你,因为是你自己忘记带摘抄本的,却来怪我。"

听到我这么直接的回答,小晨愣住了,半天没有说话。见此情形,我心里偷偷乐了一下:我就是要让他意识到,他这样的行为也是不讨人喜欢的。

其他学生听到我们两个的对话,也纷纷凑上来,发表自己的意见:

"每个人都有自己的优点和缺点,不能老讨厌别人的缺点啊!"

"你经常讨厌别人,别人也不会喜欢你的,这样你就没有朋友了。"

"我们要多看看别人的优点,如果别人做错了,你可以帮助他改正,但是不要去讨厌他。"

小晨依旧沉默,慢慢地低下了头。

见好就收,是智者的选择。于是,我又说道:"我今天跟小晨学会了一个词,就是'讨厌'。"趁着和谐的班级气氛,我告诉学生们,"'讨厌'这个词,在不同情景下也能传达不同的意思,有时候还含着喜爱呢。在家里,妈妈是不是对爸爸说过'讨厌'?是不是也对你们说过'讨厌'?可是,他们嘴里说着'讨厌',其实,心里还是爱你们的,对吗?"学生们纷纷点头。

这时候,小晨终于开口说话了:"其实,我还是挺喜欢陈老师的……"我伸出手指在他额头上一点,表情夸张地说:"你这个'小讨厌'啊!"然后,我迅速离开教室,留下身后一片笑声。

那节课之后,学生们纷纷模仿我的语气和表情,用"讨厌"这个词语调侃彼此,其乐融融。对此,我选择视而不见。不过,我提出了要求:"这个词语,使用期只有今天一天,明天就不能再使用了。"

第二天,小晨带来了摘抄本。在我和学生们的共同评比下,小晨获得了二等奖。然后,我把他喊到了办公室,送给他一本书——《大卫不可以》,希望他在阅读中明白有些事可为,有些事不可为。同时,我又与他沟通,肯定了他的做法:"以前你遇到不开心的事情就会发脾气、乱跑,而现在能用写纸条的方式告诉老师自己的坏情绪,既不打扰同学学习,又给了老师面子,有进步!不过需要努力的是,你要学习礼貌的表达方式……"

朱小蔓老师曾经说:"只有建立在学生生活中的情感教育才是真正的教育。"我想,学生身上的每一个细节,都是很好的教育资源,抓住这些教育细节,进行"细节教育",应该是班级德育、情感教育与班集体建设成功的关键所在。

(南京市江宁实验小学　陈海宁)

天乐的"工具箱"

> 21世纪无疑是"学会关心"的世纪。……孩子们时刻在我们周围向我们展开生命的叙述,寻求我们的对话和理解。
>
> ——冯建军《生命化教育》

喧闹的课间,只要有一双慧眼,就一定能捕捉到动人的画面。

教室后门边,安静专注的他,正用细薄的指甲插在松动的螺丝钉顶部凹槽里,用力地想要把螺丝钉拧紧。但指甲的力量太小,怎么也拧不紧,细细的汗珠已经沁满额头。他转身拿起桌上的直尺,尺太厚,只能顶住凹槽处,一小圈,再一小圈……玻璃窗折射过来的阳光,照在小家伙身上,分外闪亮!

这是个性格内向的孩子。虽然个子高,他却总是习惯性地躲在别人身后,犹如一座静默的孤岛。而此刻的他,却如此认真地对待着这颗螺丝钉,专注且执着。也许这就是打开他心锁的"钥匙"呢!

我示意他跟我去学校的"修理铺",他怯怯地却又兴奋地被我牵起手。一堆工具前,我俩不约而同地握住起子。相视一笑间,感触涌上心头:不管是曾经安静的他,还是刚才拧螺丝的他,或者此刻兴奋的他,都在用不同的方式表达着自己,只是我一直没有看到,一直没有读懂!而此刻,这小小的工具,已经悄悄打开了他的心锁。

回到教室后,他熟练地把松动的螺丝拧紧,后门终于可以关上了,教室又成了温暖安全的避风港湾。孩子们把他团团围住,叽叽喳喳:"哇,天乐好厉害啊!""天乐,你就是咱们班的'修理大王'!"小旭的话逗得大家哈哈大笑,天乐也跟着情不自禁地笑了起来。

我知道,心门一旦打开,阳光便可以洒进来!我顺势助推:"孩子们,我想授予天乐'小小工程师'称号,邀请他负责咱们班的维修工作,你们同意吗?""同意!"孩子们欢呼道。"不过呀,你得先教大家使用你手上的这个工具。"我给他一个挑战,并朝他点点头。他犹豫了一下,还是拿起了起子:"这个螺丝的顶部是一字形,所以用这种一字头的起子;有的螺丝顶部是十字形,就要用十字头的起子……"从前的胆怯一扫而光,那是一个我们从未见过的天乐,但似乎,他就应该是这样!而我,应该努力让这个特别的生命更加熠熠生辉!……

一节特别的晨会课上,隆重的"授牌上岗仪式"正式启动。首先,中队长代表大家把写着"工程师:天乐"的上岗牌郑重地佩戴到他的胸前,并由他"钦点"了一支"维修小分队",专门负责班级的安全维护工作。接着,我小心翼翼地捧出一个贴有"工程师专用"标签的崭新的工具箱,郑重地交到天乐的手中。接过箱子的瞬间,天乐的泪水在眼眶里打转,泪光中是我从未见过的坚定!最后,我们一起观看了《大国工匠》的纪录片,胡双钱精益求精的工匠精神深深地打动了孩子们。课间,我便看到了教室里那支流动的"维修小分队",桌子、凳子的螺丝紧一紧,再紧一紧,再仔细摸一摸桌凳边有没有刺儿;饮水机上面的水渍擦干,再把电线用胶带别到墙壁上;检查一下多媒体设备的投影是否清晰端正,再擦擦设备下的灰尘……那座"孤岛",不知不觉中已经把自己融入集体,并成为一束光,照亮了别人!

一个月后,在我的协助下,天乐成功地组织了一次别开生面的"螺丝钉"项目学习活动。全班孩子一起聚焦"螺丝钉"开展了丰富多样的探究与实践:寻找家里的各种螺丝钉,认识它们,了解它们的作用和差别;螺丝钉看起来很不起眼,却发挥着巨大的作用,寻找数据、图片、故事来分享;让各种各样的螺丝钉一起来开个"展览会"……孩子们兴奋异常,目光从教室投向生活,学习从被动变得主动,班级生活变得如此充满魅力与活力,每一个生命因实践而获得了生长与绽放!第一次,我看到天乐扬起脸,自信地、从容地在讲台前表达、展示自己,真好!第一次,我看到孩子们因为强烈地想要探寻,用尽心思去发现、去比较、去思考、去实践。那专注的模样就是接力并传承大国工匠精神最生动的画面,真好!第一次,我发现哪怕只是一颗小小的"螺丝钉",只要班主任能用心发现它的存在,理解并欣赏它的作用,尊重并发掘它的教育价值,它就能发挥最大作用,让每一个与它相遇的生命闪闪发光!

每一个生命的存在都是如此独特!教育就是去发现,去读懂,去引领,去为每一个生命自由、完整、充分的发展服务,是"一棵树摇动另一棵树,一朵云推动另一朵云,一个灵魂唤醒一群灵魂"。这充满了爱和信任的专属"工具箱",给了孩子撬起整个世界的勇气和力量。

(海安市实验小学　姚国艳)

大拇指的回报

> 一个好教师意味着什么？首先意味着他热爱孩子，感到跟孩子交往是一种乐趣，相信每个孩子都能成为一个好人，善于跟他们交朋友，关心孩子的快乐和悲伤，了解学生的心灵，时刻都不忘记自己也曾是个孩子。
>
> ——苏霍姆林斯基

岁月在孩子们的欢笑声中，在一节又一节课的交替中悄然滑过。在细碎的光阴里，总有一些关于爱和温暖的细节在我心里落地生根。班主任工作一路走来，脚印参差不齐，深浅不一，但每一个脚印里都倾注着我满腔的热情与辛勤的汗水，萦绕在心头的是和孩子们共同成长的点滴瞬间。打开教本，映入眼帘的一个"大拇指"，让我的记忆又回到九月的那个清晨……

开学第二天，在同学们热烈的欢迎掌声中，小月找到空位置坐了下来，成为班级的一员。课后我了解到，小月的父母是外来务工人员。我要求同学们多和小月交朋友，让她早日融入集体生活。两天后，班长悄悄地和我说："老师，小月课间不和我们玩耍，总是一个人呆坐着。"我不由得回想起这两天她的上课状态——沉默不语，总是低着头，眼睛爱盯着窗外看。也许是才换一个新环境吧，我决定再观察一周。

"报告。"教室门前一个小女孩怯生生地发出声音。"她又迟到了！"其他同学在窃窃私语。我向她招招手，轻声说道："小月，快回座位吧，下次不要再迟到了。"这是第二周，她已经迟到四次了。这其中一定有原因！我决定下课后找她好好谈谈心，问问原因。

下课了，我来到她的座位旁，和她聊聊迟到的原因。她脸红了，但没说话。我一连问了几遍，她都低头没吭声。问问其他的孩子吧，也没有同学了解她的情况。

任小艾老师说过，如果在你的班主任工作中忽略家长这一力量，你永远是一条腿走路。我打开班主任手册,拨通了她妈妈的电话。她妈妈的第一句话是:"老师,孩子犯错了?"我连忙说:"不,没有。"通过电话家访,我了解到小月之前和爷爷奶奶生活,没有同龄人玩耍,所以不爱说话,只喜欢一个人种点花花草草。为了能给小月提供更好的教育,爸爸妈妈决定带她到城市来学习、生活。为了生计,爸爸妈妈早出晚归,没时间陪孩子。我一下子明白小月为什么不回答我的问题了——她太孤单了。她其实心里有太多的话,不知道该如何去说,即便说了也可能没人听。我决定打开这扇即将关闭的心门。

二十几分钟后,小月妈妈给我打来电话:"老师,我和她爸爸现在已经在学校门口了,我们还想详细地了解我们女儿的在校表现。"办公室里,我和小月的爸爸妈妈有了进一步的交流。当我们交流完走出办公室,正巧学生下课。小月看到爸爸妈妈,一下子扑进了他们的怀抱,人也变得特别兴奋,眼睛里闪烁着喜悦的光芒。我连忙说:"小月,爸爸妈妈今天特地来看你的。"小月使劲地点了点头,眼睛里闪着泪花。我趁机引导小月的爸爸妈妈尽可能多地陪陪小月,多和小月分享生活中的快乐。

"小月,可以帮老师把作业本送到办公室吗?""小月,把这本书送给办公室的王老师,可以吗?"……小月由一开始的满脸通红到后来的只言片语,变化的还有她每天能按时到校了。"小月,这一个月你每天都按时到校,真是个守时的孩子,老师奖励你一个'大拇指'。"此时的小月愣住了,结结巴巴地问:"老师,这是……奖励给我的吗?""是的!"我微笑着点了点头。小月如获至宝般地收到了自己的日记本里。那一整天,我看到小月的眼里都闪烁着喜悦的光芒。

接下来,我将几个活泼开朗的同学与小月组成学习互助小组;推选她做小组长,让她有更多的机会与同学打交道;课余时间和她聊聊班级发生的各种趣事……渐渐地,小月脸上有了更多的笑容,朋友也越来越多。当然,她也得到了成长的见证——让人骄傲的"大拇指"。生活中,我和她的爸爸妈妈经常联系。从小月的作文里,我了解到她的爸爸妈妈经常来看望她,周末也抽出更多的时间陪她一起学习,一起玩耍。小月的开心之情,溢于字里行间。

时间在悄悄流逝,孩子在慢慢长大。在学校开设的劳动课程中,我邀请小月做我们的"小老师"。她把从爷爷奶奶那里学来的种植花草果蔬的技巧教给同学们,同学们用崇拜的眼光看着她,她露出了腼腆的微笑。大家亲手种植的油菜、苤蓝丰收了,小月和同学们一起收割、晾晒、腌制……望着她那如花儿般灿烂的笑脸,我的心田不禁也灿若阳光!

五月份,我即将参加省学科竞赛。因为比赛选手的实力都很强,我的忐忑与担心都写在了脸上。小月不知从哪儿知道我要比赛的消息,跑到我的跟前,笑着对我说:"老师,我送您一个'大拇指',加油,您是最棒的!"说完,又给了我一个紧紧的拥抱。就在那一瞬间,我热泪盈眶,我从心底为她高兴。

教育家第斯多惠说:"教育的艺术不在于传授本领,而在于激励、唤醒、鼓舞。"一个微笑,一个大拇指,带给孩子的是一份激励,一份力量。在成长的路上,这些都是送给孩子最好的礼物,与爱相关,更与成长有关。

(泗阳双语实验学校　张　雷)

花开有期，一起静待

小胡，一个三年级的小孩，瘦瘦小小，不喜欢说话，总是皱着个眉头，是我对他的第一印象。接下来的相处，我发现这个小孩"不简单"：上课看似认真听讲，其实是在神游；叫起来回答问题，抑或谈到学习问题，他总是紧皱眉头，像是跟老师有多大仇一样。一到下课，他又生龙活虎，喜笑颜开，和同学追逐打闹，把学习抛之脑后。最"绝"的是，他的作业从来不做，老师询问，他也不说话，连理由都懒得找；让他到办公室补作业，他也服从，不提醒他回去上课，他可以在办公室待上一天。考试三门功课加起来都没有 100 分，有时候语文考试都懒得写字，全靠选择题蒙了 5 分。

遇到这样的学生，我很头疼。我曾鼓励过，也曾责骂过，但是他软硬不吃，又满是无所谓，于是我便尝试与家长进行沟通。他爸爸的回答也是挺"绝"："他作业做的呀！我问他了，他说写好了啊！""他作业又没有做吗？你把作业拍给我，我让他做！""他这个小孩，我也是没办法了，我工作也很忙的。""老师，我也焦头烂额，真是不知道怎么办了。""老师，我在老家，等我回去了，看我怎么收拾他！"不管小胡的爸爸怎么回复我，第二天小胡还是照常在上课铃之后，才皱着眉头走进教室，作业依然是什么都没做。

为了这个孩子，三个任课老师都不知所措——才三年级呀，怎么会厌学成这样呢？是不爱学习、不想学习，还是没有正确的引导呢？不管怎么样，作为班主任的我不想放弃，我还想试一试。

"冰山理论"让我明白，一个人的成长和他的原生家庭有着千丝万缕的关系。揭开冰山的秘密，会看到生命的渴望、期待。一次契机，我和每天接送他放学的小姑聊了会儿才知道：原来他是一个可怜孩子，妈妈在他出生没多久就离家出走了，爸爸后来又娶了一个新妈妈，生了一个弟弟。没过多久，这个新妈妈也离开了他们。从此，家中便是一个年轻爸爸带着两个男孩生活。他爸爸在伯伯的餐饮店当厨师维持生计，每天要做午餐、晚餐、夜宵，无暇顾及孩子的生活,这学期是由小姑接他先回家,之前小胡都是在饭店做作业,然后等爸爸完成工作再一起回家。

原来,小小的他,竟默默承受了这么多,他的不写作业、早上迟到、眉头紧皱……回想这些细节,让我找到了原因,更让我后悔,怎么没有早一点关注他、早一点理解他。还好,一切都不算晚。

第二天早上的小胡,仍然是没有完成作业,这次,我没有把他叫到办公室补作业,而是说:"我们一起去操场上走走吧!"他抬起头,诧异地看着我。"没错,我们去散个步吧!这可是我们的小秘密哦!不能告诉别的同学。"

我们来到操场,我牵起他的小手,他下意识地回缩了一下,我假装没有发现,继续牵着他的手,绕着操场散步。"你每天回家都做些什么呢?""做作业。"声音极其小,而我可以听到。"你知道老师每天回家都做些什么吗?"他不接话,我接着说:"老师每天回到家,要给我女儿喂饭、陪玩、洗澡……等把她全部料理结束,才有自己的时间,可以看看书,写写教案之类的。""我有时候也帮我弟弟洗澡。"他自然地接了我的话,我知道,他在逐渐卸下"盔甲",向我敞开心扉,这次谈话有戏!

"嗯,你真是个了不起的大哥哥,老师像你这么大的时候,还要妈妈帮我洗澡呢,你不仅自己能干,还会照顾弟弟。""我弟弟很乖的,他也会自己整理玩具,我们会合作一起洗衣服……"他滔滔不绝地说着和弟弟的趣事,我也适时表扬他,我发现阳光下他的眉头舒展了,他的嘴角上扬了。"嗯,好了,我们回去吧!""老师!""嗯?怎么?""对不起!我以后会写作业的!"他说完这句话,就跑开了。

我一个人站在操场上,回味着他的那句话。每个孩子都想被看见,孩子的每一次打扰都是在呼唤爱。如果我们可以多一分呵护和关怀,像徐徐南风,用柔和的语言、耐心的倾听来温暖孩子,一定会"心心相印"。

他守约了,每天的语文作业,会主动交给我批阅,我会在他的作业里找到写得很好的字,打上五角星;我会在他及时订正、很快上交作业的时候,在全班表扬他。一颗向上的种子,正在他的心中萌芽。良好的开端是成功的一半,只要他愿意写作业,并且主动上交,这便是最大的进步。

可是,他的基础太差了。看到他努力想跟上却又实在不知道怎么办时,我有些心疼。下课后,我把他叫到了办公室,和他一起列了一张背诵计划表,

我们给它起了个好听的名字——"小胡的私人定制",运用心理学的"登门槛效应",把大目标进行分解,设计了一个个"跳一跳够得着"的小目标。同时,我还给他请了个同学"小师父",让"小师父"平时多鼓励他、帮助他。慢慢地,他词语掌握得越来越多,古诗也渐渐会背会默了,真是令人欣喜。

这一天,我们在练习纸上默写了一个课文片段,每个小组长批阅,把100分的练习纸交到我手里,错误的发下去订正。不一会儿,小胡跑上来:"老师,我没有发到。"我想也没想,给了他一张新的默写纸:"那你拿下去重新默一下,好吗?""你在你手里的纸里找找!""哇!"我惊呼了出来,他得了100分!这时,全班掌声雷动,而我热泪盈眶。

我将永远记住小家伙跑上来,假装没有发到默写纸,让我主动发现他在100分之列时那种期待的眼神;永远记住他看到我惊呼后的腼腆一笑;永远记住全班同学为他高兴的自发掌声……

每个孩子都可以成长得很好,但不是在同一天,也不会是用同一种方法。让我们一起静待花开,因为一切都会慢慢好起来。

(宜兴市红塔小学　郑　静)

撑一支长篙，在星辉斑斓里放歌

撑一支长篙，向青草更青处漫溯；满载一船星辉，在星辉斑斓里放歌。

——题记

开学快一周了。雨就这样下了起来，毫无征兆。久违的一节音乐课结束，我路过琴房，突然听到一阵断断续续的钢琴声，不由得驻足倾听。演奏者演奏的是班得瑞的《秘密花园》，幽静中透着凄婉，如怨如诉，似有无尽衷肠，却又无法一一诉说，听来是那么悲伤，那么无助。出于班主任与心理教师的本能，我敏锐地感受到演奏者的孤独与封闭。

弹琴的是谁呢？曲毕，我好奇地推开门，演奏者一回头，呀！竟然是她——我的学生佳佳。她看到我，马上低下头，一言不发。联想到开学这一周课间她的沉默寡言与不合群，我决定邀请她在校园文化艺术节上代表班级展示自己的才艺，希望能借此敲开她的心门。

我走到她身边，对佳佳表明来意。佳佳低垂着头，用沉默代替了回答。脸颊两侧的头发垂下来，遮住了她的脸，我看不清她的表情。于是，我走前一步，想替她整理一下头发。没想到佳佳就像受惊的小鹿，猛然往后退了一步，手紧紧地揪住自己的衣角，眼睛盯着窗户。顺着她的视线，丝丝缕缕的雨缓缓地沿着窗户落下。我不再惊动她，我们陷入了长久的寂静，只有窗外的雨，滴答滴答地下着。

幽怨的琴声、受惊的神态，佳佳到底有什么故事呢？我决定进一步走近这个刚认识不到一周的孩子。

晚上，我给佳佳的"父亲"打电话，和他谈起今天我与佳佳之间发生的事情，没想到他的反应极其平淡，甚至我还隐隐感觉到他的抗拒。矛盾的我在工作日志中写道："是进？是退？他们退，那我就进！山不过来，水就过去！"

我给佳佳的父母写了一封信，第二天当面交给她的"父亲"，表达了我希望家校联合帮助孩子的愿望。没想到,很快就收到了回信:"敬爱的老师:展信悦!收到您的来信,感动之余内心万分沉重!其实,可怜的佳佳是个孤儿,她的父亲去世,母亲不知所踪,我是她的舅舅。我们一直非常用心地抚育她,也一直很苦恼:这孩子平时不爱说话,不知道她在想什么,也不清楚该怎么和她交流。平时她也不邀请小伙伴来家里玩……她喜欢弹琴,我们就送她去学琴,希望琴声能帮助她找到情绪的出口……"

听完舅舅的话,再回想起她受惊的神态,我不由得紧紧地握紧了那封信。其实,紧紧揪着的,还有我的心。

我意识到,佳佳身世特殊,在校表现不突出,加上性格内向等,可能导致了佳佳的自我效能感低下。于是,我决定"鱼雁传情",走进佳佳的内心世界,让这片叶子重新焕发生命的活力。

我给佳佳写了一封信:"亲爱的佳佳,见字如面!那天听了你弹奏的《秘密花园》,觉得这首曲子很有故事。希望你给我推荐一首曲子,我想听听另外的故事,谢谢……"

佳佳也很快给我回了信:"敬爱的老师:您好!《瞬间的永恒》。佳佳。"

这真是一封"言简意赅"的信。我听了这首曲子后给她回信,和她畅谈自己的感受。就这样,一来一往,我们对话的内容不再局限于钢琴曲,她的回信也越来越长。

又是一个雨天,我们在走廊偶遇,静立看雨,等她的养父母。秋风起,我默默伸手,替她拉上了半敞着的外套拉链。佳佳抬起头,看了我一眼。"最近学新的曲子了吗?"我问道。她伸手轻轻地摸摸外套上的拉链,小声地说:"嗯。"视线又转移到身旁的窗户。雨越下越大,打在玻璃上,"叮咚"作响。

光阴流转,不知不觉到了学期中。我又收到了佳佳的信。

敬爱的老师:

您好!您在来信中谈到您最喜欢《卡农》这首曲子,我也非常喜欢它。上次,您让我与秦同学一起合奏一首曲子给您听,我们一直在挑选曲目。今天上学的路上,我看见了一朵不知名的野花,开得很鲜艳。我突然想起了您教我的那首诗歌:"白日不到处,青春恰自来。苔花如米小,也学牡丹开。"……

读完这封信的当天,我到佳佳家里去家访。刚走到门口,就听到屋中传来悠扬的《卡农》,似乎在向我倾诉演奏者的情意与心声。透过没有关闭的大门,我看见了扎着整洁马尾,穿着花裙子,坐在钢琴前的佳佳。

佳佳的养父母热情地招呼我进门,我和他们并肩坐在沙发上,安静地听佳佳弹奏着《卡农》。伴着热茶的清香,这琴声如此让人心醉!

一曲奏毕,她朝我腼腆地笑了一笑,然后深深地鞠了个躬。

时光荏苒,一转眼两年过去了。

佳佳在校园文化艺术节上表演钢琴独奏的时候,我就在台下默默地看着她。只见她一袭白衣,欢乐的旋律从她跳跃的指尖流淌而出,清新自然,灵动而活泼。那专注的身影,在灯光的笼罩下,散发着柔柔的光芒。

雨过天晴,叶子被雨水冲刷得干干净净,在阳光的抚育下重新焕发着勃勃生机。我和佳佳在校道上相视而笑。

每个孩子的心底都藏着一颗名为"梦"的种子。当孩子的"梦"被揉碎在浮藻间,他们也许会受伤,也许会迷茫……若我们偶遇了寻梦的天使,不妨轻轻地捧着他们的脸,为他们把眼泪擦干。相遇,陪伴,成长,给予自我调适的方法或技巧,目送他们撑着从我们手中接过的"长篙",在星辉斑斓里放歌……

(无锡市刘潭实验学校　肖雅思)

你从崖边跌落

　　我从崖边跌落，落入星空辽阔，银河不清不浊，不知何以摆脱；我从崖边跌落，落入丛山万座，呼声不烈不弱，梦门何故紧锁……

　　每次听到这首歌，我的脑海里总是不由自主地浮现出那个瘦弱而又沉默寡言的形象——小东，那个我从一年级带到五年级的小男孩，他也曾"从崖边跌落"……

　　一开始的时候，提起小东，我脑海里的他是愁眉苦脸、有气无力的，做什么事情都一副毫无兴趣的样子。的确，他上课的时候无精打采、眼神空洞，该做的作业马虎应付甚至干脆空空地交上来；下课的时候总是当一个"独行侠"，找他谈话他也总是低着头不言不语；平时脸上经常脏得像只小花猫，大夏天也会好几天不换衣服，背上结出一圈圈白白的盐渍。深入了解后，我知道这是一个严重缺乏关注和认可的孩子，我应该帮助他树立向上努力的信心，找到自己在班级的归属感和价值感。

　　一次偶然的机会，我发现他在图书角全神贯注地整理着凌乱的书柜，他是那么细致：他根据图书的大小将图书分别堆成几摞，再把这几摞里面的图书分类叠在一起，小心翼翼地把它们送回图书角，最后用小手将图书推进去，整整齐齐，清清爽爽。原来他也有这么专心致志的时候！我像找到了山洞光亮的出口一样既惊喜又欣慰，偷偷把这一幕拍了下来。第二天的晨会课上，我隆重地展示了这几张照片，当着全班学生的面表扬了他的耐心细致和为班级服务的精神，他的脸上显现出了不可思议和受宠若惊的表情。从那天起，他就光荣地变成了我们班的"图书管理员"，连做作业都变得积极起来，脸上渐渐找回了这个年纪该有的童真和快乐。我的一点"星星之火"，点燃了他的"希望之光"，让他受到了关注。他开始试着发现自己的价值，试着调整自己的行为，一切都在向好的方向慢慢发展着。

就在我为他的点滴进步而开始有点窃喜时,现实却并不像童话故事一样有了一个快乐圆满的结局,而是重重地把小东直接推入了万丈深渊——在他四年级的时候,他的爸爸意外去世了,家里的顶梁柱倒下了。那天晚上得知这个消息的时候,震惊痛心之余,我的心一下子揪了起来:对于小东而言,爸爸是怎么样的存在啊!虽然爸爸忙于生意很少陪伴他,但爸爸是他的超级英雄,是他崇拜的对象。现在,他的榜样,他的"大树",彻底倒下了,这对他是多大的打击!小东的妈妈本来是全职太太,丈夫一走,便需独自一个人赚钱养家承担起小东和妹妹的生活开销,对小东更是无暇顾及。为了处理遗产,婆媳两人还经常当着孩子的面互相破口大骂甚至大打出手,这对小东无疑是双重打击。

小东家中发生变故后,尽管我求助了区里的青少年心理中心及时对他进行了心理干预,但收效甚微。他就像变了一个人似的:经常跟妈妈说"人活着活着突然就会死去,活着根本没意思";在家稍不顺心就对妈妈大吼大叫;除了上我的课,在其他课上他会时不时闹脾气掀桌子……不巧的是,那段时间,我正好因为经常出差培训和比赛忙得焦头烂额,只好在线上和任课老师们保持沟通,关注着他的情况。任课老师了解了小东的情况后,都对他关怀备至。可没想到,小东的情况愈演愈烈,几乎天天和同学打架,甚至有两次在打得情绪失控的时候,还误伤了任课老师。

我清楚,他原本是个懂事温和的孩子,爸爸的骤然离世削弱了他的安全感、满足感和自我价值感,让他产生短期发展障碍、情绪低落、行为障碍等问题,甚至出现了攻击行为。一切都情有可原,他情绪的爆发并不是要挑战规则和老师的威严,只是缺乏灵活应对问题的技能而已,我得尽快拉他一把。我知道小东是信任我的:自从让他当了图书管理员后,他和我打招呼的时候总是会羞涩地笑笑;在我的语文课上,他会乖乖听课,会举手回答问题;听了我的建议后还尝试去参加了原本不想去的篮球社团……我得利用好这份珍贵的信任,等待一个教育契机,和小东好好谈谈。

就在我出差回来后,情况似乎又有了些许好转,班级里平静了好几天。一天下午,班里的几个孩子着急地跑到办公室告诉我:"邓老师,小东又和同学打架了!"听到这个消息,我的第一反应是:契机来了。我到教室的时候,两个小家伙已经是"休战"状态,还好,脸上都没有"挂彩"。在其他孩子七嘴八舌的报告中我大概知道了事情始末,又把两个孩子喊到办公室询问了一番。和孩子们说的差不多,其实只是一件小事:下课后,小阳经过小东座位时不小心踢倒了小东的水杯,但没有帮他放回去。小东一气之下推了他一把,然后两个人就撕扯起来了。谈话结束后,我把小东留了下来。

小东坐在椅子上紧张地拽着自己的衣角,眼睛垂下来并不敢直视我。"这块蛋糕有点大,邓老师吃不完,你帮我吃一半吧。"我指了指桌上的榴梿蛋糕。我轻松的语气和说出来的话显然让他有点摸不着头脑,他紧张地回答道:"不……不用了……邓老师。""邓老师记得之前给你尝过我做的芝士蛋糕,蛋糕上沾上了我家冰箱里的榴梿味,你还说有榴梿味更好吃,记得吗?"他点点头,表情一下子放松了下来,脸上又露出了羞涩的笑。我把蛋糕分好了递给他,又随手从平时给学生备着的零食抽屉里拿出一盒牛奶饮料插好了吸管给他,他不再推辞。我们一边吃着东西,一边聊了起来:

"刚才小阳踢倒了你的水杯,没有给你放回去,你特别不高兴对吗?"

"嗯……"

"换作是我,我也不高兴,确实是他不对。"

"我跟他说放好,他不愿意。"

"我知道,所以你一时情绪激动推小阳了。你还记得之前邓老师跟你们说过和同学发生矛盾可以怎么处理吗?"

"嗯……我可以先冷静一下从 1 数到 10,再跟他好好说说,要是他不听我再跟老师说。"

"是的,先平复一下心情让自己冷静下来,这样才能更好地处理事情。你还知道跟老师求助,这很好,还有呢?"

"我可以想想,要是我是他,我被推了一把会是什么感受,这样我可能会换一种解决方式。"

"你还会换位思考,很棒!那下次遇到这种事情我们试试用用这些方法?"

"好!"

"我们的对话是个秘密,也是个约定,邓老师相信你可以慢慢当情绪的小主人。"

"好!"

这件事以后,也许是我"先跟后带"的谈话方式发挥了作用,也许是他逐渐学会了控制自己的情绪,孩子们来报告他打架的次数越来越少了。他一定是记住了我们的约定。

如今我不再是他的班主任了,我深知对于有的孩子,哪怕我再想护他周全,让他的成长更加顺遂,我能做的也始终有限。当他从崖边跌落的时候,我能做的除了伸手拉他一把,还期望能够让他当局不迷,可以勇敢抬头仰望星空辽阔,或者低头欣赏丛山万座……待他重新整装出发,不管是荆棘坎坷还是鲜花掌声,我都会默默告别,深深祝福。

(苏州工业园区星洋学校　邓晓凡)

我和"小树女孩"的故事

苏霍姆林斯基在《要相信孩子》中写道:"为了关怀儿童,不仅要理解他们的精神世界,而且还要学会用他们的思想和感情来生活,把他们的忧伤、焦虑和为之激动的事情统统装在自己的心里。"每个孩子都有自己的精神世界,精神世界的构成来自每个孩子独特的成长经历,受到家庭、学校和社会的影响。在集体教育中,面对那些行为、语言特别的孩子,让我们学会走进他们独特的精神世界。他们既是挑战,是让我们分身乏术又时时发愁的挑战,更是宝藏,是让我们反思升华、收获惊喜的宝藏。

"我是小A,来自六(2)班,今天我站在这里,想要竞选学校大队宣传委员。"伴随着响亮自信的自我介绍,一张张展现优异成绩的奖状和一幅幅美妙绝伦的绘画作品展现在了大家眼前……这是我们班的小A。这个站上大队委竞选舞台,自信昂扬的小姑娘,曾经却是让我最烦恼的孩子之一。

"老师,小A站在大厅那棵树旁,不愿意进来……"

"老师,小A在门口的树那边哭了……"

这是我们班的小A,一年级时每天上学都不愿意自己进教室的小女孩,我工作第一年时遇到的最大难题之一。每天早上都能听到各个小朋友带进来的小A在外面不愿意进来的消息。每次我出去一看,小A都是一个人低着头站在教室门口或者大厅里的绿植旁。第一次,我心态平和地与她交流;第二次,我依旧态度柔和地与她讲不可以这样,要学会每天自己进教室;第三次、第四次,我依旧耐心十足,或哄或骗,或拉或拖着把小A带进教室……

有一次,我给站在绿植旁的小A写了一张字条,让她贴在身上:"我是一(2)班的小A,我只想在这里看一会儿树,请不要打扰我,我看完了自己会进教室的,谢谢。"从此,她就成了我口中那个"小树女孩",我也暗暗期待着小A也能如同小树苗一般茁壮成长。

像这样持续了两个礼拜之后,我对小A的耐心已然被每天这样循环往复的徒劳无功耗尽,直到……

"小A!你不可以每天都这样!"我为小A的没有改变而焦虑,我为我的白费功夫而生气。

"你……你就不能自己进教室吗!别的小朋友哪有这样的!"这次我真的失去了耐心!说出这句话的那一瞬间我就后悔了,我知道我被烦躁冲昏了头脑,失去了理性,才说这些对孩子根本就没有意义的话。

小A只是低着头,眉毛都打结了,一脸的愁苦……

连续的沟通失败让我充满挫败感。我一个人坐在办公室里沉默不语,直到天黑。身未动,但其实心一直在动,思绪一直在动。初为人师的失落,那说不清道不明的委屈!

"到底要我怎么做?教育不是万能的,对吧?"

"连续几天批评同一个孩子,我真的好难过!"

"可是不批评她,她会好吗?"

"可是批评了,为什么还是没有好转?"

"她只是个孩子!她也许有原因呢!有什么说不出的难处!"

…………

就这样,我一个人坐着陷入了沉思。过去对心理学的专业学习让我知道要尊重孩子,要倾听孩子,但是怎样才是真正地对他们尊重,怎样才能真正让他们愿意把想说的话告诉我们呢?孩子的问题,背后肯定有她的需求……是啊!她有难处,她肯定有难处!时间退回到刚开学时我和小A的一次聊天,小A发着愁和我分享着她每天在家都无法完成家庭作业的苦恼,小A告诉我每天回家后要做的一项又一项任务,每天都觉得自己来不及完成……这次对话让我倍感困惑,这才是个刚上一年级的孩子啊,怎么会在学业上有这么大的焦虑呢?

想到这里,我好像慢慢梳理出了小A不愿意进教室的情感需求:不愿意进教室传递着对教室的害怕和恐惧,之前我问过小A是不是不喜欢同桌和同学,小A摇头否认了。结合之前的聊天,我猜测小A是害怕第二天新的学习任务,害怕昨天的任务还没完成又要迎来新的任务,所以焦虑的情绪不断叠加,让她形成了对上学的恐惧。面对孩子这样的情绪,家里是如何应对的呢?……想到这里,我一阵心疼。当时我就好想立刻去告诉那个孩子:"孩子,总是完不成自己想完成的任务,这实在是一件太糟糕的事情。我知道那个时候你一定很着急很害怕!"我多么想立刻把这个孩子拥入怀中,告诉她:"孩子,如果是我,我不知道能不能做得比你好!"

这也许是教师的一种成长——听懂孩子的故事,走进属于她的精神世界。想到这儿,我默默开始了对小A的行动计划。

第二天,我特别期待见到小A,我期待验证我对小A情绪的理解。小A照例没有进教室,我看着背着书包的小A站在门口,我对台下的孩子说:"我们一起来猜猜小A为什么每天不愿进教室。""她不喜欢学校!""她不喜欢同桌!"……小A一开始用摇头回应着这些稀奇古怪的答案……

"她尿床了,怕爸爸妈妈骂她打她!"突然,一个看起来有些搞笑的答案打破了教室的尴尬,孩子们哈哈大笑的同时,我看到一直在摇头的小A居然悄悄点了点头……

当天,我就和小A的妈妈进行了沟通,妈妈疑惑地表示小A从来不尿床,说着说着,我立刻意识到小A当时真正想表达的是她害怕被爸爸妈妈以打骂的方式对待。

喜欢绘画的我时常用绘画的方式与孩子们沟通,因为小A特别爱画画,我也特别喜欢用绘画来对小A说出我想说的话。那天,我交给小A一个特殊的任务——回去画画自己的一家。小A又是皱着眉,估计心里想:又多了一项任务要完成。我告诉她可以先做自己喜欢的事,小A终于露出了笑容。第二天,小A带来一幅画,她有些兴奋地向我介绍着上面的人物:爷爷、奶奶、自己和妹妹。"爸爸妈妈呢?""爸爸妈妈太忙了……"说着,小A又紧紧皱起了眉头。我好像明白了什么,我把这幅画拍照传给了小A的妈妈……

除了与小A私下交流,我还专门设计了一节班会课,主题叫"你们不知道我是一颗小种子"。班会的开始,我们一起读绘本《小种子》,这本绘本是艾瑞卡尔的经典作品,讲成长的艰辛,讲一颗顽强的心……班会一直到结束都没有提及班级的哪个人,我以一句"其实我们都是小种子"结束了这节班会课。我始终坚信,也许孩子们说不出什么,但一定有一些东西留在了他们的脑海里……

和小A妈妈多次交流后,我开始和小A妈妈联手,希望小A能感受到自己很重要——"我在家里我在班级里是很重要的存在";自己能做到——"我可以按时完成我的任务,并且我可以做好"。我邀请小A做我的小助手,每天一早告诉她:"快帮老师去拿一下本子!不然老师的课都没法儿上了!"我邀请小 A 妈妈每天向我反馈小 A 在家的作业完成情况,第二天,我就会对小 A 说:"小 A,听说昨天你完成了这几项任务,真了不起!"

慢慢地,小 A 每天早上离教室的距离越来越近了,在教室外头停留的时间越来越短了,脸上的笑容也越来越多了……

一年级下学期开学前,我邀请了志愿家长和小朋友来为教室打扫卫生,我特地"私信"了小 A,告诉她老师很需要她的帮助。隔天,我在教室等着孩子们的到来,想着隔了一个寒假,不知孩子们会有哪些改变……突然,一张面带微笑的脸出现在我的面前。"老师!我来了!"是小 A!小姑娘的脸上绽放着阳光般耀眼的微笑。那一刻,我好激动!

那天晚上,小 A 的妈妈给我发来一段文字:"老师好,小 A 说她觉得站在树旁没意思。其实真心想说感谢陈老师的耐心与方法,给了她自信和勇气,才有了她今天进教室时那姗姗来迟的笑容。还要感谢老师的特意邀约,让她信心倍增,觉得自己简直就是老师的神助手!……"

努力的小种子终于慢慢发芽了!从此,小 A 每天都是带着笑容走进教室,她说她喜欢上学,她喜欢我们;从此,小 A 主动帮助老师和同学,慢慢成为最棒的小助手和小榜样;从此,凡是她或者其他有困难的小朋友发言,大家都会等一等;从此,不管是谁,有一点点进步,孩子们都会报以热烈的掌声……因为,努力的小种子是一份无限的荣誉!

故事的最后,小 A 成为班级中一颗越来越闪耀的星,除了保持着自己在学科和美术特长上的优异表现,还连续两届成功当选班长,也成功竞选成为学校大队委宣传委员……

在五年级下学期的暑假前,作为班长的小 A 送给了每个同学一本相册作为期末礼物,用来整理我画给孩子们的所有节日贺图,孩子们和我都惊喜不已……曾经小树旁的女孩早已悄悄成长,小种子悄然萌芽,逐渐挺立成苗壮的小树苗。

通过"小树女孩"小 A 的故事,我更加坚定教育就是逐渐走进每一个儿童独特精神世界的过程,而走进儿童精神世界的过程也是一个教育的过程。做一棵"树",带着一颗敏感、坦率、温情的心,走进儿童的精神世界,静静地用情感滋养每颗种子长成小树苗,引领儿童找到属于自己的幸福!

(苏州工业园区星湾学校　陈星辰)

集体教育

> 集体的习惯,其力量更大于个人的习惯。因为那里有榜样的力量,有同伴的激发,有竞争,有荣耀。
>
> ——培根

> 集体生活是儿童之自我向社会化道路发展的重要推动力;为儿童心理正常发展所必需。
>
> ——陶行知

擦亮孩子心中的那抹红

躬逢共产党百年华诞,见证盛世强音奏响,是何其幸运的一件事!此时,我将教室精心布置了一番:推出红色主题绘画作品展、设计红色党史黑板报、悬挂国旗和党旗……我想让孩子们在这样浓厚的氛围里,了解我国的红色历史,形成爱国爱党的意识。

但是那天课间,我走进教室,赫然发现悬挂着的国旗不见了踪影。我诧异地发现小华竟手举国旗,身体前倾,不停地喊着:"冲啊——冲啊——"学生们看着他笑作一团,毫无正色。这一情景令我震怒:"你们在干什么!"我正要批评他们,可转念一想,正是因为平日里的说教没有效果,孩子们没有理解国旗背后的意义,才会产生错误的行为,我是不是应该换一种方式?

我平复了一下情绪,平静地说:"小华,先把国旗给我。大家准备上课。"在全班学生的注视下,我郑重地把国旗叠好,端正地放在讲台上。我没有多说一个字,但能感觉到孩子们的目光都集中在我的手上,他们在试图理解我的举动,就连最淘气的孩子,也变得异常安静。

第二天班会课,我手捧课本、党旗严肃地走进教室。全班同学顿时安静了下来,我注意到小华充满期待的眼神。"今天,我们一起来欣赏一部电影——《小英雄雨来》。"话音刚落,孩子们欢呼雀跃。

随着电影情节的推进,孩子们的表情越来越严肃,特别是当雨来潜入水中准备营救老师的时候,他们分明都紧张起来,有的小朋友捏着自己的小拳头,微微颤抖,他们应该是与片中的小英雄共情了。电影结束,我问孩子们:"你们喜欢影片中的雨来吗?""喜欢,雨来聪明!""雨来很勇敢!"孩子们七嘴八舌地说着。小华则若有所思,我知道他的内心一定受到了触动,我的方法见效了。

"同学们,现实远比电影更残酷。其实,雨来的人物原型在那次战斗中,被一颗子弹打中了太阳穴,就牺牲在作者的眼前。"话音落下,孩子们被震撼

到了,眼中不觉蓄满了泪水。

我继续动情地说道:"在八十多年前,有很多像雨来这样的小英雄和大英雄,在一次次的战斗中流血牺牲,才换来了抗战的胜利,换来了现在的和平,换来了我们可以坐在教室无忧无虑学习的幸福生活。这鲜艳的国旗、党旗就是用他们的鲜血染成的。所以,孩子们,你们知道应该怎样对待国旗了吗?"大家沉默了片刻,马上又激动起来,纷纷举手回答。小华则低着头,扣着手背,脸上满是愧疚和自责的神色。

班会课后,我邀请小华参加学校的"'红领巾'党史宣讲员"竞聘活动,小华连忙摆手,说道:"老师,我什么都不会,肯定说不好。"

"没关系,我来陪你,我们一起努力,怎么样?"

"可是,我,我怕……"

我拍拍他的肩膀:"小华,要像雨来一样敢于挑战哦!"

小华想了又想,眼睛里多了一分坚定:"好吧,我试一试。"

接下来,我和小华进入了紧张的竞聘准备过程中。此时,小华妈妈却突然到访:"老师,小华上三年级了,这可是最关键的时期。但是他现在把时间、精力都花在竞聘上,他的学习成绩下降怎么办呢?"

我拿出小华的作文本,耐心地解释:"小华妈妈,您的担忧我理解。其实,竞聘这件事并没有影响到他的学习。您看,我们准备的党史资料都成了他的作文素材呢。而且,我已经跟各科老师沟通过了,大家都很支持小华。"

看着作文,小华妈妈有些意外:"这是小华写的吗?确实有进步——但是,我还要帮他找材料、陪他练习演讲,我哪有那么多的时间?"

"我特别感谢和理解您对孩子的责任,孩子确实非常需要您的陪伴与支持。资料的搜集与整理我会教他方法,鼓励他自己去尝试。现在,我们的目标是培养全面发展的学生,如果我们共同配合起来,相信他在这个活动中会有更多收获。"

小华妈妈思索良久:"好吧,那就让他大胆地去试一下吧。"

我的沟通终于得到了小华妈妈的支持。然而,随着活动的深入,在选题、撰写、背诵稿件的过程中,小华几次打起了退堂鼓。于是我每天陪他找资料、帮他提炼素材、和他交流收获……小华对党史越来越感兴趣:"老师,战场上的英雄到底什么样啊?我都没见过!"

我俯下身,对小华说:"那你想不想见一见战场上的英雄?"

"当然想啦!"

周一清早,我就带领英雄小队的同学们来到老英雄王在信爷爷的家。

王爷爷今年93岁了,他参加过抗日战争、解放战争、抗美援朝战争。他见到孩子们后,深情讲述起那段历史:"当时太苦了,零下四十多度的天气里,我们连一件棉衣都没有,我走在雪地里,脚上一点感觉也没有,我的腿肿得又胀又麻,有的地方都流脓了,很多战士就冻死在我们身边……但是没有办法呀,这仗一定要打,不牺牲怎么有胜利!"小华听得入神,脸上的神情也变得肃穆起来。

回家的路上,小华激动地说:"老师,王爷爷真了不起!我以后也要参军报国,成为像他这样的大英雄!"我知道,此时无须多说什么,爱党爱国的种子已经根植于他的心中……

在那次竞聘演讲中,小华动情地讲述着王爷爷的故事,赢得了同学们热烈而持久的掌声。

与此同时,我也收到小华妈妈的信息:"老师,您好!以前我认为成绩代表一切,而最近小华的变化让我对教育有了新的认识。现在,他每天都看新闻,跟我们聊聊国事,说说想法。不仅如此,他也开始关心我们、主动做家务了。这个活动不仅让孩子学到了很多,也让我们家长深受教育,非常感谢您!"

现在,小华如愿当上了"'红领巾'党史宣讲员"。受他的影响,班上的同学们都积极行动起来。你看,他们胸前的红领巾更整洁了,升旗时更严肃认真了,学习党史的热情更高了……

爱国且爱党,育人先育心。少年儿童是国家的希望,他们将谱写中华民族更璀璨的诗篇。班主任作为学生思想的引路人,应当牢记使命,在学生成长的道路上刻下爱党爱国的印迹,引导"小华们"在学党史、颂党恩的过程中,将红色基因深植于心。让我们用心、用爱、用陪伴、用春风化雨,来擦亮孩子心中的那抹红……

(丹阳市新区实验小学 高 颖)

与"新成员"一起成长

我曾经写过一个句子:给我两间屋子,一间装满书,一间装满孩子。

那年九月,我接手(6)班。看着学生们干净的脸庞、灿烂的笑容、单纯的眼神,我的心都被"萌"化了。我当即决定,要好好建设(6)班,和他们一起快乐成长。然而不到一天的工夫,孩子们就"大闹天宫"了。我在想,娃儿们的精力无限,光靠管教是不行的,得想办法让他们有点事做。于是,那天,(6)班就添了新成员啦!

捧着自己带来的花草,孩子们像捧着典藏的珍宝,可开心啦!我跟他们说:"看,我们'家'里一下子多出这么多新成员,它们不仅让教室更漂亮了,还能净化空气,使我们更健康,那我们该怎么对待它们呢?"

"给它们喝水。"

"给它们晒太阳。"

"是呀,它们也会口渴,我们就可以用这个瓶子去东面卫生间装来淡水,给它们喝;太阳好的时候,还要把它们捧出来,给它们排好队晒一会儿,要好好照顾它们,呵护它们……哎,对了,你们知道这些绿植最喜欢什么吗?"

一张张小脸,面面相觑,面现疑惑。

"告诉你们呀,它们最喜欢安静,小朋友一大喊大叫,它们就会头疼心疼,就会长不好了;小朋友安静了,教室里干干净净的,小朋友认真写字读书,取得进步了,它们就会很开心,悄悄生长呢!"

孩子们正襟危坐,若有所思……

下课了,恩振小朋友跑到我面前:"老师,小朋友进步了的话,小花小草是不是就很高兴?"

"那是自然的。"我笑着回答他。意外的是,一下午他都非常认真地做事,做题时也非常专心。

下课后,"调皮大王"奕辰静静地拨弄开绿叶,轻轻地给自己的小花草浇水,他变得安静起来了,我心内一热,欣慰愉悦感无以言表。原来,孩子总是向上向好向善啊。

小花小草不仅美化了教室,而且培养了孩子的观察能力,为他们日后撰写作文积累了素材,更重要的是他们能目睹花草的成长,有了责任和担当,用自己的心灵触摸到生命的珍贵!

任何契机都可以育人,激发学习兴趣,途径千万,没有定式。

这不,昨天刚说过"花草不喜高声语",今天,班长们就开始留意班级的"分贝文明"问题了。课间时分,语涵急切地跑过来告诉我:"老师,有人大声讲话,小草小花都被'震晕'啦,脑袋都垂下来啦!"听到"小花小草被'震晕'了",我眼泪都笑出来了。我笑得前仰后合,孩子也看着我笑……我想,未必是孩子看到花草晕过去,她要表达的是:老师,有人大声讲话,小草小花会被震到。情急之下,就脱口而出"晕了"。

苏霍姆林斯基第一次跟学前班的孩子相处一天后,晚上就做起了甜美的梦。他是这样记述的:"晴空下的第一天就这样结束了……那天夜里我做梦都是银色的太阳火星……"为什么他会出现如此的梦境?因为白天跟孩子们在一起时,阳光照射在树木上,好像满树都有火花在闪烁,孩子们都被奇妙的景色迷住了。有个叫卡佳的孩子深受感动大声地说:"太阳在洒火花哩!"于是苏霍姆林斯基便随时编创和讲述了一个太阳洒火花的童话。孩子们被奇幻的世界所吸引,看景色,听故事,提问题,好不热闹。

师者的灵魂就在孩子们那里闪光,当我的情感渗透了过去,当我的力量撼动了他们的云朵,当我的智慧牵引了他们,我就看到了我的灵魂。

班级里多了花草,娃儿有了新意寄托,也多了这许多"乐子"。

下课了,且不说放置了花草的图书角,借书看的人多到排队,就说今天下午下课,我就回办公室喝口水的功夫,教室前,已然满地的孩子们在晒花草,专职"灌水员"竟然已经用小瓶子装来清水,正一一"喂饱"花花草草们。阳光下,一个个孩子看着自己的花草,仿佛看着自己心爱的孩子,满眼爱怜,让人动容。

更有趣的是,几个女孩子在花盆边捧着书指着字,我问干啥的,她们说让花草认字读书啊!哈哈,我大笑了,草木通灵,绛珠草幻化人形,黛玉才高无人能敌,我想《红楼梦》作者能把才高之人与香草木石关联起来,其中深意,不言自明,如今我(6)班的娃儿们珍爱花草,谁又能说没有灵性灵气已渗透童心?何况儿童本就是"精灵"。

也许这课间一幕,会让你几疑置身童话,这的确像童话,却不是童话!我们相信美好的力量,此刻,这群孩子竟然在以书墨之香来滋养自己的花草,而他们本身焉不是一株株小小花草?我更有理由相信,在比比皆是美好言语行为环境里的孩子,一定会健康成长!

(连云港市新城实验小学　王　丽)

"理想座位"的诞生

这学期,我接手了一个四年级新班。刚开学,我对学生的各方面情况还不了解,所以我告诉他们,座位暂时按照上学期的坐,一个月之后,我将综合各方面的因素来安排座位。令我没想到的是,我话音刚落,坐在后排的几个孩子就开口了:"有什么好排的。不就是成绩好的坐前面吗?""就是,反正我们怎么排都坐在最后面。"还有孩子连忙举手:"老师,我视力不好,坐在后面我看不清。""老师,老师,我也是的,我妈说我必须坐在第二排。"

一时间,我陷入了沉思。看来,这个班的孩子对"座位"已经形成了自己固有的一些想法,甚至是"偏见"。在我看来,学生座位其实是班级文化的载体,而座位安排的艺术应该为每一个学生的成长助力。就座位的性质而言无好坏之分,与学生的成绩更没有直接、必然的联系。

这么想着,沉默了片刻,我微笑着回应道:"刚才大家说的我都听到了。既然这是我接手咱们班之后的第一次排座位,我不希望很草率地去完成,而且我毕竟刚接触大家,咱们也需要一点时间相互了解,不是吗?"也许是感受到了我的真诚,大家都表示赞同。

两周之后,我利用班会课时间组织了一场交流会,主题是"我心目中的理想座位"。这个主题一下子就把学生给吸引住了,他们隐约地感觉到可以自由挑选座位的机会来了!班会课上,我先给予他们一些时间在小组内交流,分享自己心目中的"理想座位"。之后,我再请几个学生在全班分享:有的孩子觉得教室的最前面是"理想座位",因为听得最清楚,离老师最近;有的孩子觉得教室的最后面是"理想座位",因为某些时刻既能避开老师的视线,又能一览前面的同学在做什么;还有的孩子认为教室的中间两排是"理想座位",理由是家长告诉他们这样对视力最好……也许是他们发现我并没有在中途批评或指责他们的一些想法,于是整个过程,大家畅所欲言,都坦诚地说出了内心真实的想法。

接下来,对于他们提到的"理想座位",我分别邀请了已经坐在这些座位上的同学进行发言和回应。坐在教室后排的同学表示,确实可以"一览众山小",还能发现谁在做小动作呢,但是他们希望得到老师更多的关注;坐在教室前面的同学则表示,离讲台很近,当老师有需要时,可以第一时间冲上去帮忙,不过课堂上没人发言时,一不小心就会跟老师来个眼神交汇,被叫起来发言。他们的这些回应过于真实,惹得大家阵阵发笑。我心里暗暗高兴,这样的交流很有意义。见时机成熟了,我语重心长地说道:"孩子们,通过刚才的交流,大家应该能感受到,无论是教室里的哪一个座位,其实都没有好坏之分。你们说坐在后面被老师关注得少,仔细回忆下,课堂上老师是不是也经常会走到你的身边,在你神游时轻轻敲敲你的桌子或是摸摸你的头?我今天之所以安排这样一次交流,是希望大家在聆听别人的分享时,也能体验坐不同座位时的感受,这样,我们就能增进彼此间的理解和包容。"

有了这样的情感积淀,我开始组织学生们一起思考:编排座位需要考虑哪些因素?有没有什么方法能够尽可能做到公平公正、人人平等?为了实现大家心中的理想,我们可不可以尝试一些创新之举?四年级是儿童自我意识形成的关键期,他们开始转变想法,从过去笼统的印象转变为具体的分析。再加上这是他们第一次参与班级座位编排,充分表达自己的想法,发挥自主权。经过充分的民主讨论,我们制定了班级座位编排公约。

梦想启航四(3)班座位编排公约

1. 考虑因素:视力、身高、性格、彼此间的相互影响。

2. 遵循原则:公平公开,人人平等;集体利益优先;与时俱进,定期轮换。

3. 轮换周期和方式:两周一次,顺时针平移轮换。

4. 创新之举:自选座位日——每月第三周的周五为自选座位日,可根据自己的意愿与同学交换位置,体验坐在不同座位上的感受。

5. 附加条款:如果某位同学在座位上影响其他同学或是班风班纪,由班干部提醒一次,如若效果不佳,需接受班主任临时调整的座位。

班会的最后,我和学生一起鼓掌通过了这个座位编排公约,并在上面签名,将它郑重地贴在教室的公告栏上。当我提到咱们的公约确定了,希望能够得到家长的支持和理解时，孩子们纷纷表示，由他们回去传达和告知，并有信心说服家长理解。

就这样，接手新班后的第一次座位编排，我充分尊重了每一个孩子的想法，采用"民主自愿＋教师参与"的方式，带领学生正确认识"座位"，组织学生积极参与座位的编排，从而让每个人都能坐上"理想座位"。我相信，和谐友爱、互相理解、彼此尊重的班风也会逐渐形成。

一直以来，排座位问题都是班主任无法回避的问题。可以说，没有一种万能的或固定的排座位方法，关键在于班主任如何引导学生正确认识座位，如何减少因座位问题带来的种种矛盾，如何利用好座位资源建设和谐、友爱、互助的班风。案例中，作为刚接手这个班的新班主任，在与学生的交流过程中，我意识到学生对某些座位存在一些固有思维甚至是偏见，他们中的一部分人对于原来排座位的方式是不认可的。因此，我没有草率地按照自己的意愿调换座位，也没有沿用班级原有的座位调换模式，而是组织了一场特别的班会，鼓励学生自由地谈谈自己心中的"理想座位"，目的是拓宽他们对"座位"的视野，转变他们对"座位"的看法，从而意识到座位无好坏之分，它应该为班级的每个学生创造同等参与课堂教学活动的机会；之后，我带领他们共同探讨排座位需要考虑的因素、应遵循的原则，引导他们学会照顾到身边每一个同伴的需求；接着，我们将共同讨论的内容成文，形成了班级专属的座位编排公约，为了尽可能做到公平公正，增加每个学生对不同座位的体验，我们制定了轮换周期和方式，还创造性地增设了"自选座位日"。

每一个学生都是独特的生命个体，都具有巨大的发展可能性。作为班主任，我们应充分尊重每个学生，允许他们自由发表自己的观点、见解，邀请他们参与班级管理，真正成为班级的小主人。当我们充分尊重他们，给予他们空间和平台时，他们也会带给我们无限的惊喜！

（南京市陶行知学校　陈　卉）

小纸条里的大智慧

走进我们班,就会发现班级正面的墙壁上贴着各色的小纸条。这些纸条里有建言献策的,也有给他人表扬点赞的。别小看这些花花绿绿的小纸条,这可是我们班班级管理的一个重要窗口:出现在纸条里的受批评者不随意扣分,意在提醒;上墙的表扬者加分,意在树立榜样。

开学初,经过同学们的讨论,我们班制作了一张班级常规检查表。检查值日生由全班轮流担任,每天7至8人。管理小团队用这张表格记录班级的常规状况,内容涉及早读、眼保健操、教室卫生、课间纪律、自习纪律五大方面。表格里设置了"建言献策帖",同学们可以将一些班级管理建议填写在里面,为日常管理中的"疑难杂症"献言献策。

起初,预备铃响后我们班总有几个"顽固分子"我行我素,每节课的课前准备都拖拖拉拉,浪费了大家不少时间。在值日生多次提醒无效后,我向全班同学征集解决方案:"他们为什么总是赶不上课前准备,我们能帮帮他们吗?"同学们积极留言:"小曦整理东西太慢了,要教他整理方法。""小旭下课喜欢跑太远,来不及赶回来,我们提醒他待在教室附近休息。""小枫就喜欢叠青蛙,抽屉里全是废纸,下课要提醒他收拾干净。"……全班献言献策,伸出援手,几位同学在大家的帮助下也渐渐做出了改变:小曦掌握了方法,学习用品渐渐摆放整齐了;和小旭玩得好的几个朋友,不再陪着他乱跑,而是在教室附近的公共交往空间做游戏;小枫的"桌肚子"也干净了许多……

在建言献策之外,同学们的小纸条也能创造教育契机。一天,有个学生写了个字条:

老师,我要举报数学课代表发作业安排不合理。每次我休息回来上自习课的时候桌上都会有一大叠作业等着我去发,我自己作业都来不及写了。课代表为什么不经过我同意就让我发作业?

从这个同学的留言不难看出,他自己作业完成的速度较慢,不愿意承担班级服务工作。这是一个匿名字条,为了更清楚地了解事情经过,我在当天的晨会课上,引导同学们思考:"你们如何看待发作业本这件事?为什么有的同学不愿意完成呢?"同学们举手发言:"发作业是在为大家服务。""有的同学太自私了,不愿意帮助别人。""可能有的同学自己做事情比较慢,所以来不及发作业本。""我们高年级的确作业很多啊,课代表也很辛苦的,我们都可以帮忙。"……经过讨论,同学们达成一致意见:第一,分发作业是为班级服务的行为,每个同学都有义务去做,可以按照自己的能力去领任务,大家轮流完成;第二,如果有同学来不及做作业,无论是什么原因,大家都应该及时给予帮助。

班级晨会结束不久,小黄同学就主动告诉我,这个纸条是他写的,并说明了写字条的原因:小王不顾及同学的意愿,将大量待分发放的本子堆在他人座位上,导致发本子的同学来不及抄写黑板上留下的作业题。经过与小王同学核实,这事儿两人都有责任。小黄同学做事拖拉,缺乏条理性,又总喜欢把错误怪罪于他人,会为了小事较劲;小王同学,喜欢"当官",但是又不愿意揽事儿,对于比较麻烦的事情,他心里想的是如何分配下去。表面上是发作业这件小事,却给了两个孩子成长的教育契机,我要求两位同学都站在对方的立场,结合早晨集体讨论的结果来思考解决方案。经过此事,两位同学开始尝试理解他人,做一个勇于承担责任、严于律己、宽以待人的人。

教室的这面墙还有夸赞功能,同学们亲切地称它为"夸夸墙"。我会把学生的点滴进步、好人好事记录下来贴在这面墙上。渐渐地,学生们也开始写表扬条:"小周最近上课听讲认真多了。""小柳主动整理饭盆,擦地上的汤汁。""小朱主动陪腿受伤的我去医务室。"……诸如此类的表扬语言激励同学们向善、向美,每天都有一点小进步。

小辉是一个学习主动性不够的孩子。最让人棘手的是他的脾气很暴躁,老师的批评、同学的争执都可能成为他"爆炸"的导火索。他朋友不多,也很少主动为班级服务。小辉来到新班级以来,我软硬兼施,多次的沟通教育见效甚微。

一次偶然的机会,我从他的同桌那里找到了突破口。小辉的同桌小柏性情温和,算是小辉在班级里为数不多的朋友之一。小柏乐于为班级服务,他会在课间休息时主动帮助班级打扫卫生。小柏不求表扬,总是默默地做着这

件事,偶然被我发现后,我当即写了表扬条。下课时小辉盯着小柏的表扬条看了好久,眼里充满了羡慕。那天,小辉竟然一反常态,主动抓起扫把打扫教室,作为他好友的小柏还给他写了表扬条。

"同学们看,今天教室变得干净了,这都是小柏和小辉的功劳,让我们用掌声向他们表示感谢。"我的表扬让小辉很是意外,他甚至紧张得有点手足无措。我心中感叹,原来再"厚脸皮"的孩子也是期待表扬的啊。从此以后,小辉不再推脱班级安排的值日任务。渐渐地,有团队合作的活动时,他也会尝试主动加入,甚至还学会为其他同学写表扬条了呢。

我刚接手这个班级时,班风实在算不上好:打小报告的、梗着脖子不听批评的学生很多,班级常规检查更是多次被扣分,批评教育收效甚微。于是我利用小纸条,构建互助平台,构造教育契机,勾画正面形象,在互评互助中激励学生实现自我教育,完成自我成长。

从一言堂式的说教到共商共建共享的民主化管理,教育的最终目的是为了不教而教,为了不管而管。利用纸条这个教育契机,能够让同学们渐渐学会自我管理,让班级变得越来越和谐。在本年度的评比中,我们班还被评为了"文明班级"呢。

(泰州市凤凰小学　蒋歆培)

我的情感班集体建设

在班级管理中,班主任往往习惯于从控制的思路去解决问题,从效果的角度进行评价,习惯于采用批评等方式进行纪律规训,从实践中总结管理经验,但往往由于不能关照到每个孩子的情感发展与内心世界,管理失范、效果不佳。那么,怎样建设一个友爱上进的班集体呢?我的方法是——以情感教育营造良好的班级氛围。

"谈心预约单"和"我们约会卡"

每学期开学初,我会给每位孩子发一张"谈心预约单",由班级预约管理员负责收发管理。预约单上设计了学生姓名、预约时间、预约地点、谈心缘由(发生了什么事情,我的困难是什么,我可以帮助自己什么,希望老师帮助我什么)、谈心评价等几个板块,当学生需要找老师谈心的时候就可以领取预约单,填写好后交给老师,老师再根据实际情况给学生回复预约谈心的时间和地点,这样就保证了谈心的充分性和私密性。这是一位在班级各方面表现出色的孩子写下的预约单:"老师,我觉得最近太累了。妈妈做的时间安排表满满当当了,我真的觉得喘不上气来。"联系最近这个孩子上课精神不佳,有所懈怠的现象,知道他确实遇到了困难,想得到老师的帮助。我很真诚地与他谈了一次,这无疑是对他内心压力的一种释放。因为在学生的眼中,老师就是一个可以帮助他解决困难的人。接着,我又和孩子的妈妈取得联系,在有效沟通后,对孩子课后学习时间表进行了调整。之后,这个孩子又充满了活力。

很多时候,"谈心预约单"可以帮助我发现不少学校里看不到的问题。这份预约单就是一个证明:"老师,每天回家学习,我只想爸爸来管我。看到妈妈过来,我感觉自己要疯掉了。"看到单子,我就意识到这个学生近期与妈妈的关系十分紧张。和孩子谈心后我了解到,这个妈妈对孩子的学习要求十分

高,对孩子非常严厉,而爸爸对孩子的要求比较宽松。父母要求不一致引发了孩子内心的不稳定,进而导致母子关系紧张。随后,我在放学后邀请孩子父母一起来学校聊聊,沟通调解彼此间的问题,最终达成共识。

除了"谈心预约单",我们班还人手一张"我们约会卡"。有了这张"约会卡",孩子们不仅可以和我及其他任课教师预约谈心,还可以和任何一位老师相约一次午餐、一次午后散步,甚至是一场生活中近距离的接触。我希望用切实的行动,拉近与不同类型孩子之间的距离,给老师们一个走进孩子内心世界的机会。

"说出情绪法",沟通小秘密

伴随着孩子的长大,情绪管理又成了现今孩子们由"他律"走向"自律"的必闯关卡……

周一的音乐课上,长假归来的乐乐还没来得及取消电话手表中的闹铃,便去匆匆上课。果不其然,临近下课还有十分钟左右,手表准时"唱"起歌来。班级开始混乱起来,这让他顿时手足无措、手忙脚乱。老师停了下来,责怪他事先没有取消闹铃,让他坐到教室的后边,以示警诫,并暂时没收了"元凶"——手表。

下了课,老师和乐乐就课上的问题进行沟通。老师纠结于他不事先处理,扰乱课堂秩序,乐乐委屈于这并不是他的故意为之。眼看老师丝毫没有放过自己的意思,乐乐也不乐意了,继续和音乐老师争得面红耳赤,一直持续到放学老师将乐乐妈妈请到教室,孩子看见妈妈一副欲加责备的样子,所有的情感宣泄而出,歇斯底里地怒吼着。小小的教室里,三个人的情感都处在崩溃的边缘……

音乐老师见乐乐和父母也剑拔弩张,问题丝毫没有得到解决,便打通了我的电话。我当时正在值班,安顿好学生,赶到音乐教室后,三个人都怒气冲冲。已经是放学时间,我赶快嘱咐上了一天课且身体不好的音乐老师喝水休息,同时安抚家长的情绪,让他们稍作休息。我轻柔地拉着乐乐的手走出了教室。路上,我们什么也没说,就这样静静地走了五分钟。来到了水池前,试试水温,还好水不是很冷,可以洗脸。洗过脸后,孩子红扑扑的小脸,暂时冷却了下来。我掏出两张餐巾纸,帮他擦拭干净,再牵着他的手,走到了阅读长廊边的小长椅上,互相靠着坐在了一起。

我关切地问:"怎么样,感觉好点了吗?"乐乐点了点头。

"你觉得自己刚刚情绪激烈时,身体有什么特别的变化?"

"脸发烫,声音不自觉地变大,控制不住自己的怒火,感觉没有人理解我。"

"你发泄情绪为的是什么?"

"当然为了解决问题!"

"那你想听听老师的建议吗?其实情绪来时,我们应该理智地说出情绪,而不是发泄情绪。这样不仅伤身体,还不利于问题的解决,你觉得呢?"

"有点道理。"

"那现在你能把事情的经过讲给我听吗?"

"可以。"

"你觉得现在你需要老师为你提供哪些帮助?"

"请帮我消除音乐老师对我的误解。"

"老师真的很感激你对我的坦诚,其实你说的也是我想的。今天是长假回来的第一天,这是今天的第六节课,同学们心散,课不好上。这是音乐老师今天上的第六节课,每一节课都是不同的班,同样的内容。这些你知道吗?"

"不知道。"

"而且音乐课也有每节课的教学任务,老师也希望小朋友们认真听,学到知识,不然又要拖到下一节课。"

乐乐点了点头。

"我再告诉你一个小秘密,音乐老师前段时间请假,因为她的身体出了点问题,去医院做了手术。以她现在的身体条件,是经不住这么长时间的生气的。老师知道你不是故意的,但我真的建议你好好和音乐老师沟通,心平气和地和她聊聊。我愿意停下来和你沟通,就是在乎你,想帮助你的表现。听我说了这么多,你理解了吗?"

"老师,我懂了。"

"你觉得现在你可以做点什么呢?"

"我想去和音乐老师道个歉。"

"需要我陪你去吗?"

"不用,老师,我有足够的勇气了。"

我很感动。我也跟乐乐家长交流了情绪管理方面的一些方法,希望乐乐能健康地成长。

"谈心预约单""我们约会卡""说出情绪法"等,这些源于实际问题的解决智慧,是基于不同年段的小学生情感发展的需要。作为班主任的我们,要有情感教育的视角,从权威型转向智慧型,从"重要他人"、陪伴者的视角出发,针对不同气质的孩子搭建主动表达的"场",努力营造一个充满爱的班级氛围,让每一个孩子都有表达内心情感的机会,营造良好的班级情感氛围。当然,这都是基于问题解决的正面情感教育。如此教育,才能美在理解,美在机智,美在创新。

(南京市琅琊路小学　严　悦)

和孩子一起编织故事

班主任是最小的"主任",却也是影响力最大的"官",面对班级里大大小小的突发情况,班主任的处理方式反映了其对学生的情感和态度。因此,读懂学生成长的"故事",并能巧妙引导他们修正"失误",让每个"成长故事"尽可能有一个"完美的结局",正是班主任实践智慧和精神关怀能力的体现。

报告来袭,别生枝节

"报告老师,不好了!小何和婷婷又吵起来了,我根本拉不开,本来就他们俩吵的,现在变成了男生和女生们对吵,男生嫌弃女生啰唆,女生嫌弃男生不讲卫生,班级里乱哄哄的,您赶紧去看看吧!"看着急得满脸通红的班长,我立即放下手中的笔,和他一起快步走向教室。

原来,小何下课的时候急着出去玩,嫌弃坐在外面的同桌婷婷磨磨蹭蹭的,影响了他出去"逍遥游"的时间,就推搡了婷婷两下,本意是催促同桌赶紧让开,但是推搡间竟毁了婷婷认真写了一节课的《习字册》,硕大的钢笔划痕很是显眼。婷婷的脾气一下子也蹿起来了,两人针尖对麦芒——互不相让,吵着吵着就忘记了事发的缘由,演变成了对不同性别的互相攻击,围观的"群众"也从"劝架"转变成了"助阵"——男生自动结盟,女生迅速抱团,教室里"热闹非凡"。

平常学生间产生矛盾很正常,今天竟然上升到了男生女生联盟对战的地步,实属罕见。直觉告诉我,学生之间的矛盾往往蕴含着丰富的教育资源,我可不能轻易浪费掉,更何况这次"辐射面"如此广,更是一个开展教育的好机会。于是,我决定把这个突发情况转变成一个教育契机,把"团结友爱"与"互相尊重"写进"故事"里,引导学生们改变"故事"的发展方向。

为了接下来不再重复"昨天的故事",我决定做个快乐的"遗忘者",在简单安抚完学生的情绪后依旧快乐地带着他们学习新课,其间,当事者和几个

育人故事

"积极分子"一直偷偷瞄我,估计心里正纳闷:今天事情搞这么大,班主任咋还没动静呢?

妙用游戏,淡化矛盾

放学前的二十分钟夕会时间,我走到教室门口,意外发现这群皮娃娃们今天异常老实,教室里鸦雀无声,一个个身板挺得笔直,小眼神满含期待地看着我。看来我今天不按常理出牌,皮娃娃们竟然有些不适应了,已然做好了迎接"暴风骤雨"的准备了。我装作看不懂他们传递来的信息,告知今天的夕会"一日汇报"改成"找零钱"游戏的时候,学生们吃惊的表情随即被跃跃欲试摩拳擦掌的表情给代替。

首先我在班级公布了"找零钱"的游戏规则,每个学生代表0.5元钱,然后出示商品及价格,男女生需共同组合,最快组合完毕的为获胜者,落单或者组合错误的则视为失败,而获胜者可获得下周去校图书馆两次借阅图书的机会。游戏过程中,教室里欢声笑语,组合成功的小组成员抱在一起欢呼雀跃,失败的团队成员们则凑在一起窃窃私语,商量着下一轮如何取胜。

教育家克鲁普斯卡娅说过:"对孩子来说,游戏是学习,游戏是劳动,游戏是重要的教育形式。""找零钱"的游戏让男女生一起答题一起组团,不知不觉中放下了对彼此的介怀,把上午的尴尬和愤怒抛掷脑后,这种效果是空洞的说教无法达到的。

巧借活动,互相赏识

第一天就这么过去了,学生们在欢声笑语中结伴而行,一切看起来是那么美好,仿佛他们从未互相"伤害"。我知道,今天发生的"故事"还没有编辑完整。

学校每学期都会评选各班的"情智之星",可细分成"阳光之星""运动之星""文明之星""礼仪之星"。往年的评选都是结合常规表现,由学生自行申报、小组投票决定结果。这次的评选我打算换成同桌互荐的方式,并为对方拟一份"颁奖词"。消息一出,学生们面面相觑,不知道不按套路出牌的班主任葫芦里到底卖什么药。虽然纳闷,但他们还是完成了我布置的任务。我陆陆续续地收齐了学生们这份特殊的"作业",稚嫩的文字里情真意切,我特

意留心了小何和婷婷为对方写的"颁奖词":

> 你爱玩,但是你有创造力,每一个游戏都充满吸引力;你嗓门大,但是你很少制造噪音。那天,小王吐了,大家惊讶得不知如何是好,还有的人流露出了嫌弃的神情,甚至有人捂住了口鼻。只有你,立即冲过去,擦、扫、拖,利索又干净,你乐于助人,你关爱同学,你健康活泼,"阳光之星"非你莫属。

文字不多,但写的全是小何的优点,而且还有具体的事例,看来婷婷是真的仔细观察了同桌的日常生活状态。再来看小何写的"颁奖词",他的文字简洁直白,但溢美之词也毫不含糊:

> 很高兴能成为你的同桌,你就像我的后援团:我文具没带,你借我;我作业不会写,你教我;我被同学笑话了,你安慰我;我惹你生气了,你也会原谅我!"文明之星"和"礼仪之星"你都实至名归!我还要颁发一张"最美同桌奖"给你!

放眼全班学生的"颁奖词",每个人都学着去发现别人的美言、美行、美德,发自内心地去赏识,不遗余力地去赞美、欣赏他人,从而改变自己,班级的精神面貌焕然一新。

借力学生,持续关注

小何和婷婷毕竟是这件事的导火索,编织故事的最后一步可不能少了主人公,在评选"情智之星"的时候他们都为彼此写下了充满欣赏和肯定的"颁奖词",所以我开展了一次班会课,邀请二人为对方读"颁奖词"并颁发奖状。当时,台上台下的学生们都热血沸腾,为了增强活动效果,我特意预约了学校的三楼会议室来开展这次的班会活动,并邀请了家长志愿者和学校心理咨询室的老师一起参与,音乐和课件完美结合,再加上场外嘉宾的颁奖,浓重的仪式感让每个学生心潮澎湃,被别人发现自己的优点是件美好的事,能发现别人身上所具备的闪光点更是件了不起的事。

活动结束后,我邀请小何和婷婷来到我的办公室,正式和他们沟通那天午后的小插曲。没曾想,我还没细说,他们俩竟然都主动道歉了。小何第一

 育人故事

个表态:"老师,那天全怪我,我急着出去玩,言语不当,还动手推她,全是我的错。毁了她的作业,她没办法拿到三星,生气肯定是正常的。"没等我回应,婷婷接着说:"老师,我也有责任,那天我稍微动下,让他出去就什么事也没有了。而且是我煽动班上女生一起攻击男生的,我错得更严重。"看来学生们已经意识到自己在这件事中该承担的责任了,可是我找他们的本意远不止这个。

"你们平时相处得一直都挺好,为什么遇到一些鸡毛蒜皮的小事时会有这么大的怒气呢?同学们平时也有同样的困惑,你们俩能不能帮我想想办法啊?"他们俩叽叽喳喳帮我出谋划策,我们一致觉得该给大家普及情绪管理的重要性。就这样,下周的班会课主题也确定了,由小何和婷婷组织并主持,我只在幕后指导。

看着两人出办公室的时候还在嘀嘀咕咕商讨活动方案时,我想起曾经阅读过的一段经典文字:"最优秀的教师有一个共同的品质:他们知道如何读懂故事。他们知道走进教室大门的每一个孩子都有一个独一无二、引人入胜但却有待书写的故事。真正优秀的教师能够读懂孩子的故事,而且能够抓住不平常的机会帮助作者创作故事。真正优秀的教师知道如何把信心与成功写入故事中,他们知道如何编辑错误,他们希望帮助作者实现一个完美结局。"这次的意外事件,学生们是创造者,我是构思者,但故事的推进还是靠着全班学生,每一个学生都是故事的编织者,同时也是故事的主人公,完美的结局只是我最美好的期待和努力的方向,班级是个小家庭,每天上演着喜怒哀乐,如何正确处理其中出现的问题,进行生成性的教育,考验着我们一线教育工作者的实践智慧。

(南京市北京东路小学 聂黎萍)

陪着孩子"追星筑梦"

随着自媒体、短视频平台的崛起,追星已然成了潮流,在学生中,这一现象更是普遍。

一个阳光明媚的早晨,我还没进教室的门就听见了豆豆的大嗓门,疑惑他怎么一大早就跟别人杠上了。走进教室,豆豆正跟别人争得面红耳赤,竟然还把拳头挥向了另一位男生。见了我,他立刻收了手,大家的吵闹声也小了下来,围在豆豆座位周围的一大圈人渐渐散去。最近每次下课,都会有一群人围在豆豆的身边,豆豆身上究竟有什么魅力?今天又为什么发生争执呢?

经过了解,原来是以豆豆为首的沈姓明星粉丝迷与另外一个"小鲜肉"的粉丝群在互怼,班里这些明星的"小粉丝"们让班里炸了锅,豆豆是其中吵得最厉害的那个。其他同学说,最近班里盛行追星,豆豆也是追星最疯狂的那个,他知道很多关于明星的事儿,偶尔还会带一些明星的卡片、笔记本等到学校,下课后,大家都爱围到他身边,在他的影响下,班里追星的同学越来越多。

偶像崇拜及其行为表现,是青少年特定年龄阶段重要的心理活动内容和人格表现方式,对青少年精神发育和人格成熟具有不可估量的影响。班里这么多人迷恋影视明星,是一种从众心理,如果粗暴地禁止,可能会适得其反。作为班主任,我有责任为孩子树立有文化和精神价值的偶像,挖掘明星身上蕴含的文化和精神价值。

这种现象不能堵,得像大禹治水一样,多找几条道进行疏通,把他们引入正确的追星之路。豆豆是追星的领头人,改变得从他开始。

我找到豆豆,告诉他,我也是沈姓明星的粉丝,喜欢他的表演,并和豆豆分享关于沈姓明星的电影和小品。这样,我取得了他的初步信任,成了他的"同盟"、他信任的"自己人"。"亲其师,信其道。"待火候一到,我话锋一转,告诉他,我更喜欢的是沈姓明星的敬业、努力:沈姓明星刚当演员时,很久都没有出名,没有人欣赏他的演出,但是他没有放弃,凭着对喜剧的热忱和不变的初心,坚持了下来,最终获得了成功,迎来了"喜剧人"的春天;在拍摄电影时,为了达到最好的效果,他主动要求更多的武术指导,一个摔跤镜头他拍摄了十几遍……我问豆豆:"你觉得他成名的秘诀是什么?"聪明的豆豆一下子就明白了:"坚持、努力、敬业。"我还借助他不喜欢"小鲜肉"的事实,跟他产生共情,达成共识:偶像明星稍纵即逝,不能被称为真正的明星。"见贤思齐焉,见不贤而内自省也。"我肯定他有眼光,选择了一身正能量的沈姓明星作为追星对象,又问他,愿不愿意和我一起改变班里那些"没有眼光"的同学,让他们追一些真正的明星。他一口答应,我们一起讨论哪些人才是真正的明星。在我的引导下,他认识到真正的明星不一定是演员、歌手,更应该是那些道德高尚的人、各行各业的佼佼者、为祖国做出贡献的人……他还建议我把钟南山、袁隆平、聂海胜等这些"超级明星"推荐给全班同学去追。我心里暗喜:巧借追星立德树人,让学生拥有正确的人生观、价值观,我成功地找到了一个有力的"助攻"。

打铁还需趁热。我们来到班里,和大家聊起了喜欢的明星。豆豆语出惊人:"以前我喜欢影视明星,现在喜欢袁隆平爷爷了,他让更多的人吃上了米饭,为人类做出了巨大的贡献,他是共和国勋章获得者。他是我国的超级明星,从现在起,我要追他。"

豆豆的话让大家陷入了思考。我赶紧助攻:"现在全球新冠肺炎疫情肆虐,但是我们能安心地坐在教室里上课,那是因为我们国家有很多的抗疫明星。"话音未落,就有人脱口而出"钟南山爷爷""张定宇爷爷"……孩子们就这样七嘴八舌地讨论起来,造福全人类的科学家,为国拼搏争光的奥运选手,奋战在抗疫一线的医护人员,保家卫国、抗震救灾的军人,以及身边贡献社会的平凡人……都成了他们讨论的对象。这些偶像和榜样,起到了弘扬正能量、塑造积极人生观的作用。追星,应当追一种价值和信念;偶像,应当是一种榜样和指引!

从那时起,我和孩子们一起开启了"追星筑梦"之旅。我告诉孩子们,我和他们一样,也是一位"追星人"。"昔孟母,择邻处;子不学,断机杼。"作为普通母亲,作为教师妈妈,我追孟母,给孩子营造更好的成长环境,做孩子成长的引路人。"不惧碾作尘,无意苦争春。"作为一名班主任,作为一名党员,我追张桂梅,为党育人,为国育才,做立德树人的"大先生"……

我还让学生们开展小组合作,一起去寻找自己喜欢的"明星",通过制作海报、讲故事等形式向大家展示自己喜欢的"明星"风采。在这些活动中,很多孩子变得关心国家大事了,也不再只喜欢某一个明星了,拥有了更多指引他们前进的"明星"。在这条新的"追星"路上,豆豆是改变最大的。他变得有责任心、懂得感恩、知道努力了。班里的同学对"明星"的认识也不再肤浅,他们认识了很多百年征程中指引我们不断前行的"明星",感受到真正值得崇敬的人的魅力,这些耀眼的"星"将伴着孩子们成长,鼓励他们前行。

陪着孩子走在"追星"的大路上,孩子们有了自己的梦想;我也有一个梦,希望通过努力让自己成为一道微光,照亮孩子,向阳成长,让每一个孩子都如星辰般熠熠生辉,斑斓成浩瀚的星河。

(靖江市实验学校 钱赛华)

我们出书啦

"好消息！好消息！"小鹏喘着粗气，噼里啪啦的脚步响了一路。

"什么好消息？"

"快说！快说！"

"嘘——"他把手放在嘴前，卖起关子。

"我们的第10篇小说发表啦！"

"哇！"

"万岁！"

孩子们抱在一起，抢着看他手里的书，而我却陷入沉思。

故事要从一篇日记说起——

那天，我批改着学生的日记。其中的一篇是这样的：纸张卷曲，笔墨晕开，字迹模糊。我心里"咯噔"一下，赶紧细细读来："亲爱的老师，已经深夜了，可我不想睡！还有几个月就要毕业了，这几天我总是心绪不安。想到要离开您，离开同学，我的眼泪就止不住往下流。再想到以后要面对初中的新老师，就怎么也睡不着！"

这个大男孩小鹏竟然因为毕业哭到眼泪浸湿纸张！

我留心观察了两天。同学们忙着传同学录，写留言簿，班级里弥漫着浓烈的离别情绪。他们忘记了课前准备，放弃了课间休息，头也不抬，话也不说，一心扑在毕业留言上。上课铃响了，也没缓过神。同学们普遍情绪低落，也不爱笑了。

原来，小鹏的情况不是个别现象！

我也跟着焦虑起来。任课老师表示，学生们最近上课状态不佳，情绪低落。与家长沟通后也了解到，孩子们在家也爱胡思乱想，懒懒散散。有些孩子甚至由于情感表达方式不恰当，还造成了同学间的矛盾和家长间的误会。

看来，孩子们对老师、同学们的过度依恋，已经成为前进道路上的一份情感束缚。既要珍惜学生的情感,保护集体的纯真,又要引导他们用积极心态与正确方式迎接即将到来的毕业,我该怎么办呢?

每当遇到棘手的问题,我总会翻翻班务日记:上学期期末,小美转校时,我撰写了散文《挥手告别》帮助学生打开心结;第三周,学生作业屡屡出现问题,我创作了小说《作业调包案》,促发学生进行思考;清明小长假,小宁同学和妈妈发生冲突,我为他写了《奶香里说"爱"》,启发他用心感受亲情;学生们争抢着吃鸡块,我们合作写下了《鸡块战争》……

咦,这不就是办法吗?写!

"写"是我们班的特色文化,既然我们都爱写,为什么不从"写"入手来解决问题呢?

班会时间,我故作调侃:"最近,同学们都在忙着写纪念簿。听说,有的同学吃不好、睡不好,还没少哭鼻子呢!"

孩子们挠挠头、皱皱鼻,不好意思地笑了。我趁机说:"写同学录是有意思,我们做些更有意义的事吧!让我们一起写一本书,写一本属于我们(3)班的书!"

他们瞪大眼睛,不敢相信自己的耳朵。我赶紧说:"你们、老师、家长都可以参与写作,成为作者。如果质量高,还可以出版呢!你们愿意挑战吗?"

"如果出版了,那就是一本可以回味一辈子的书!"

"太赞了!我已经等不及了!"

"老师是作家,我们也是作家!"

教室里立马炸开了锅。

孩子们热情高涨!而我,又不免担心起来。

"写书虽好,可是万一耽误了日常学习和休息怎么办呢?"

同学们连连举手,一致决定要制定"师生公约"。借助班会,我们约法三章:合理分配时间;学习第一,写书第二;师生间互相监督。

班会结束后,同学们把离别情绪全部抛在脑后,忙个不停:他们翻遍往年照片,自发进行"头脑风暴",列下要写进书里的"候选事件"。分享事件时,我们时而笑语盈盈,时而热泪盈眶,在幸福的记忆里穿梭回荡。我们集体投票选出"获胜事例"。随后,又马不停蹄地举办了"竞标写作"。可以学生写,可以我写,可以师生一起写,还可以与家长合作写。为了不增加负担,我将书稿

写作与周记进行了整合。在故事里,家长、老师、学生都成为其中的角色。当我们将写好的故事分享在群里时,任课老师和家长们不住地赞叹。

可是,问题来了:主意多、笔头快的同学自然乐在其中,那不擅长写作的同学该做什么呢?

我约请班干部们共同商议,改进方案:以小组为单位,各有所长,各有分工。搜集员负责挑拣素材,小写手负责撰写文稿,绘画师负责绘制插图,信息员负责输进电脑。将热情参与和有序开展相结合,将个体参差与集体同行相结合,注重情感体验和群体实践,促进写作活动的良性开展。最后,我们投票决议,将这本书取名为——《(3)班异闻录》。

"写书行动"如火如荼地开展着,"写书治愈法"势头正好。我趁机鼓励学生把对学校的不舍、对师生情的眷恋、对毕业季的憧憬与焦虑全部写到故事里,在书写的过程中实现自我分析、自我思考、自我濡染、自我成长。之前还忧虑重重的小鹏,主动承担了挑选素材的任务。他在重温美好和展望未来的使命感下出谋划策、忙里忙外,不但圆满完成了任务,还收获了稳定和煦的好心情,更在日记本上画上了一个大大的微笑。

七八个月后,好消息传来——

我们六(3)班共同写的书,将在年底出版发行!108天,16万字,17篇小说,其中11篇在省、市级报刊上公开发表!

孩子们在写书的过程中消解了情绪和矛盾,共同解决了成长过程中的种种问题。而我也明白了:教育需要最朴素的情感和永不停止的探寻。班主任要智慧、科学地解决问题,从问题中挖掘更丰富的教育资源,开拓更广阔的教育平台。立德树人润童心,教学相长共发展!正如伟大的人民教育家陶行知先生所说:"真教育是心心相印的活动,唯独从心里发出来的,才能打动心灵的深处。"

手牵手,心连心。我们的文字在墨香中熠熠生辉,书写起美丽的新故事……

(南京市中华中学附属小学　戴　琰)

特别教育

爱,是对学生差异与独特的尊重和善意;爱,是对所有美好与缺憾的接纳和包容。

——倪施思(宜兴市湖滨实验学校)

慢,又有什么关系呢?如果我们能让匆匆而过的脚步慢下来,看一看孩子的动态,听一听孩子的心声,这不正是教育的真谛吗?

——陈　语(南京市小营小学)

我想和你一起"虚度"时光

> 孩子,
> 我想和你"虚度"时光,
> 比如抬头看云,
> 比如跳一跳方砖。
> 我还想连落日一起"浪费",比如散步,
> 坐在窗前发呆,直到你眼中的乌云
> 全部被吹到窗外。
>
> ——题记

桌椅一拉开,"哗啦……""桌肚"里的东西撒了一地。唉!这就是我们班家乐的桌子。一年级刚入学的时候,家乐的妈妈是我接待的第一位家长,她找我的目的就是告诉我家乐的"特殊情况",让我多关心。家乐有轻微的多动症,注意力很不集中,自理能力差,与同学相处不和谐,习惯于粗暴地解决问题。

盯,他成了"场依型"孩子

不是第一次遇到这样的孩子,我有一套办法来改变他。注意力不集中,提醒他认真听讲,或者常常提问他;做事慢,就时刻催促他;课后作业有困难,就给他安排一个小老师;"桌肚"乱,就请小组同学天天帮他整理一遍。

经过整整一年的努力,我发现家乐在专注力方面似乎没有太多的改进。只有在被盯着时,才不会乱动。一旦失去关注,他的注意力涣散、多动的问题就暴露得很明显,甚至比我刚认识他时还要严重。他变成一个"场依型"孩子,依赖外在的评价和管理,没有形成自主发展的意识。

奖，他的自信心不堪一击

二年级，我开始改变方法，给他"加星点赞"，让他得到更多的鼓励；帮他制订计划，提高效率；设立小岗位，帮助他发现自身的价值。在相处中，我发现他颇具画画天赋，业余时间，我鼓励他参加绘画比赛，居然得了区一等奖。

渐渐地，我看到了他身上些许的改变。但家乐课堂上还是做不到注意力集中，他依然好动，影响他人，我努力包容他、引导他。但那一次的小事，将我跟他之间的关系降到"冰点"。

一次岗位服务中，他的不负责任导致班级被扣分。我问他怎么回事，他气愤地说："本来就不是我想做这个岗位的，是你塞给我的。"他的话激怒了我，当着全班同学的面，我狠狠地斥责了他。家乐愣住了，低垂着头，很长时间一动不动。过了好一会儿，他依然一副落寞的样子。我陡然一阵心酸：他还是孩子啊。

我们经常说，教育是慢的艺术。可是，我们又在内心期待：付出的每一点精力和时间都快点有收获。当孩子没有改变，甚至表现出不如以前的一面时，我们就气急败坏了。可问题到底出在哪里呢？

育，他在时光里安静下来

我似乎并没有找到"根"上的原因。那天，我联系了家乐的父母，我要去了解这个我似乎从没好好了解的男孩。

从妈妈那儿了解到，家乐是剖宫早产儿，没怎么爬行就学会走路了，但一直走得并不稳。孩子从小被老人照顾得很周到，生怕磕着碰着，平时家乐的生活起居都是老人一手包办。爸爸工作忙，每天几乎看不到人影。

家访完回家的路上，对孩子的行为，我有了更多的同理：剖宫产的孩子没有经过产道的挤压，而婴儿期爬行得较少，从小又被过度保护，容易导致感统失调、注意力不集中。此外，男孩在成长的过程中，如果父亲能扮演重要的角色，这将是支撑这个男孩一生的力量。然而在家乐身上，这一支持是不足的。

第二天，我又去请教了心理老师，心理老师提醒我，孩子已经错过了感统训练关键期，后期如果要弥补，需要耗费很长的时间和精力，而且不一定有效果。但我表示，哪怕只有 0.01% 的希望，我也要百分之百地争取。在心理老师的指导下，我制订了感统训练和陪伴游戏的方案。

方案1：每天放学后是老师和家乐的专属校园时光：一个游戏＋一项运动。

周一	周二	周三	周四	周五
拍篮球	跳绳	走平衡木	沿线运球	攀岩
串珠子	找不同	走迷宫	复述故事	接球游戏

方案2：和家乐的父母达成共识，再忙每天也务必抽出时间陪伴孩子。如① 劳动时光。每天15分钟，全家人一起撸起袖子做家务，不催促，不"包办"，让孩子通过动手劳动对自己的生活拥有掌控感。② 共读时光。妈妈和孩子一起大声朗读15分钟，专注力就是大声读出来的。③ 爸爸专属时光。爸爸与孩子一起运动，一起游戏，一起探索世界。

……………

家乐的生日到了，我悄悄地给他准备了一份礼物，并写了一封信：

亲爱的家乐：

  老师相信，每一朵花都有不同的花期，它们会在不同的时间开花。不过，就算不开花，也没关系。因为，它可能是一棵参天大树！

愿意陪你慢慢长大的杨老师

阳光洒进窗户，浅浅地照在那个小小的身影上，那一刻岁月静好，我仿佛听到了家乐内心被触动的声音。也许现在的家乐并未成为大家眼中出色的孩子，但他进步的每一个瞬间对我来说，都是那么弥足珍贵。

校园里
有我和家乐一起"虚度"的时光。
那些时光会
盛在他渐渐专注的眼神里，
聚在一条条笔直的对角线上，
照进一本本整洁的书本，
也珍藏在我的心里。
家乐，
让我们一起期待更美好的时光。

（常州市武进区星河实验小学　杨黎丽）

有一种相遇，唯美了我整个曾经

董卿说："人世间所有的一切都是一场盛大的相遇。当冷遇见暖，就有了雨；冬遇见春，有了岁月；天遇见地，有了永恒；人遇见人，有了生命。"

——题记

师生一场，不过是你刚好出现，不过是我恰好遇见，而后彼此陪伴，珍惜同行，见证成长，温暖年华。

相遇：来自星星的你

九月，正是月菊欢笑的时节。美丽的校园迎来了一年级的小朋友们，也把特别的你——小益，带到了我的世界。

热闹的教室里，一个个活泼可爱的宝贝，一张张天真烂漫的笑脸，如清洌的甘泉荡漾着我的心。可在某个角落，有个"特殊"的孩子，他总是做出一些奇怪的行为，仿佛与这群孩子格格不入。课堂上，他注意力不集中，不自主地摸头拉衣服，时不时地回头张望，间或发出一些"嗯""咦"的声音；课间休息，他一个人跑到走廊上，用力甩绳子，趴在地上打滚……我多次耐心地教育，却没有任何效果。仅仅一周的时间，他便被同学们贴上了"怪胎"的标签。

绿茵场上，一个个喜爱足球的小小身影释放着大大的能量，欢快地奔跑着，跳跃着。突然，一个孤独失落的背影映入我的眼帘，他一个人坐在操场的角落，手指一下下弹着地上的小石子，嘴巴无意识地碎碎念。我慢慢靠近，发现他的眼角噙着泪花。在我轻轻蹲下的同时，他仿佛有所察觉，快速用手背擦干眼泪，转头背向我，默然不语。

怪异的行为，躲藏的泪花，牵动着我的心，让我始终放心不下。来自星星的小益到底有什么故事呢？我决定进一步走近这个刚认识一周的孩子。

初识：我是你的港湾

周末，按照与小益父母约定的时间，我来到小益家进行家访。我隐隐感觉到小益父母似乎并不欢迎我的到来，因为谈起小益开学一周的表现，他们的反应极其平淡，仿佛无所谓似的。这次家访让本就百思不得其解的我更加困惑与矛盾。失落地走在回去的路上，挫败感盘旋心头，我苦想原因，不知该怎么做时，一通来自小益妈妈的电话打断了我的思绪。

接起电话，那头先是一阵沉默，随后传来了一句"老师，其实小益有多动症……"话音刚落，没等我开口，电话已被挂断。我的心久久不能平静，眼前重又浮现小益落寞的身影。

"我要帮助小益！"跟随内心唯一的声音，我开始大量查阅与少儿多动症相关的书籍资料，希望能对症下药。通过仔细研读，我了解到这类孩子虽然学习、行为及情绪方面存在缺陷，与人相处困难，但其智力正常或基本正常。

经过再三思考，我决定先轻轻叩击小益的心门，我知道哪怕只是一条缝隙，希望的曙光也能照射进来！

从"一个笑脸加一句问候"的简单图画开始。日复一日、月复一月，我坚持每天给小益画一幅简易温馨的图画，传递想和他做好朋友的真诚心意。从最初的没有反应到微微上扬的嘴角，再到那个惬意温暖的午后办公桌上突然"长"出的一幅有笑脸和握手的画，我用心灵赢得心灵，轻轻推开了小益的心门。

一个稀松平常的午休，站在讲台上的我，看到他在座位上扭动身子，毫无睡意。于是，我便坐到他的身边，轻抚他的后背，小声哼唱着"睡吧，睡吧，我亲爱的宝贝，妈妈的双手轻轻摇着你……"在微暗的光线下，在轻柔的摇篮曲中，脸上挂着笑容、睫毛弯弯的小益进入了甜美的梦乡。

一次音乐课，同为班主任与音乐老师的我惊喜地发现小益拥有很高的音乐天赋。在教唱《动物说话》时，同学们跟琴练唱好几次仍没唱准，但声音微小的小益每一次都唱得很准确。思绪一闪而过，我仿佛找到了帮助小益战胜自我、重拾信心的途径。而后，在每一节音乐课上，我都鼓励引导小益大声歌唱，并及时肯定表扬，培养他的自信心和胆量。慢慢地，他越来越优秀，也越来越自信。一年一度的校园艺术节到来，在我的诚挚邀请下，小益勇敢地迈出步伐参加活动。于是,每天放学后,落日的余晖中,都有我弹奏着钢琴和小益优美歌唱的身影,那是我和小益的美好约定。

相依:你是我的荣耀

光阴荏苒,校园艺术节如期而至。穿上帅气的西装,手持金色的话筒,小益站上了人生的第一个舞台。灯光聚焦,伴奏响起,银幕后的他浅浅哼唱着,如黄鹂鸣翠,婉转动听。从幕后走到台前,他天籁般的歌声在大厅中悠扬回荡,他琉璃般的星眸在灯光下耀眼夺目,随着最后一个音符落下,台下响起了雷鸣般的掌声,我内心的自豪感也油然而生。

时光流转,还是这间教室,此时的小益正挺直腰板努力听讲,口中的"嗯""咦"愈来愈少,想要动来动去的他在尽力克制着。

还是那个操场,他不再是一个人,而是身旁围坐着几个同学,有说有笑。突然,一个足球不小心踢到小益身上,他捡起足球递给同学,微笑着说:"没关系。""嘿嘿,小益,我们想邀请你一起踢足球。"从那以后,足球场上便多了一个活泼灵动的身影,也多了一份欢声笑语。

身为教师,我们一生之中会与很多学生相遇,或是一群欢快的宝贝,或是如小益一样特别的孩子。我们要做的,便是在教育中不断注入"爱"的养分与"爱"的能力。爱,是对学生差异与独特的尊重和善意;爱,是对所有美好与缺憾的接纳和包容。所以,请珍视每一个学生与我们的邂逅,请相信每一个学生都是不可替代的存在,请用心激发他们的潜能,灌注爱与希望,让祖国的花朵向阳绽放。

与特别的你相遇,唯美了我整个曾经!

(宜兴市湖滨实验学校 倪施思)

"育花"与"育人"

几年前,我刚刚走上教育岗位,还是一名青涩的新教师。那年,教室里迎来了33个可爱的一年级小娃娃。齐齐的出现引起了我的注意——当全班小朋友都端正坐好时,他却在书桌上"创造"各种小纸团。

齐齐专注地"创造"着,小脑袋低着,小手看起来并不灵活。"齐齐!"我的呼唤并没有得到任何回应。"别人都在听,你为什么不听呢!"我有些着急,又有些生气。突然,一个孩子大喊:"老师,他脑子有病,上幼儿园时他就这样。"齐齐终于缓缓抬起头,可他没有说话,眼神里却透露出一丝惊恐和忧伤。

潜意识告诉我,齐齐是一个特殊的孩子,我心里不免有些焦虑和心疼。受过专业教育的我明白,作为班主任,要像呵护玫瑰花上的露珠一样,呵护每一个孩子,因为他们都是独一无二的。我笑着说:"大家这么关心齐齐啊!有爱心的孩子最可爱。生病肯定不舒服,咱们能不能不打扰他休息呢?"我对全班同学做了一个嘘声的动作,然后走到齐齐身边悄悄拍了拍他的肩膀,冲他笑了笑。

与齐齐家长沟通交流,我才了解到原来齐齐智力发育迟缓,家长忽略了早期的康复治疗。我听后为之一怔:"那天,我真不该责备你的。"我心里暗想。

第二天课间,齐齐趴在桌上,我俯身问他:"你想出去玩吗?"他小声嘀咕着:"老师,他们……他们都不跟我玩。"看着他,我很心疼,久久没说话。突然,齐齐大喊:"老师,老师!你的眼睛里面有齐齐,真的哎……"齐齐一字一顿地大声宣布着。多么可爱的孩子,原来他的快乐如此简单。我立刻有了办法。"天哪,老师才发现呢,你的眼睛里也有一个我!"一时间,许多孩子围拥过来,我借机说,我们一起和齐齐做个游戏——在齐齐眼中找自己。孩子们纷纷拉着齐齐的手,想要看一看齐齐眼中自己的样子。那节课,他们很开心。

某一周,孩子们始终没有见到齐齐的身影,因为齐齐去做康复治疗了。"老师,齐齐怎么了?""老师,齐齐生病了吗?""老师,齐齐什么时候回来?""老师,明天就是元宵节了,齐齐会回来吗?"是的,每个中国传统节日,我们班级相约都要一起过,如果恰逢节假日,我们也会相聚"云端",彼此送上节日的祝福。"明天,齐齐一定会回来的。"我满是感动地承诺道。

第二天,班里开展了"小元宵里的你我他"班会课,我们一起学习元宵节文化,做小元宵。"又圆又甜的元宵包含着人们对圆满生活的向往。今天,我们的元宵节缺一个人,你们想念他吗?"我问道。孩子们纷纷点头。这时,电脑大屏幕亮了——"是齐齐!""大家好,我是……齐齐。我很想你们……你们多吃点元宵!"这是我之前去看望齐齐时,特地帮他录制好的祝福视频。"我们也给齐齐送祝福好不好?"每个人都争先恐后地说着祝福的话语。那一刻,笑容洋溢在每个人的脸上。齐齐成了班级情感的温暖之光。

为了照顾齐齐,也为了进一步拉近班级师生及同学之间的距离,我在班里开展了"结对而行,探秘校园"的活动。我就是齐齐的结伴对象之一。

初冬的一天,我像往常一样,陪齐齐在校园里散步。我们发现了一盆被遗弃的绿植,叶子瘦弱枯黄,看起来毫无生机。我们把它捡回教室,好好料理。

从那以后,每隔两天,齐齐都会灌一小瓶水,倒进花盆里,然后端详着它"进餐",目光炯炯有神;我则负责每周为植物松松土。没过几周,这株绿植长出了一些新叶。我和齐齐相视而笑,甚是欢喜。

过了不知多少时间,这绿植葱郁的叶子上竟冒出了几朵粉红的花苞。不几日,花苞绽放,形如蝴蝶,美丽极了。此刻,我和齐齐才惊喜地发现,它哪是一棵普通的绿植啊,它是一盆蝴蝶兰!齐齐一边激动地挥着小手,一边咿咿呀呀地呼喊着。虽然他表达不清楚心中所想,但喜悦之情溢于言表。

望着这花,我愣住了。心想:如果花的原主人能像我和齐齐一样,多一分耐心,多一分等待,一定也能够收获美景。"育花"与"育人"不正是有相似之处吗?叶圣陶先生说:"教育是农业,不是工业。"孩子的成长不是一个工业品的加工过程,而应该像农业一样,需要精耕细作,需要循序渐进。只有用心看到他们的与众不同,倾听他们的心声,陪伴他们慢慢成长,我们才能见证花开。

如今的齐齐已是一名六年级学生,早已学会了正常上课、写作业和参加班级活动。他的成长是缓慢的。可是,慢,又有什么关系呢?如果我们能让匆匆而过的脚步慢下来,看一看孩子的动态,听一听孩子的心声,这不正是教育的真谛吗?

(南京市小营小学　陈　语)

长大后我要成为你

每个生命都不是一座孤岛,当生命与生命相遇时,他们都带着满满的过去的故事。孩子是这样,作为班主任的我们,也是如此。

翻开厚厚的班主任工作记事本,里面夹着一张泛黄的皱巴巴的小纸片,上面的铅笔画早已模糊,但我和这幅画的主人小涵之间的故事却一直清晰地藏在我内心深处……

那一年,他刚离开幼儿园成为一名小学生;那一年,我刚大学毕业成为一名人民教师。开学报到第一天,我满面笑容地站在班级门口,欣喜而又略带紧张地迎接我的第一届学生。小朋友们被家人带着来到班级门口,我蹲下身子和他们一一问好,他们大都回我一声"老师好",或是对我腼腆一笑。

小涵是被奶奶带来的,他高大的个头看起来真不像刚入小学的孩子。我微笑着跟他打了个招呼,他头也不抬地嘟囔了一句。我还没听清,他便跑进了教室。奶奶赶紧握着我的手说道:"老师,他在跟你问好。老师啊,我们家孩子有点大舌头,说话不清楚,智力有点低,老师啊……"陆陆续续到班的孩子打断了奶奶的话,看着奶奶略带尴尬的神情,我紧紧握住奶奶的手,说道:"奶奶,您放心,今天您先让孩子自己进班,后面我再跟您细聊。"

和小涵同学初次相见并不是很顺利,他拒绝交流,说话不清楚,更不要提和小朋友之间友好互动了。可是,才一年级的孩子,影响能有多大呢?

"方老师,你们班的小涵啊,搅得班级没法正常上课。"

"班级刚安静下来,他就和同伴吵了起来!这……哎!"

"老师,你们班的小涵今天推了我!"

"老师,快来,小涵在走廊上和别人打起来了!"

"方老师,小涵上课突然不见了!"

…………

开学不久,我每天都被这样的声音环绕。小涵早已成为年级闻名的"小霸王"。刚刚担任一名班主任和语文老师,一边学习如何开展课堂教学,学习如何带班,一边还要处理小涵每天带来的"麻烦",我每天都苦不堪言。

"小涵,今天我们来做个小游戏吧,看谁能做到今天下课和小朋友好好玩!做到了就来告诉我哦!"

"小涵,老师今天给你带来了一个故事……"

"小涵,今天方老师陪你一起上课,我做你的小伙伴吧!"

…………

小涵带来的麻烦不断,我的方法也不断。可是,现实中哪有立竿见影的方法呢?正在我一筹莫展之时,班级又转来一个"随班就读"的特殊孩子,连生活自理能力都不足。对于一个新教师而言,压力可想而知。

"方老师,你来我办公室一趟。其实你是我们最看好的一名新老师,可是都快大半学期过去了,你们班一面流动红旗也没有得到过!你看同年级的其他班……"德育主任欲言又止,而我则羞愧得抬不起头来。

"我真的适合当一名教师吗?"曾经的理想一点点淹没在初为人师的慌乱、失落和被质疑中,被泪水洗礼的深夜,我一遍遍追问自己。

直到有一天,我外出教研,心里惦记着班级的孩子,饭都没来得及吃就赶到了教室。

"方老师,我们班又被扣分了!你看,讲台……"顺着孩子手指的方向,我看到讲台上铺了面纸,上面还团了一个大纸团。我生气地责问是谁放的。小涵突然笑嘻嘻地站了起来,他离开座位想要往我身边走。我大声喝止了他!那一刻,平日的压力、委屈、无力像潮水般涌来,我终究没能克制住暴怒的情绪。

小涵好像被我的怒火吓到了,朦胧中,我看见那个平时无所畏惧的他收起笑容,胆怯地走向讲台。他拿起那团面纸走到我的身边:"方老师,今天吃的是你最喜欢的鸡腿,我舍不得吃,想留给你。"他打开面纸,把鸡腿放在我手心的那一刻,我再也控制不住,抱着他放声大哭起来!学生看我哭了,纷纷跑到前面抱着我和小涵,一边哭一边说:"老师,你别哭。"

现在,我已经记不太清当时那个场面是如何结束的,但我深深地记得,那一天小涵按下了我人生的回放键。我也曾经是个让老师头疼的孩子:十几岁的少年,突遇家庭变故,家人离世,一直把我视为学习竞争对手的同学,组织小团体排挤我。身体因学习和心理压力一下子垮了。我一下子失去了人生

的方向,从此变得孤僻、沉迷网络、几近辍学。就是在那时,他专门在办公室放了一个躺椅供我上课中途去休息;他一次次不厌其烦地帮我解决我遇到的各种困难;整整一学期,他都用"小电驴"接送我去医院检查;他在我发脾气摔东西时,选择了原谅与守护;我选择放弃高考时,他鼓励我再坚持一下……为了读懂一个迷失孩子的心,他尝试了无数种方法。他,就是我曾经的"老班"!

那段记忆,我从不愿回忆起。因为一想起,我的内心就会悲伤。可就在此刻,小涵突然让我想起了他,我曾经的老师。说不清的联系,也许是因为小涵和老师一样,在我最痛苦、拼命把他们往外推的时候,他们都选择了走近我。我突然开始接纳那段一直回避的过往。这次,我看到的不是痛苦,而是温暖的阳光。

那一刻,我暗暗许下誓言:"老班",长大后,我也要成为你!一名教师的使命,不是竞争,而是守护。当我不再把个人的面子"加注"在班级管理之上,教育之路突然开阔了许多……

小涵的麻烦还是不断,但我的内心平静了许多。我努力从小涵的一言一行中读懂他的难处,每月去小涵家家访,听他家的故事、调解家庭关系,一点一滴地教小涵的家人如何陪伴小涵,每天放学给他和其他孩子一个"爱的抱抱"。我深入学习,努力提升陪伴能力。阅读、培训、听课、记录……成为我当时下班和假期的主要"消遣活动"。

不过,教育生活就是这样朴素、琐碎、平凡,我终究没有创造出多大的奇迹,但陪伴小涵成长的日子里,我看着他开始有朋友了,能正常参与课堂活动了,发脾气惹麻烦的时候会想到有人会担心了,我很开心。他的奶奶给我带来了一朵用报纸包着的自己种的月季花。她笑称我是"育儿专家",因为我,她的家也"开花"了。而我也在陪伴小涵的日子里,成长得越来越好。

小涵毕业后,一位现在教小涵的老师给我发来一篇作文,上面有这样一段话:"我最爱的人是方老师,虽然我讲话不清楚,但她都能听懂。长大后我也要像她一样,做一个老师!"我看着,笑了,又落泪了。

生命与生命的相遇,从来不是只有我温暖你们,还有你们温暖了我!而这份能量,将一直接续下去!

(南京市陶行知学校　方　艳)

让每一个生命都灿烂

生命,那是自然给人类去雕琢的宝石,每一个人都是独特的个体,每个生命都值得被尊重。

刚接手三(1)班时,我便听说飞飞患有癫痫疾病,因此我对他总是格外关注。一天上课,飞飞像往常一样认真听讲,忽然身子一歪,"扑通"一声瘫倒下去,教室内一阵骚动。此时的飞飞面色苍白,口吐白沫,四肢僵硬。同学们都惊慌失措,连声喊着:"老师,老师……"工作十多年,我从未见过这样的场景,整个人一下子就懵了!不过我很快清醒过来:不好,是飞飞的癫痫发作了!着急的我将他的衣领松开,将他的脸转向一侧……几分钟后,飞飞终于醒了。我及时联系家长并嘱咐飞飞趴在桌子上休息,同学们时不时地朝他看上两眼,眼神里满是躲闪和害怕。下班后,我仍然放心不下飞飞,决定进行一次家访,希望通过自己的行动给孩子带去温暖。

深夜,我收到一位家长的短信:"老师,今天孩子回来说了飞飞的事,说都快吓死了,也不敢睡觉,好不容易睡着了也总是惊醒,这可怎么办呐!"读完信息,我思绪万千:今天事发突然,我仅仅关注到了飞飞的情况,却忽略了对其他学生心理上的安抚。孩子在成长过程中遇到的问题需要及时疏导,否则时间长了,孩子的想法和问题会积压在心里得不到释放。幸好这位家长及时提醒,幸好一切还来得及。我立即查阅相关资料,并咨询了医生朋友,了解有关癫痫的医学常识,因为我深知,要消除孩子们内心的恐惧,必须要用专业知识来解决。

飞飞休息在家,何不趁这个机会上一节"生命课",带领学生们正确认识疾病、适时开展心理疏导工作呢?

"同学们,昨天飞飞突然生病,你们一定吓坏了吧?"不少女生点头回应着。"一开始老师也和你们一样,心存害怕,昨天特意查找了大量的资料,并询问了专家,原来我们每个人都会有各种疾病,疾病来临时的反应也各不相同。比如,我们发热时,可以怎么做?""我会去看医生,配合退烧。""拉肚子时怎么做呢?""我知道,要好好吃药。""那飞飞要是再生病了,可以怎么做?"大家面面相觑不知道如何回答。我微笑着缓缓道来:"孩子们,正如世界上没有两片相同的叶子一样,也没有两个相同的人,每个生命都是独特的,飞飞生病时不会伤害别人,可是,他会浑身僵硬,非常难受。这和我们发热、拉肚子一样,只要积极配合治疗,大部分人都是会慢慢康复的。"同学们纷纷点头。但我知道这是"向师性"状态下的赞同,并不代表他们真的消除了恐惧心理。

萨提亚认为,每一个人都是独特的珍宝。我为每个组都准备了一小把豆子:"同学们,观察一下,你们手中有没有相同的豆子?"天性爱探索的孩子们,立刻寻找了起来。几分钟后,他们沮丧着脸告诉我:"老师,根本没有相同的豆子。"我笑而不语,一个"小机灵"大声说:"我知道了,每一粒豆子都是不同的,独一无二的。"我为他点了个大大的赞。"请大家拿出画纸,想象一下,你就是一粒小豆子,要长大,需要什么呢?"画纸沙沙,他们纷纷画下了土壤、阳光、雨露……"小豆子们,你们慢慢地长大了,突然有一天暴风雨来了,你会怎么做呢?"孩子们沉浸其中,教室内的氛围如此宁静美好。

"小豆子们,你画了什么?谁来说说?"

"老师,暴风雨来了,我给小豆子画上了许多小伙伴,我们手拉手共同对抗暴风雨。"

我表示赞同:"是呀,每个人遇到困难时,都想得到别人的帮助,共同面对难关。"

"我觉得飞飞就像一粒小豆子,他正需要我们的帮助!"天真的口吻却说出了最真挚的话语。

"你的感受和老师一样。可是,我们可以怎么帮助飞飞呢?"

孩子们纷纷讨论起来,他们小声交流着,眼神里不再有恐惧和害怕,充满了对小伙伴的担心和牵挂,就连平日里几位"小调皮"也专注地讨论着。这群孩子此时此刻才是真正解开了心结,愿意牵手飞飞共同前进,因为他们对生命有了新的认识。

几天后,飞飞复课回到学校,我欣喜地发现大家都有了转变,他们对飞飞多了一份发自内心的牵挂:下课后,总有人约他一起去图书角,畅游书海;课外活动时,同学们常常牵着他的手,一起玩耍;讨论时,总会认真听取飞飞的意见,共同协商。而我也会常常带些书籍和他共读,与他一起成长。我们用行动给予飞飞温暖与帮助。岁月温暖,呢喃芬芳,飞飞甜甜地享受着美好的一切:上课时,那双明亮的大眼睛目不转睛地盯着黑板,显示出从未有过的自信;交流时,他耐心听取同学们的发言,主动分享自己的想法;活动时,矫健的身影博得了同学们经久不息的掌声……看到飞飞和全班学生发生了如此大的变化,我的内心充满了无限的喜悦。

每一个孩子,都是那么的平凡却又不平凡,每个生命都是那么的宝贵、富有个性。"一个孩子"与"一群孩子"的故事,固化成我教育生涯中的一本教科书:用生命去温暖生命,用生命去呵护生命,用生命去灿烂生命。那一刻,我深深地知道:生命教育已走进每个孩子的心中,它可以让每一个生命都灿烂!

(如皋市外国语学校　张筱清)

阅读点亮"孤独的星"

古人云:"贤俊者自可赏爱,顽鲁者亦当矜怜。"十多年的教学生涯中,有那么一个孩子,深深地牵绊着我的心。我与他的相识、相知、相处、相约,给我留下了彼此成长的"初心印记"。

2018年,我新接了一个班。站在讲台上,环视全班,所有人的目光都好奇地看着我,其中有一个孩子,一下子吸引了我的目光,因为他的头要比一般儿童大很多。当我看向他的时候,他立刻就低下了头,反复几次下来,让我觉得很纳闷。我走过去,发现他的眼睛鼓鼓的,仔细观察他的头部,还有多条刀疤印,甚至有几个凸起的地方。

他小名叫小殊,特殊的殊,跟他的名字一样,他就是一个特殊的孩子。第一天的课间,我就观察到,这个孩子从来不离开自己的座位,连上厕所也不敢。他就那么孤零零地坐在那里,看着自己的书,周边也没有孩子去跟他聊天,仿佛他和其他人中间,隔着一条遥远且难以跨越的银河。

当我走向这个孩子时,他的手里紧紧攥着一本书,那是冰波写的一本《蓝鲸的眼睛》。我问他在看什么,他一个哆嗦,下意识地把书快速一合,塞进桌洞,低着头,不敢看我。我轻轻搭上他的肩,和他说我也看过这本《蓝鲸的眼睛》,书中失明小女孩的善良让我感动。我问他有什么想法时,孩子连说"可怜,可怜"。此时,孩子的眼角已经湿润了。这个孩子特殊的外貌,让我觉得前所未有的怜惜。我从未遇到过这样特别的孩子,他触及我内心柔软的神经,我想帮一帮他!

我细心地关注着这个孩子的世界,他与众不同,他的世界,没有喧嚣,只有无声的静寂。家长们漠视他,同学们嫌弃他。可他,是一个需要爱与尊重的孩子啊。

这一天放学,我看到了孩子的奶奶,和他奶奶对话后我才知道,原来由于囟门早闭,孩子在四岁的时候做过开颅手术,在里面装了支架,凸起的地方正是手术时放进的钢钉。由于外貌变得很特别,所以孩子很自卑,语言存在障碍,又怕自己受到伤害。

面对这样一个特殊的孩子,我想到了苏霍姆林斯基说过的一句话:"在教育集体的同时,必须看到集体中每一个儿童及其独特的精神世界,关怀备至地教育每一个儿童……"好几次,我发现孩子都在阅读。阅读,可以为孩子打开一扇窗,看到世界的美,所以,我决定用阅读架起一座沟通的桥梁,走进这个孩子的内心,让他能在学校里幸福成长。

首先,我决定进行一次家访。夜幕降临,我和副班主任来到他家,奶奶开了门,但没看见孩子。奶奶说,孩子躲在厨房里不肯出来,孩子长这么大从来没有客人来过他们家,今天老师来了,他非常紧张,一下子躲进了厨房。

当我询问孩子奶奶,孩子是否一直都是这样时,奶奶眼底的泪水以肉眼可见的速度快速聚集,让我不由心酸。

奶奶告诉我,这个可怜的孩子,因为囟门早闭导致的外貌特殊内心非常自卑,常常默默流泪。然而,上天仿佛非得再要考验他一下,暑假短短两个月,他就相继失去了父母,真真正正成了一颗孤零零的星……奶奶说到后面,已经泣不成声了。我听着听着,眼泪也止不住往下流,哽咽地说不出一句安慰的话来。我们为避免孩子听到,所以都努力抑制着自己。

多么可怜的孩子啊,与父母团聚,对别的孩子来说,是天天都有的场景,而对小殊来说,是那么的遥远。我想,此时我的肩膀上不仅承载着教师的责任,还应给予他母爱般的关怀。从此,我常常把孩子拉到自己的身边,送他一些课外书,与他聊聊书本里故事的情节。

当他看《鲁滨逊漂流记》的时候,我问他对鲁滨逊有什么看法,他依旧不说话,但他的眼神,终于不再躲避我的目光了。我想,他的内心一定是有所触动的。

我想,再孤寂的孩子,也抵不过温暖的人心吧。他不说话,那就换我说,我可以做他的老师,做他的妈妈,做他的朋友……

在我坚持不懈的感染下,他难得会冲我笑一下。那一秒钟的笑容,对我而言是那么珍贵。我同他奶奶分享的时候,清晰地看到了他奶奶激动的神情。奶奶第二天告诉我,她因为小殊的这个笑容,居然兴奋得一晚上没睡着觉。

师爱是开启学生心灵的钥匙,是通往学生内心世界的桥梁。当学生感受到老师的真诚爱护时,学生也会乐于敞开自己的心扉,乐意听从老师的教诲。

作为班主任的我,还想继续帮这个孩子,让他能融入集体,不那么孤单。

集体主义教育是帮助学生建立良好人际关系的途径。集体主义教育带来的和谐的人际关系也必将使学生形成自立、自尊、自强、自爱的心理品质,从而真正地实现学生身心的发展,为其成长奠定基础。

所以,我抓住了阅读沙龙活动这个契机,让孩子们以读为径,以文化人。我利用主题班会、每日晨会在班级里宣扬"温暖人心"的故事。我们共读《鳄鱼和牙签鸟的故事》,知道生活中要真诚待人,互相传递温暖;我们共读《管鲍之交》,懂得了友谊可以成就你我;我们共读《人心齐,泰山移》,知道班集体团结一心的力量无穷大。一则则故事,一个个人物,从我的心里,传递到每个人的心里。我希望班级里的学生能怀助人之心,不再用冷漠的态度对待小殊,并能帮助小殊形成正常的学习状态。我也希望小殊能有自信心,在充满正能量的班集体中,感受到春日暖阳般的呵护。

自此以后,小殊常常会受到其他同学甚至是同学家长的帮助与关心。暑假期间,家长们自发组织的户外野餐活动,孩子们也邀请了小殊参加。他们发给我的照片中,有小殊腼腆的笑容,有其他同学和他坐在一起看书的场景。

人间自有真情在,团体力量无穷大,付出终会有回报。渐渐地,小殊喜欢上了把阅读中的所思所想变成文字,写成作品。那一个个文字的背后,是小殊想说的话。当我把他的作文当作范文分享时,我看到了他欣喜自信的目光。渐渐地,小殊开始接纳他人,向同学、老师敞开心扉了。在2020年的"蒲公英作文大赛"中,他的作文竟然获奖了。我把证书交给他的时候,他激动地抱了我一下,他说那是他人生中第一次获奖。我们开心地约定好,五年过后,小殊要集成一本个人作品集,带给我看。

小殊毕业前,我特地送给他一份精心准备的礼物,是一套关于勇气的书,里面有《钢铁是怎样炼成的》《假如给我三天光明》……我希望,下一次再见面,小殊会比现在更乐观,更自信!

每个孩子都是世界上独一无二的存在,因材施教,用最适合的方式,触动他们最柔软的心。而阅读,让我打开了一个特殊孩子的心,这就是我的育人故事!我愿尽平生蝼蚁力,启开莘莘学子心!

(苏州市吴中区苏苑实验小学　管　静)

"小蜗牛"成长记

一次周记,我让学生画出一个代表自己的小动物,有画小兔子的,有画狮子的……突然,有一张图画引起了我的注意,上面画的是一只小蜗牛,小小的脑袋顶着又重又大的外壳,署名为"小军"。为什么要画一只蜗牛?这个孩子引起了我的好奇心。

真正认识他是我做他班主任的第二天。"老师,你快去教室看看,打起来了!小军和明明打起来了!"班长气喘吁吁地跑到我办公室,上气不接下气地对我喊道。我的心里"咯噔"一下,赶紧放下手头的工作,一路小跑跟着班长回到教室。

教室里一片狼藉,桌子椅子横七竖八地倒着,地上散落的满是书和文具,小军和明明正在地上扭打在一起。我顿时火冒三丈,正准备上前去把两人分开。闻讯赶来的陈老师在我背后大吼一声,一个箭步跨过去把小军拉了起来。这两人一个脸被抓破了,一个嘴角被打出了血。就在这时,意想不到的一幕发生了,小军突然像发疯了一样,歇斯底里地大喊着,拿起地上的一把美工剪刀,对着周围的同学一阵乱舞。我惊呆了,赶紧和陈老师上前制止,陈老师用身体把小军压倒在地上,我抢下剪刀,这才舒了一口气。闻讯赶来的小军父母焦急地向我解释,原来小军是一个孤独症儿童,4岁才会说话,语言表达有障碍,所以一般不与他人交流,受到刺激很容易情绪激动,一二年级时也因此与同学发生过几次肢体冲突。他们走访了很多医院,但收效甚微。我愣住了,从教十多年第一次遇到这样的儿童。看着小军像一只受伤的蜗牛,紧紧地缩在自己的壳里,一声不吭,豆大的泪珠顺着脸颊滚落,我的心里隐隐作痛。

"他在自己的世界里闪耀,而我们只能在他的全世界里路过。"那个"他",就是孤独症儿童。我开始研究各种有关孤独症儿童的书籍。这些被称作"来自星星的孩子"经常能看见东西却视而不见,能听见声音却充耳不闻,能说话

却始终闭口不言。"小蜗牛"孤独着,躲在自己的壳里封闭着自己。到底该如何走进他的内心世界呢?其实,他虽然不说话,却有着非常柔软的内心。一次午休时,因为怕自己睡不着影响到他人,他竟然用胶带把眼睛粘起来,让人看了又好笑又心疼。

没想到因为一次默写他居然跟我说了第一句话!那次改默写作业时,我发现班上只有两个人全对,而小军就是其中一个。我很意外,因为他以前的成绩很不理想。于是我找了个借口把他叫到办公室,请他做我的小助手,帮助其他同学找出默写中的错误,他迟疑了一下还是答应了。我让他坐在我旁边,我一边假装办公一边偷偷瞄着他,他一笔一画地圈出错误单词,并把正确答案写在旁边,他写的全是对的!这和其他老师口中的他完全判若两人!看他平时特别喜欢看课外书,我好奇地问他平时都爱看什么样的书,他说:"恐龙!""噢,我家孩子也特别喜欢,家里一堆这样的书,什么霸王龙、三角龙……"他抬起头,眼睛瞬间亮了起来:"老师,我最喜欢梁龙,它很高大但不吃小动物……"我吃惊地望着他,他居然肯跟我说话了,而且还是完整的句子!虽然表达依旧断断续续,但是他愿意开口了!我微笑着鼓励他多说些给我听,他一口气讲了几十种恐龙的名称和生活习性。他超强的记忆力刷新了我对他的认知。我答应他把家里关于恐龙的书都带到学校与他分享,他特别开心,答应我上课时要认真听讲。

教育学生就像种庄稼,庄稼收成不好要从多方面找原因,像这样的孤独症儿童就是长得慢的庄稼,需要悉心护理,爱心浇灌。有了第一次的沟通,小军慢慢对我放下了芥蒂。因为经常交流恐龙的话题,我们的关系也变得亲近了很多。午餐时,他已经愿意主动和我坐在一起,脸上也开始绽放出笑容。

为了让小军在班级里树立起自信心,我特地召开了一次"远古时代的记忆"主题班会,班会上我邀请小军给大家讲解了很多关于恐龙的知识。同学们对小军刮目相看,从热烈的掌声中可以看出他们对小军的钦佩。"小蜗牛"终于可以从厚重的壳里探出头来,开始重新认识这个美丽的世界了。

那次班会后,小军在课堂上不再偷偷地看课外书了,而是笔直地坐着,有时候他还会举手回答问题,尽管表达还不是那么流畅,但是已经有很大进步了。下课时,同学们喜欢围着他,听他讲故事,慢慢地,他与同学之间的交流多了起来,性格也渐渐开朗了,同学们不再把他当作"坏孩子",逐渐接纳了他,他在班上再也没有与同学发生过肢体冲突。每次默写他都是满分,我的赞扬和同学的钦佩让他逐渐体验到成功的快乐。"小蜗牛"开始用心学习了,虽然有些吃力,但他一直在努力向上爬,成绩上也有了很大的提高。就像歌词中唱的:"我要一步一步往上爬,等待阳光静静看着它的脸,小小的天有大大的梦想,重重的壳裹着轻轻的仰望……总有一天我有属于我的天。"

毕业的时候,我送了一只他最爱的恐龙模型,并在卡片上郑重写道:小蜗牛也有大大的梦想,希望你可以变成无所畏惧的大恐龙!看着他远去的背影,我的心中充满了不舍。教师不是蜡烛而是一个燃灯者,用心灵的仁爱之光照亮孩子的成长之路,也照亮了自己。教育的目的是最简单的四个字:渡人,渡己。

(仪征市月塘中心小学　刘　宁)

家校共育

没有家庭教育的学校教育和没有学校教育的家庭教育,都不可能完成培养人这样一个极其细微的任务。

——苏霍姆林斯基

只有在家庭与学校的友好合作中才能巩固彼此的威信,才能在道德教育方面取得良好的效果。

——卡尔克林娜

"毛毛虫"的蜕变

这学期,我们班转来一位新同学,名叫贝贝。开学的第一天,贝贝的奶奶就悄悄跟我说:"孩子性格内向,不爱说话,希望老师您多关照些。"我看见贝贝一直低着头,躲在奶奶身后,于是弯下腰,握握她的手,整理她的红领巾,热情地与她打招呼。她抬头看了一眼教室,随后就继续拨弄手里的毛毛虫玩具,并没有回应我。我没有强求,只是温柔地摸摸她的头,牵着她的手走向教室。

我向大家介绍了贝贝,在我的暗示下,孩子们都大声、热情地向贝贝打招呼,可是她只是默默地握着手中的玩具,没有说话。我走过去,温和地告诉她:我们要上课了,应该把玩具收起来,明天开始也不能带到学校来。没想到,贝贝突然情绪崩溃了,不仅死死握着玩具不肯放手,还大喊"我不要,我不要"。其他孩子见了,叽叽喳喳地讨论起来。眼看教室要乱起来了,我只好退让一步,允许她暂时将玩具放在身边。一整天,贝贝始终不肯放下她的毛毛虫。

为了解决这个难题,我联系了贝贝奶奶以了解情况。原来,贝贝父母都在外地做生意,很少回来,贝贝跟着奶奶生活。奶奶只能负责孩子的吃喝穿戴,很少与孩子谈心,也不带孩子出门玩耍,所以贝贝一直都没有什么伙伴,一到陌生环境就沉默寡言。每一次父母需要离开家外出工作,贝贝总会大哭一场,不肯上学,只有答应她带上这只从小陪伴她的毛毛虫去学校,她才点头答应。了解到这个原因,我苦恼极了,如何既能安抚贝贝又不会影响课堂秩序呢?

有一天课间,我曾委托多与贝贝交流的几个班委来到我办公室,他们说:"老师,既然贝贝还没有和我们熟悉起来,不如先让她带着玩具上课吧。"我有些惊讶,也有些欣喜:"非常感谢你们对贝贝的关心,虽然我们不应该带着玩具上学,但你们的想法令人感动。我去征询一下全班同学的意见好吗?"大家点点头。第二天,我向全班同学说:"大家知道,贝贝刚刚转学过来,只有这只毛毛虫玩具是她的老朋友,其他都是陌生人,她很紧张。我们有小朋友提出了一个特殊申请,先让贝贝带着玩具上学,等贝贝和大家熟悉起来,有了新的

好朋友,再和这只毛毛虫说再见,大家同意吗?"全班小朋友都举手同意了。

有了毛毛虫安抚,贝贝的情绪确实稳定多了。但是,总拿着玩具上课不是个办法,于是我买了一个玩具沙发,请贝贝把毛毛虫放进去,让毛毛虫做她的"同桌",一起听课。同时,我还告诉大家,毛毛虫和贝贝一样,都是大家的"新同学",大家要尽快和他们交朋友,但是要注意千万不能做出让毛毛虫不舒服的举动。贝贝和其他孩子听到我的话,感到既惊讶又新奇,又见我认真地向毛毛虫打招呼,也有样学样打起招呼来。于是,一下课,我就看到孩子们围着贝贝聊天。贝贝虽然还是喜欢独自一人,但对同学们的示好也不再排斥了。

贝贝的情况虽然有所改善,但父母角色缺失带来的问题并没有得到解决。于是,我向贝贝妈妈反映情况,也向她表明:贝贝因为缺少家长陪伴,变得非常没有安全感,已经严重影响到正常的生活和学习。且二年级学生正处于情感控制不稳定的情况,如果放任孩子不管,之后很可能会产生厌学心理。贝贝妈妈原本觉得这只是孩子面对分离有些焦虑,发些小脾气,可从和我的沟通交流中感受到事情的严重性,表示会好好与家人商量。没多久,我接到了贝贝妈妈的电话,她说由于疫情的原因,夫妻俩原本就不准备继续在外地工作,既然如此,就回到本地工作,正好多多陪伴孩子。接下来,我和贝贝妈妈经过认真讨论,决定为贝贝制订一份"毛毛虫蜕变计划",让贝贝变得自信开朗起来。在这份计划里,妈妈承诺每天做到:每天夸夸孩子,鼓励她说说自己的学校生活;每天抱抱孩子,让她感受到爱和关心;每天和孩子一起阅读,增进感情;每周抽时间接送孩子上学放学,让孩子感到父母的关心。

在"毛毛虫蜕变计划"的帮助下,贝贝开始融入集体。毛毛虫依然是贝贝的好朋友,但不再是她唯一的朋友了。慢慢地,毛毛虫会偶尔受到"冷遇",因为贝贝有了新的交往伙伴。到学期中段,贝贝甚至有时忘记把她的老朋友带来。等到新学期开学,贝贝已不再依赖毛毛虫,变成了一个开朗热情的孩子。

"不是所有的种子都能发芽,但只要播下去了,就会有发芽的可能;不是所有的花朵都会结果,但只要开花了,就会有结果的希望;不是所有的辛苦都能带来收获,但如果不付出辛苦,就永远得不到硕果。"守正如初,心有江河,我愿把特别的爱孕育成温暖的力量,守望着每一个孩子的蜕变与成长。

(常州市武进区湖塘桥第三实验小学　秦君妍)

"协同"更需"携手"

"如果让你选择,新接手班级你更愿意和'不管'的家长打交道还是和'多管'的家长打交道?"这是一次班主任之间的对话,我犹豫了片刻,没有直面回答,而是讲了一个自己亲历的班级故事。

故事得从我所任教的区域说起。我所任教的区域是典型的移民城市,城市新市民占65%以上,班级家庭教育的基础样态呈现为:父母学历比较高,工作节奏快、时间长,多为"996"式的工作状态;祖辈退休后随儿女迁徙到新的城市,"祖辈管白天,父母管晚上"的接力式教育家庭居多。在班级管理的过程中,当约谈家长时,我发现这些父母总是吐槽祖辈管教方式过于溺爱、无原则,而祖辈总吐槽儿女虽有文化,但管教方式不够科学,耐心不足,有时甚至简单粗暴。班级家庭教育管教方式两极分化较为严重,同一屋檐下的家庭教育虽有"协同"之心,却无有效"携手"同行之力。

班上的小王同学的家庭就是班级的典型家庭代表,每次家访也好,线上微论坛也罢,祖辈和父辈总是相互吐槽小王之所以成为目前"顽劣满分、成绩垫底"的样子,对方的管教方式是"始作俑者"。一时间,小王在学校有任何问题,焦虑的父母、相互指责的家庭氛围让任课老师拿起电话却畏难情绪满满。高学历的小王家庭一时间却成了班级的"困难户"。

为了更全面了解班级内每一个学生,为后续更准确掌握家校协同育人现状,我对班级家长做了一次问卷调查。本次调查问卷以电子问卷和纸质问卷相结合的形式进行,我分别设计了父母卷和祖辈卷:父母问卷旨在了解父母对自身亲子教育、隔辈教育现状的满意度、家校协同教育愿意参与的项目等;祖辈问卷旨在了解祖辈对隔辈教育及家中亲子教育的满意度、家校协同教育愿意参与的项目等。果不出我所料,小王父母、祖辈相互给了对方"最差评"。

问卷结果易得,协同策略难寻,究竟是家庭内部携手合作的权力分配和观念认同出了问题,还是"忙碌于工作"让"低质量陪伴"常引发对方不满?无论何种原因,小王的家庭教育已经呈现出因"携手"不力而步伐不一、步频不一,甚至开启了相互"拖后腿"的现象,我可以想象出小王在这样的家庭教育关系网中闪转腾挪而气喘吁吁,我也可以想象小王父辈、祖辈因小王在学习上自暴自弃,在人际交往上我行我素心急如焚而无计可施,更让我犯愁的是家校合作陷入"非暴力不合作"运动中:我主动和小王家庭沟通,他们以"嗯"字回应;我主动家访,他们以"啊"字表达;我问询原因,他们总是以找对方茬收尾。做班主任久了,最真的感慨就是当学生在教育中失去"成长点",学生家长也就失去了对家校沟通的"兴趣点",协同育人也就失去了"激情点"。

如何寻觅"成长点"、找到"兴趣点"、点燃"激情点"? 我首先剔除统计结果中的"对对方家庭教育满意度""自身家庭教育满意度"两项双方互怼的数据,重点转向第三项"家校协同愿意参与项目"的协同育人数据上,从第三项数据的统计中感受到小王家长同其他家长一样,也愿意结合自身所长来为班级贡献力量。大多数父母的参与项目都更多地紧扣自身工作来参与,祖辈的参与则更多贴合自身兴趣爱好来参与。

我主动出击,以"家长志愿者"的名义邀约小王家长主动报名,或许是我的诚意打动了家长,也或许是家长心中的志愿精神被唤醒,最终小王父辈选择的是纳米技术、烘焙,祖辈选择的是戏剧、种植。得到这样的答复,我兴奋不已,觉得自己找到了小王家庭教育实施者的"激情燃烧点"。

我采用"诚意邀约—媒体报道—自主报名—系列课程—有序推广"的模式来分步推进。从邀约小王父母来学校制作"纳米红领巾"让全体学生看到了纳米材质的神奇,到邀约小王祖辈来班级演绎黄梅戏、来班级开心农场指导种植让全体学生看到了"劳艺结合"的"祖辈之光",让小王看到爷爷奶奶将日常兴趣搬到班级舞台。班级群里网络直播后群内家长反响热烈,既激发了爷爷奶奶的参与热情,又引来更多的祖辈主动报名参与。我顺势在班级引导,触发了小王的深深感触:自己的爷爷奶奶不是只围着灶台转、围着家务忙,当自己在享受爷爷奶奶准备的丰盛饭菜、窗明几净的环境时,更要对爷爷奶奶多一些尊重,多一点感恩。

"活动+教育"无声地为长辈在家庭教育中的话语权和威信度增权赋能,增进了祖孙间的感情,融洽了祖孙在家庭教育中的关系,更让祖辈在参与活动中有近距离观察、了解同龄孩子的机会,参与本身亦成了快乐思考、积极反哺自身家庭教育的过程。

随着这项活动在被媒体报道中的加持,班级群、学校群掀起了热潮,小王家长在实现自我价值中感受到被认可、被接纳,小王也在亲身聆听中感受到家长教育有温度、有力量,进而有触动、有改变。我不禁联想到《中小学德育工作指南》中对"协同育人"的精彩诠释:"要积极争取家庭、社会共同参与和支持学校德育工作,引导家长注重家庭、注重家教、注重家风,营造积极向上的良好社会氛围。"

小王的故事让我更加明白,随着城市化进程的加速,家校共育应更积极主动争取让学生家庭教育内部力量由"表面协同"走向"实效携手"。具体到班主任身上,我们应积极引导家长由注重家庭走向注重家教,走实传承优良家风,更应因地制宜地扩容班级"携手育人"共同体,让协同育人更有方向和力量。

(苏州工业园区方洲小学　夏　令)

那个一言不发的女孩

开学第一天,我正在教室里布置工作,一位女士站在门口向我招手,示意我出去。走过去,这位女士客气地跟我说道:"温老师,这是我们家方方,转到你们班,以后就麻烦您了。"我注意到旁边的小姑娘:瘦瘦小小的,面无表情,低着头,扎着低马尾,整个人看上去很低沉。尽管妈妈多次让她向我打招呼,她始终没有开口,只是随意地看着四周,似乎对一切都无所谓。

方方妈妈告诉我,她曾就读于上海一所小学,由于家里的一些原因,转学到了这里。简单了解后,方方低着头,跟着我进了教室。为了让她更好地融入班级,我让同学们安静下来,听方方做自我介绍,但是她依旧面无表情,好像一切都和她没关系,一句话都没有说。我只好替她做了简单的介绍。

接下来的一周,各科老师都来向我反映方方的情况,提到最多的就是方方性格孤僻,上课不交流、不讨论、不回答问题,常常呆呆地望着窗外。我悄悄地将方方周边的同学叫到办公室单独谈话,结果让我大吃一惊,周边的同学也没有听见过她讲话,更别说交朋友了。

既然方方在学校没有朋友,那我为何不能做她在这所学校的第一位朋友?放学后,我把她叫到办公室,她一直坐着低头不语,我耐心地问:"知道老师为什么把你叫到办公室吗?"方方抬头看了我一眼,有些疑惑,但并没开口说话。我笑了笑,接着问:"我可以和你交朋友吗?"她再次抬头看了看我,那眼神,有质疑,有惊讶。我期待着她的回应,但她还是没有说话,只是点了点头。我高兴地向方方做了自我介绍,包括我的工作、家庭、兴趣爱好等方面。也许是我介绍得太多,她终于开口了:"我以前在上海读书,下课经常和同学在操场上奔跑、嬉戏,周六周日我们还会相约一起去图书馆,有时候老师也会加入我们。"从她的眼神和语气中能感受到她对过去老师和同学的怀念。"真羡慕你以前的老师和同学,希望我们以后也能这样,以后你有什么需要帮助的,都可以来找我。"她用力地点了点头。

  第二天早读,我特别留意方方,她看见我进来,给了我一个微妙的表情,信任中又带着点羞涩,我微笑回应。走到方方身边时,我隐隐约约地听到了她的读书声。

  开学快一个月了,方方虽不似其他学生那样活泼,但课堂偶尔发言,课间偶尔和同学交流,已是一种很大的进步。只是,她还是时常望着窗外发呆。但我想只要我慢慢开导她、帮助她,她一定会改变。就在我以为自己要成功的时候,一件意想不到的事情发生了。

  那天,课代表告诉我方方又没完成作业,这已经是她连续两天没完成作业了。第一天她虽然没有说出原因,但答应第二天会完成。会不会有什么难言之隐?我把方方叫到办公室。

  方方低着头,心情低落地走进办公室。我并没有责怪她,而是抚了抚她额前的头发:"为什么没完成家庭作业?是不是家里有事?"她抬头看了看我,欲言又止,眼睛微红。"你忘记了吗?我既是你的老师,也是你的朋友,和我说说,也许我能帮到你。"话音刚落,方方的眼泪便夺眶而出,我用力地抱了抱她。此时再多的语言安慰也没有一个拥抱更有效。过了一会,她渐渐停止了抽泣,说起没完成作业的原因。原来方方的爸爸妈妈离婚后,妈妈便带她回到老家。最近妈妈忙着相亲,很晚才回来,为了能多和妈妈说会儿话,她才故意不写完作业,但没想到换来的只有妈妈的训斥,她害怕妈妈不要她了!

  孩子天然地渴望关爱,尤其是父母之爱!已经失去了完整的家庭,又面临"失去"妈妈的可能,方方心里该是多恐慌啊!

  之后我联系了她的妈妈,把方方最近的变化及想法和她进行了交流。方方妈妈很震惊,继而抽泣着说:"温老师,我真的是没有想到,没想到我们离婚给她带来这么大的伤害。这个傻孩子怎么会想到这样来跟我交流!""方方毕竟只是一个小孩子,心智没能成熟到能理解这所有的变化。这种时候她更需要关怀、陪伴,需要安全感,希望您能多抽点时间陪伴孩子。""温老师,我知道了,谢谢你。"能够感受得到,电话那头方方的妈妈既自责又难过。

  周一的早上,我发现方方步伐轻快地迈进教室,身后的小辫子一甩一甩的,心情好像很好,当她注意到我看她时,脸"唰"的一下红了,害羞地朝座位走去。下课后,她主动到办公室来找我,悄悄地塞给我一张照片,面带微笑,小声地说道:"谢谢您,温老师。"还没等我回应,她便扭头跑了出去。原来上

周休息的时候,方方妈妈带她去上海看望爸爸,这张照片是他们一家三口在迪士尼的合影,照片里的方方就像刚才一样,笑盈盈、羞答答的,那是我见过的最甜美的笑。

从那以后,方方的父母一有空就带她出去玩,渐渐地,她的笑容越来越多了。

她不再一脸无所谓了,上课积极回答问题,下课与同学嬉戏。偶尔有一些问题,她总愿找我帮忙。

离异家庭的孩子自卑、缺乏安全感,很容易产生人际交往障碍、学习成绩下降等问题,方方就是典型的例子,加上转学到了一个全然陌生的环境,她更加孤单,又渴望被关注,然而却采取了自我封闭的方式。如果不被及时发现和引导,也许会形成封闭型人格。

几乎每一个班级都会有一些"特殊"的孩子。特殊的存在总有特殊的原因,越发需要特殊的关照!用心灵靠近心灵,用生命引领生命,让所有的孩子健康健全地成长,这就是班主任应有的姿态和责任吧!

(徐州市星光小学　温　馨)

"大圣"归来

小石瘦瘦高高,眼睛极亮。他非常爱讲故事,在一次班级故事会上,一个《孙悟空三打白骨精》的故事讲得声情并茂,话音刚落便收获了一片叫好声。那天他戴着"故事大王"的奖牌在操场上奔跑玩耍,身边的朋友们跟着他欢呼,同学们也都用"大圣"来称呼他。他眼神里的骄傲是多么珍贵,仿佛是非洲大草原上狂野的生命,充满了勃勃生机。

一下课,小石就像踩上了筋斗云"横扫"走廊,大大咧咧的行径让同学们对他爱恨交加。谁能"收住"他呢?只有他的妈妈算是他的"紧箍圈"。他有个特殊的家庭,一出生就没见过父亲,母亲工作不稳定,既要忙生计又要忙孩子,特别容易急躁。第一次到小石家家访时,我就明白了他身上的桀骜和敏感是怎么来的。但幸运的是,和小石住在一起的外婆脾气非常温和,一直默默照顾着全家人的生活起居。我尽我所能为这家人提供帮助,传达教育建议。

可是一天,平常像个小喇叭似的小石整日不语,放学时我问他怎么了,他头也不抬,闷闷地说:"外婆离家出走了。"小石妈妈坐在电瓶车上,头一次说话没了呛劲:"应该是不肯待了,投奔了亲戚。招呼都没打。"其他也不肯多说。我一下子如鲠在喉,下意识看向后座的小石,他耷拉着脑袋,表现出从未有过的沉默:一直以来包容自己的外婆走了,是不是因为自己不听话呢?

小石像被夺走了火眼金睛,本领泼天的顽猴又被压回到五行山下,每天闷闷不乐,作业字迹像被风吹过的草坪一样杂乱。一日午后临近上课,小石的同桌慌张地跑来报告:"老师,我看见小石妈妈在学校门口哭得特别着急,好像是小石不见了!"我匆忙安排好班务赶到门口,小石妈妈叫了几个邻居朋友,我们根据警方调出的监控确定搜查路线,找了小半日才在家附近的两栋民房间的窄巷尽头发现了他,几掌宽的地方,成人根本进不去,喊话他也不理,只藏起身子埋着头,隐约看着人影儿像只石猴。邻居小孩拿着小石妈妈的手机勉强挤进去硬塞到他手里,才终于说上话。他支支吾吾半天才低沉地说:"老师,对不起……爸爸和外婆都不要我了……邻居们又都说外婆是因为我才走的,我怕班上同学知道……我不想上学了。"我想起最后一次见小石外婆那佝偻的身影,脸上挂满了对辛苦维持这个家庭的失望与疲惫,可怜的小朋友因为外婆的离开深深自责,这才想把自己藏起来呀!"我理解你的心情,外婆只是累了,她需要休息一下,等她重新有了力气,一定会回来的。"小石听了依旧不吭声。

"你要记住世界上一直都有关心你的人,我们要和真正爱我们的人坚定地站在一起,爱你的妈妈和老师,还有期待你来学校的同学们,珍惜他们的爱,你才能成长为一个同样有力量的人,像孙大圣一样用爱和勇气保护他们呀。"他顿了一会说:"同学们真的在等我回来吗?""大家都在等你回去呢。"

太阳落山前,小石终于慢慢挤出了巷子,脸上神色黯淡,我看出他内心的无奈和对爱深深的渴望。这次,小石妈妈沮丧地看着满身灰尘的儿子,匆忙道声谢,沉默地牵起他往家走去。母子两人的背影缓缓消失在巷口。我回到家后和小石的几位好友通了电话,交代了抚慰小石的建议和尺度,忐忑地等待第二天的来临。

后来,我依然静静地观察着小石,作业有时还是会潦草,和妈妈也"过过招",但和以往不同的是,我鼓励他在有情绪需要时用电话手表向我寻求帮助,他渐渐享受到聊一聊的放松,声音里的信任让我感到由衷的欣慰。他在电话里说特别苦恼自己丢三落四,于是我每周五放学都塞几支新铅笔给他并拍下照片,叮嘱他不能丢,到了下周五我会检查。坚持了两个多月后,他的笔竟再也没有丢过。

家长会很快来了,会议结束后,我与小石妈妈进行了单独沟通。面对她的焦虑和急躁,我对她说:"最近我在看一本书叫《正面管教》,里面有一句话我非常认同:教育孩子要和善而坚定。'和善'就是要尊重孩子,他也心甘情愿与你合作,'坚定'是尊重教育的需要,让孩子学会自我约束。我们可以做一个约定,下次小石惹你生气时先别急着处置,微信上先跟我说说情况,等我回消息了再跟他好好沟通,我们一起想办法解决问题。""大圣"妈妈将信将疑地回去了。尝试了一段时间,她的焦虑逐渐有所减缓,接孩子时总算能笑脸相迎了。后来,我请她参加了学校组织的家庭教育座谈会,她的脾气和对小石的态度较之以前也温和了许多,也认真监督和小石一起制订的 21 天习惯培养计划,更越来越注意在生活中创造暖心一刻。有一天,小石顶着妈妈亲手剪的头发来到学校,他眉飞色舞地跟同学们形容自己差点被剃成和尚的经历,嘴里抱怨,脸上却笑开了花。我想他剪去的是失去爱的沮丧,捡起的是得到爱的快乐。

时间流过,小石的成绩终于开始好转,眼神也渐渐亮起来。班会课上,他重新拾回了模仿孙悟空的拿手绝活,对他心存芥蒂的几个小家伙也都忍不住鼓起掌来。竞选活动中,小石受到朋友、老师和妈妈的花样鼓励,成功当上了文娱委员。我借此还将我班分得的一次亲子广播台的播报机会给了他,他干劲十足,和妈妈在家里不停地修改稿子,向我征求建议。结束后我打趣他:"这下全校都知道咱们班有个厉害的播报员,更要注意形象、以身作则哟。"小石听了不好意思地挠挠头,对着妈妈笑了笑。看他们能和睦相处、互相珍惜,我真的很开心。一天,小石又凑到我耳边嘀咕:"老师,有你真好!"说完就跑了。看着他的背影,我享受着作为老师的简单的幸福。

小石不是完美的小孩,但他体会着情感的浓烈,咀嚼着生活的不幸,在爱的包围下最终选择哼着勇者之歌继续前行,这是一种多么令人感叹的生命力。而我能做的就是觉察他的内心,倾听他的声音,引导他的成长,在同行的路上给予他爱和支持。作为他的老师和朋友,我庆幸能参与他的成长,高兴能引领他向光明走去,希望他一直都是那个骄傲的"大圣"!

(扬州市江都区仙女镇中心小学　向日葵)

与学生共成长

> 我第一次真切地感受到教师在学生人格塑造方面沉甸甸的分量,也惊喜于自己有这样的心性和耐力去调动身边一切力量,积极地改变和重塑一个孩子。也许,教育的动人之处就在这里:观念和方法林林总总、层出不穷,而教师面对孩子的那颗赤诚之心,在不分昼夜地跳动。
>
> ——邵莹莹(徐州市光荣巷小学)

校门口的一场风波

"你这个坏人！你快让女生回来！让她们都回来,不能先走……我生气了……"

时间是下午放学,地点是学校门口,观众是其他班在场的老师、学生以及校门口等待区黑压压的家长们,主角是我们班迟疑着前行的女生队伍、呆愣安静的男生队伍、哭喊着的小哲与强装镇定的我。

伴随着响彻校门上空的哭闹声,领头举着班牌的男孩小哲,情绪激动地蹦跳着,挥舞着手里的班牌,成功地让身后的同学们退避三舍。小哲涨得通红的脸蛋上挂着眼泪,瘪着嘴,像是呜咽嗡鸣的锅炉。在他满含着泪光的瞳仁中,映出我有些颤抖又竭力冷静的身影。我将班牌稳住,然后问他:"小哲,咱们先安静下来,带队出去,回来再说,好吗？"

小哲慢慢停止了哭喊,抹抹眼泪,点点头。我们一路沉默着把队伍带出去,道路尽头的人群里,站着满脸担忧与内疚的小哲妈妈。

对一年级刚入学的小朋友们来说,安静整齐可是一件颇有难度的事。这天放学,女生们表现挺好,男生却散散漫漫的。我就让女生先走,男生队在校门口稍作调整,再跟出去。而这一点,恰恰触及了今天刚被选出来举班牌的小哲的"易燃点"。

作为一名新教师,刚忐忑地和小朋友们见完面的第一天当晚,我就收到了小哲妈妈的消息。据她说,小哲上幼儿园才开口说话,社交和情商方面都比同龄孩子差,脾气也有点怪,经常控制不住自己的情绪,容易激动,脾气发作得格外强烈。

那时我便悄悄地观察着这个孩子,发现他十分可爱:爱读书,识字多,敢于表达……但是,和同龄人相处时,小哲会下意识地用各种规范去评判别人,尖锐地指出人家的错误,不擅长交朋友。而当别人指出他的错误,甚至在男女生竞赛中男生一方落后时,他都会哭喊、歇斯底里地否认,蹦跳、喊叫,一发

不可收拾。

而这一次,当着这么多人的面,小哲的爆发着实令我头疼。投过来的每一道目光,在我看来都是火辣辣的,我很想放空头脑,但我知道,身为老师,在孩子面前,在家长面前,我绝对不能慌乱。

小哲妈妈带着小哲随我一起来到办公室时,是眼含泪水的。她局促地连声道歉。我安慰她:"没关系,我们来听听孩子的原因。"

整理着思绪,我矮下身,拍了拍小哲的肩膀:"孩子,跟老师说说,今天校门口的这件事,你是怎么想的?"

他回答:"我不想让女生先出去。"

我又问:"那你知道,男生为什么被留下来吗?"

"因为男生没有站好队。"

"那你在着急、发脾气的时候,男生队显得怎么样?"

他迟疑了:"会……显得更乱吧。"

"那你这样做,好不好呢?"

"不好……"

"那为什么要这样做呢?"

他又有眼泪要出来了:"我那时没想到这个,我只是……想把同学们好好带出去。"

我递给他纸巾擦眼泪:"所以,小哲,你知道了吗,我们每做一件事,都会产生一定的后果,所以在行动之前要考虑清楚自己的行为会导致什么样的结果,不能头脑发热,不管不顾,你说对不对?"

他反应很快:"是的,老师,我不该这样,对不起……"

所以说,小孩子的世界,是多么单纯、直接呀。

我竖起小拇指:"那小哲,老师也跟你做一个约定好不好?你平时还是很注意纪律的,老师想请你当我们班的纪律监督员,在纠正别人时,也时时提醒自己控制情绪,你觉得怎么样?"

可能是没想到自己做错了事,却还能得到管理班级纪律的"奖励",他有点没反应过来,问我:"真的吗,老师?"

我肯定:"真的呀。你能做好吗?"

"能!"他的坏心情似乎被一扫而光,抑制不住自己的笑意。

我希望小哲在协助管理班级的过程中感受到老师对他的肯定,同时在帮助别人改掉不当行为的过程中学会与人沟通,控制自己的情绪,懂得责任与担当。

其实,以小哲的个性,在班级里担任这样的职务有一定的风险性:小哲本身不太遵守班级纪律,现在却成为监督员,一定会有人不服气。同时,这个"小炮仗"在处理问题的时候,会不会方式不当,和同学发生争吵?

于是我提前做了一些准备:趁小哲不在班时,我在学生面前讲述了我的想法,请学生们配合帮助小哲当好监督员,让他在责任中明白纪律的重要性,明白自己正在帮老师执行一个"大计划",小朋友们都挺兴奋,纷纷表示"包在我们身上"。

接着,我又和班干部们商量好,和小哲"搭班"执勤,发现情况及时上前去调解。在小哲"走马上任"前,我还给了他三条"锦囊妙计":以身作则,监督员肯定不能违反纪律;这也是一个挑战,能控制自己的情绪,不激动不吵闹就表示成功战胜了自我;处理不了的问题,及时找老师帮助。

"能记住吗?"

"能!"小哲斗志昂扬。

纪律监督员"新官上任三把火",小哲反倒能耐住性子,认真跟违反纪律的同学讲道理。他偶尔也会着急,但是在班长的及时提醒下,很快又能冷静下来。有时遇到他处理不了的事,还会及时去找我和其他老师帮忙。

班里的孩子们很齐心地努力着,配合着我,配合着小哲,守护着这个心照不宣的"秘密计划",还表现得更遵守纪律了。

小哲妈妈告诉我,小哲回家会眉飞色舞地讲述他今天做了什么事,有什么进步……这个孩子其实本身就很有智慧,他需要的,不过是我们给他指出一个明确的方向,一个正确的方法。

这场风波之后,课上课下,小哲基本没有再出现过因为竞赛落后或没有得到夸奖而发脾气的现象,他的自制力的确在进步。这孩子,在认认真真地回应着我们对他的期待。

这件事让我更加明晰地认识到,身为教师,要正确认识孩子的突发情绪,接纳、理解和尊重孩子的情感表达,并表现出充分的理解与大人式的豁达;一定要给孩子提供足够的支持和安全感,聆听孩子闹情绪的原因,慢慢引导孩子建立规则意识,学会管控情绪和行为,促进他们人格的长远发展。同时,身为教师,在遇到问题时也必须管控好自身的情绪,唯此,才能更加理智冷静地处理问题。

　　一场风波过后,我和小哲同时收获了成长。我第一次真切地感受到教师在学生人格塑造方面沉甸甸的分量,也惊喜于自己有这样的心性和耐力去调动身边一切力量,积极地改变和重塑一个孩子。也许,教育的动人之处就在这里:观念和方法林林总总、层出不穷,而教师面对孩子的那颗赤诚之心,在不分昼夜地跳动。

(徐州市光荣巷小学　邵莹莹)

"插班生"可以跑出加速度

"插班生"对班主任来说并不陌生，偶尔也会遇到。他们中有成绩优异的，有乖巧懂事的，有资质平平的，当然也有令老师头疼的。作为班主任，要根据每一位"插班生"不同的性格特点，有针对性地帮助他们尽快融入班级，加速健康成长。

小雨是三年级时从别校转来的插班生，我从原班主任以及家长方面了解他，以便帮助他尽快融入班级。据了解，小雨在行为习惯养成以及人际交往方面很薄弱，但头脑灵活、阅读面广。有了这样的认知，我决定分阶段对小雨实施教育引导。开学第一天，一个白白净净的男孩儿被教导主任带领着来到班级门口，他害羞地低着头，小手揪着衣角，看得出来他很紧张。我用极其温柔的语气与他交流了几句，缓解他的紧张情绪。在我的影响下，孩子们对他也十分友好。我积极引导，促进他和同学们的友好交往：放大他的优点，在同学们面前塑造他良好的形象；利用他热爱阅读、知识面广的优势，课堂上我会有意识地请他回答较难的题目，他也没有让我失望，每次都是完美解答。有了这样的最初印象，很多同学都对这位新来的"插班生"印象颇佳。班级里也因他掀起了"读书热"，他的身边总会围绕几个同学和他共读一本书。

情况一直朝着好的方向发展，我也十分欣慰。可孩子身上的缺点又岂是一两次表扬、一段时间的督促就可以改变的？果然，寒假过后的小雨"原形毕露"：上课捣乱，下课打闹，搅得"四邻"不得安宁。起初，老师们都很耐心地教育他，给他机会改正错误。发现情况后，我也及时与家长沟通商讨对策，平时一有时间就和小雨聊天，了解他的思想动态，与班干部配合关心帮助……可是效果欠佳。老师们对这个孩子越发头疼，其他孩子都对他躲避不及，小雨更加肆无忌惮……每每接到同学们的"举报"，身为班主任的我，真是苦不堪言，委屈极了，自己的真心在孩子的面前竟这样的不值一提！面对这样一个"刺儿头"，我该怎么办呢？

育人故事

在一次分组活动中,全班没有一个小组愿意接受小雨,他自己也有些破罐子破摔的样子。了解情况后,虽然无奈,但我仍努力说服其中一个小组接纳他。然后,我单独约谈小雨,引导他在小组活动中运用自己的优势帮助小组获得成功。虽然他表现得比较勉强,但在我的鼓励下还是主动争取大家的认可加入团队。可是活动过半,小雨频频出错,不听指挥,我行我素,导致小组任务失败。面对大家的责怪,他没有丝毫愧疚之情,反而与组员发生争执,我终于忍不住怒火,对他吼出了声。他看着我,故意倔强地说:"我本来就不想参加这个组,我跟他们不熟,可是你也没有问过我就非要我加入……"他的声音越说越小,越说越委屈。他的话犹如一记重锤锤在我的心上,冷静下来的我认真反省:我一直想帮助他尽快融入班级,可是我似乎忽略了孩子的想法和感受。犯了错误,也只是浮于表面地教育他改正错误,并没有让孩子感受到老师的信任。

要得到孩子的尊重和信任,首先要学会尊重和信任孩子。这之后,我尽量避免在大庭广众下批评他,努力在同学们面前维护他的自尊心,重塑他的良好形象。他犯了错误,我也循循善诱,而非简单纠错。慢慢地,小雨变了,交流时眼睛里有了些许真诚。

不久后的一件事让我们的心靠得更近了。一天午休时间,我正站在门口值班,隔壁班的两个学生跑到我面前,告了小雨一状,说小雨弄坏了直饮水机,水淌了一地。只见小雨的脸涨得通红,小拳头握得紧紧的。我吸取之前的经验,拉起他的小手,柔声问道:"小雨,是你吗?"小雨委屈地撅起嘴巴,嗫嚅道:"老师,这次真不是我。"我用温暖的手包裹他的"小拳头",贴近他耳边,坚定地说:"老师相信你!"小雨猛地抬起头,用感激的眼神看着我,眼眶更红了。接下来,就在大家以为我一定会批评小雨的时候,我开口问了来告状的孩子:"你们亲眼看到他弄坏了饮水机吗?"两个孩子,茫然摇头。我继续看向其他人。"我看到他拧了水龙头……"旁边有人插话。我用鼓励的眼神看向小雨,他深吸一口气,鼓起劲大声说:"我是去关水龙头的。"我搂过小雨的肩膀,将他紧紧护在怀里:"大家听到了吧,小雨不仅没有破坏公物,反而在做正确的事……"没多久,校工师傅的到来证明了一切:饮水机上午就坏了,与小雨无关。事情弄清楚后,我欣慰地抚摸小雨的头,并当众表扬了小雨爱护公共设施的行为,周围同学的眼神变了,两个来告状的孩子也大方地承认了错误,并向小雨道了歉。第一次接受道歉的小雨居然害羞地摸摸自己的头,那样子真可爱!

从这以后,小雨每天都对我笑脸相迎,甚至开始粘着我,经常帮我做事,办公室老师都戏称我多了个"儿子"。而最让我欣慰的是,他真心听从我的教导,努力改掉身上的坏习惯,同学们对他的态度也发生了变化。

只是帮助他认识改正行为习惯上的缺点还远远不够,还要帮他找到自信,点燃他积极向上的火焰。

正像阿基米德所说的那样,"给我一个支点,我可以撬起地球",我努力寻找撬动小雨心灵的支点。我知道小雨热爱读书,是个知识面非常广的孩子,我决定利用这个好习惯,帮助他找到自己的价值。

一次放学后,我找到了正捧着书看得津津有味的小雨,向他说出了我的想法:班级自成立图书室以来,图书的借阅和管理一直是我头疼的事,找不到一个有效又省事的方法,也没有合适的图书管理员来帮忙,希望他能帮我排解这个烦恼。他听后两眼放光,一口答应。

过了几天,他拿着两本册子来到我办公室,向我详细讲解了他设计的图书分类收录细则和图书借阅记录本。我被他精心的设计和巧妙的构思震撼了,当即决定由他担任班级图书管理员,他开心地不停对我说"谢谢老师"。下午的班会课,我邀请小雨作为嘉宾主持,向全班同学介绍他的想法。孩子们听得目瞪口呆,不敢相信那个"调皮大王"居然能完成这样的工作。在全体学生的热烈掌声中,我把早就准备好的"图书管理员"的胸章郑重地别在小雨的身上。他目光坚定,以从未有过的认真态度向大家鞠了一躬。

来过我们班级的老师都会对图书室有深刻的印象,因为那里永远都是一尘不染,摆放有序,分类明确,登记详细,这都是小雨的功劳!而我们的小雨呢?到四年级下学期时,不仅学习成绩稳步前进,也赢得了越来越多的朋友,还因为行为习惯进步明显被评为学校的"优秀中山娃"!

在教育小雨的过程中,我的心情犹如过山车般起伏不定,但令我欣慰的是小雨最终能够向着正确的方向稳步前进。小雨只是众多插班生中的一员,每位插班生的情况各不相同,要想让插班生尽快融入班级,在跑道上跑出加速度,就需要班主任老师深入了解学生情况,不断反思教育行为,尊重、信任并能因材施教,希望所有插班的孩子们都能在新环境中健康快乐地成长!

(镇江市中山路小学 蒋 瑾)

▪ 专家点评 ▪

彰显人格魅力,体现专业素养

黄正平

育人故事是班主任以故事形式叙述班级管理和学生教育中亲身经历的印象深刻的教育案例,从而揭示内隐于这些故事背后的班主任工作的教育理念、原则、方法和技巧。育人故事主要考察班主任在班集体建设、学生发展指导、家校沟通合作中的职业精神、教育理念、师德修养、班级管理、教育智慧、教育叙述与反思能力,尤其是班主任工作的专业意识、专业能力、专业水平和专业素养。

小学组的班主任老师以爱岗敬业、价值观教育、班级管理、师生沟通、家校共育等为切入点,结合新时代小学生成长过程中的新情况、新变化,讲述自身工作中的育人故事。故事主题明确,叙述流畅,生动感人;情节完整,情理交融,情真意切,给我们留下了深刻印象,充分展现了新时代班主任的风采、风貌和风格。概括起来主要有以下特点。

一是有教育情怀。

为了每一位学生的成长进步,班主任老师需要无私奉献,不断探索教育的真谛;正是基于班主任老师对教育目的的价值认同,对教育对象的情感投入,对知识和道德的理性崇尚,育人故事中许多班主任老师对学生尤其是问题学生、后进学生给予特别的关心、包容和爱护。教育情怀的核心必是一个"爱"字。在《我想和你一起"虚度"时光》的育人故事中,面对已经错过感统训练关键期的"场依型"学生家乐,杨黎丽老师制订了针对性的训练方案,帮助他逐步改变,增强自主发展意识,愿意陪他慢慢长大。教育学生的过程,不仅要用爱心、细心去守护,也要用耐心、慧心去牵引。在《"育花"与"育人"》的育人故事中,面对齐齐这样一个智力发育迟缓的特殊孩子,陈语老师坚信只要多一分耐心,多一分等待,一定能够收获美景。认为要放慢脚步,"看一看孩子的动态,听一听孩子们的心声",慢的教育,才是教育的极佳路径!

二是有育人智慧。

世界上没有两片完全相同的树叶,老师面对的是一个个性格爱好、脾气秉性、兴趣特长、家庭情况、学习状况不一的学生,必须精心加以引导和培育。

在《我和"小树女孩"的故事》的育人故事中,陈星辰老师讲述了她和"小树女孩"小A的故事。小A在一年级时每天上学都不愿意自己进教室,经过耐心细致的工作,班主任老师了解到小A存在焦虑情绪,让她产生了对上学的恐惧。陈老师通过与家长沟通、与小A交流,终于解开了小A的心结,使她发生了转变,逐步树立起自信和勇气,成为班级中一颗越来越闪耀的星。除了保持着自己在学科和美术特长上的优异表现,小A连续两届成功当选班长,也成功竞选为学校大队委宣传委员……通过"小树女孩"小A的故事,陈老师更加坚定地认为,每个孩子都有属于自己的独特的精神世界,教育就是逐渐走进每一个儿童独特的精神世界的过程,带着一颗敏感、坦率、充满温情的心,走进儿童的精神世界,静静地用情感滋养每颗种子长成小树苗,引领每个儿童找到属于自己的幸福!

在《让每一个生命都灿烂》的育人故事中,张筱清老师认为,"每个生命都是那么的宝贵、富有个性",每个生命都值得尊重,要坚持"用生命去温暖生命,用生命去呵护生命,用生命去灿烂生命"。对课堂上突发癫痫疾病的学生飞飞,她及时进行家访了解情况,并组织同学们用行动给飞飞以温暖与帮助,用相关专业知识对全班学生进行适时引导,开展生命教育,消除他们内心的恐惧,使他们对生命有了新的认识。

在《"小蜗牛"成长记》的育人故事中,刘宁老师班上的小军是一个孤独症儿童,语言表达有障碍,所以一般不与他人交流,受到刺激很容易情绪激动。于是她开始学习和掌握各种有关孤独症儿童的知识。为了让小军在班级里树立起自信心,她特地召开了"远古时代的记忆"主题班会,请小军给大家讲解了很多关于恐龙的知识,使同学们对小军刮目相看,逐渐接纳了他。小军与同学之间的交流多了起来,性格也慢慢开朗了,各方面都取得了进步,体验到成功的快乐。刘宁老师认为,教师不是蜡烛而是一个燃灯者,用心灵的仁爱之光照亮孩子的成长之路,也照亮了自己。教育的目的是渡人、渡己。

三是有真挚情感。

教育就是生命孵化生命,人格熏陶人格,品行影响品格,情感点燃情感。

育人故事

爱是一切创造教育的源泉,没有爱,便没有教育。育人故事中,班主任老师充分展现了师者的大爱、对学生的关心备至,尤其是对一些特殊家庭学生、问题行为学生倾注了大量的心血,他们"用爱心温暖学生,用信任理解学生,用宽容体谅学生",给学生以无微不至的人文关怀。

在《"大圣"归来》的育人故事中,向日葵老师认为,"教育孩子要和善而坚定"。在她的关心帮助和家长的支持配合下,来自单亲家庭的小石同学终于发生了转变,"眼神也渐渐亮起来",他"在爱的包围下最终选择哼着勇者之歌继续前行",向老师所做的就是"觉察他的内心,倾听他的声音,引导他的成长,在同行的路上给予他爱和支持"。

在《有一种相遇,唯美了我整个曾经》中,倪施思老师讲述了与班上小益同学相遇、相识、相依的故事。小益患有多动症,倪老师查阅了大量有关少儿多动症的相关书籍资料,对症下药。她从"一个笑脸加一句问候"的简单图画开始,日复一日、月复一月,坚持每天给小益画一幅简易温馨的图画,传递和他做好朋友的真诚心意,用心灵赢得心灵,轻轻推开了小益的心门。她惊喜地发现小益拥有很高的音乐天赋,及时给予肯定表扬,并给他展示的平台,培养他的自信心和胆量。慢慢地,他越来越优秀,也越来越自信。倪老师认为,"爱,是对学生差异与独特的尊重和善意;爱,是对所有美好与缺憾的接纳和包容"。

四是有反思心路。

育人故事中,班主任老师能够从故事的背后揭示出自己对教育行为的所思所想,能够从教育理论层面进行反思和提升。

在《天乐的"工具箱"》的育人故事里,姚国艳老师善于用一双慧眼,捕捉到动人的画面,用小小的起子工具,悄悄地打开这位性格内向的天乐的心锁。并以此为契机,组织了别开生面的"螺丝钉"项目学习活动,引导学生的目光从教室投向生活,学习从被动变得主动,使班级生活变得充满魅力与活力。她发现哪怕只是一颗小小的"螺丝钉",只要班主任能用心发现它的存在、理解并欣赏它的作用、尊重并发掘它的教育价值,它就能发挥最大作用,从而成为"光",点燃起每一个与它相遇的生命!她认为,教育的本质是心灵的教育,"是一棵树摇动另一棵树,一朵云推动另一朵云,一个灵魂唤醒一群灵魂","教育就是去发现,去读懂,去引领,去为每一个生命自由、完整、充分的发展服务"。

五是有创新行为。

教育是一门艺术,而艺术的生命在于创新。每个学生都有其独特性,对待有这样那样缺点或不完善的学生,班主任老师不能简单粗暴,需要循循善诱。育人故事中,班主任老师在对学生的教育中遵循教育规律和学生身心发展规律,不断创新教育的方式方法,注重因材施教,从而取得了理想的教育效果,体验到"只要我们用心去爱学生,用情去对待学生,我们一定会听到花儿尽情开放的声音"。

在《我们出书啦》的育人故事中,戴琰老师针对六年级学生毕业前,忙着传同学录,写留言簿,班级里弥漫着浓烈的离别情绪,思考如何既珍惜学生的情感,保护集体的纯真,又引导他们用积极心态与正确方式迎接即将到来的毕业。她鼓励学生把对学校的不舍、对师生情的眷恋、对毕业季的憧憬与焦虑全部写到故事里,"一起写一本书,写一本属于我们(3)班的书"。学生们在写书的过程中消解了情绪和矛盾,解决了成长过程中的种种困惑和问题。她认为,班主任要智慧、科学地解决问题,从问题中挖掘更丰富的教育资源,开拓更广阔的教育平台。

在《大拇指的回报》的育人故事中,张雷老师班上新来的小月同学是外来务工人员随迁子女,刚开始上课沉默不语,课间也不和同学玩耍。他通过家访,与家长沟通交流,希望他们尽可能多地陪伴孩子;并组成学习互助小组,使小月有更多的机会与同学打交道,让她逐步融入了班集体。张老师认为:"'教育的艺术不在于传授本领,而在于激励、唤醒、鼓舞。'一个微笑,一个大拇指,带给孩子的是一份激励,一份力量。"

综上所述,育人故事讲述的是班主任本人教育学生、管理班级的典型案例。育人故事既不是单一的教育行为、教育随笔,也不是纯粹的经验总结、教育反思,而是通过生动、真实的故事折射育人理念,耐人寻味,发人深省,具有启迪、借鉴、推广价值。因此,育人故事的内容要具有真实性,故事主题要具有教育性,故事选择要具有典型性,故事呈现要具有艺术性。同时,结合现实中班主任育人故事的交流,我们发现,班主任的育人故事还有进一步提升的空间和需要改进的地方,如有个别育人故事缺乏热情和激情,虽有故事情节,但内容相对简单平淡,要注意情节起伏,生动感人;有个别育人故事开始没有导语,结尾没有感悟与反思,应加强理论支撑和内涵提升。

育人故事

总之,班主任的育人故事是班主任通过说故事的形式,讲述"我与学生""我与班级"的教育事件以及由此产生的所思所想、所感所悟。班主任的育人故事是教育行为的演绎,是教育过程的反思,是教育智慧的体现,是教育理念的实践,彰显了新时代班主任的人格魅力,体现了他们的专业素养。记录故事、讲述故事,是班主任在实践中不断学习、反思、提升的过程,也是一个感悟、积累、发展的过程,更是助推班主任人格完善和素养提升的过程。

Junior High School 初中篇

导　语

根据班主任育人故事的主题和内容,我们将"初中篇"分为"个别教育""集体教育""青春期教育""家校共育""与学生共成长"五个部分。其中,"青春期教育"是中学阶段独特的教育内容,也是这一时期班主任工作的着重点。

有人说,青春期是一个危险的年龄段。也有人说,青春期是人一生中最美好的时期之一。在这一时期,青少年经历着身体和心理的巨大突变,在面临挑战的同时,也在体悟着生命的丰富与宽阔,形成着自己的情绪行为模式和自我价值观念。青春期作为一种文化现象,成为人类学、教育学、心理学、生理学等多学科关注的对象,也是班主任老师和广大家长普遍感到棘手的问题。尤其是初中生面对来自家庭、学校的学业压力,以及生理心理的剧烈变化,迫切需要得到家人、同伴、老师的关心支持。此时班主任的正面教育和专业引领作用更加凸显,班主任作为学生人生导师的角色显得尤为重要。

基于初中生的年龄阶段特征,班主任的育人故事中突出了班主任与不同类型学生之间沟通与交流的艺术。初中生已经有了一定的分析判断能力,当面对来自家长、老师的期待,与自己的真实想法发生矛盾冲突时,往往缺少处理问题的方式方法,因缺少情绪管理能力,有时则会演化为激烈的亲子或师生冲突。为此,班主任老师应关注学生行为背后的观念或价值观因素,通过谈话、家访、引导阅读等方式,走进孩子的心灵深处,了解其所思所想,才能"对症下药",找到解决问题的方式方法。除了传统的说服教育之外,班主任老师更加注重育人方法的多样性,善于从小事做起,例如,在班级里特设一些岗位,培养和锻炼初中生的意志力和专注力;善于发现学生的特长,为其创造展示的舞台和机会;注意发挥集体的教育力量,将班级中的不和谐因素转化为教育契机,引导同学之间相互理解、相互尊重;将自我与他人关系的处理,走向对民族国家的现实关切。

  在方法策略层面,"留白也是一种力量";适当示弱、敢于勇于承认自己的错误,也不失为一种教育策略;教育无痕,才是教育的最美境界。班主任是成人世界派往儿童世界的全权大使,只有做到"以人育人,以心育心",才能实现"教学相长,品德共进",真正成为学生全面成长的引路人。

个别教育

"留白的力量"就在于,我们给了孩子选择的机会,而"教会孩子选择",恰恰应成为教育的一个方向。

——金晶(南京市第五十四中学)

如果说孩子是鹅卵石,那么教育者不应该是打击的槌,而应该是载歌载舞的水;教育不应该是正襟危坐、训斥责备,而应该是不露痕迹,将美丽和快乐送进孩子们纯真的精神世界。

——刘利(连云港市新海实验中学)

"留白"的力量

我们都知道应当用积极的态度去面对生活中的各种挑战,每次遇到挑战,总有关爱我们的人告诉我们:"你要勇敢!""你要相信自己一定可以!"……然而,关于"要勇敢"这点,哪是说一声就会的。教育,不是简单的"灌输",在每一个孩子面对挑战时,除了不断鼓励与肯定,我们是否想过可以少说少做些什么?

又是一年金秋,校运会如期而至,报名通知也随之而来。也许是新建集体的新鲜感,让眼前四十几个稚气未脱的孩子瞬间兴奋不已。大家似乎都想把这次运动会当成一次展现自己和为集体做出贡献的好机会,纷纷喊着"我报一个,我报一个"。教室里沸腾起来,大家甚至展开了激烈的讨论。我很想打断他们,但看到眼前的和谐情形,又想让他们继续"热闹"一会儿。

伴随教室热闹的氛围渐减,我将报名规则和学生做了简要说明。让我欣喜的是,他们甚至给出了补充意见:人员爆满的项目首先进行班级 PK 赛,邀请我们的体育老师做专业裁判;对于人员不满的项目,可以进行同学互荐,总之不能浪费珍贵的名额。对于这样的补充意见,大家都十分认可,我也对这次报名结果充满了期待。

"老师,你快来劝劝小宁!"

"她不报 800 米,还有谁能报?"

"我们所有人都觉得她肯定行!"

一阵嘈杂打破了办公室的安静。一群同学把小宁围在一起,异常突兀。小宁满脸通红被挤在中间,摆手重复着"不行不行",看到我走出来,更加尴尬。体育委员说清了来龙去脉,原来就差一个女生 800 米的项目空缺,大家都推选了小宁,但是小宁说什么都不肯报名,说着说着,体育委员委屈了起来,小宁也跟着委屈起来。我只好劝激动的同学先离开,留下了小宁。

同学们一走,小宁就哭了,我也有些意外。虽然我也不想浪费任何一个空缺的名额,但如果小宁真的不愿意,我也不能强迫她。我握了握小宁的肩膀:"同学们看到你的优秀才推荐了你,但是一定会尊重你的选择,所以轻松点。如果不参加比赛,我们还可以做些别的呀,比如可以负责我们班的宣传,还可以负责我们的场地秩序,哪里都有出力的机会……"我安慰着小宁,但是内心却也有一丝不甘,小心地问出:"是真的不愿意吗?"小宁突然看着我,哭声更大,边哭边断断续续地说:"不,不敢,我不敢报名……"我倒了杯水,陪她慢慢冷静下来。

从小宁的口中,我听到这样一段并不陌生的经历。原来她从小擅长跑步,六年级的校运会是大型集团运动会,老师、同学都看好她获得名次,能在毕业前为班级和学校争得荣誉。赛前所有的人都替她加油了,走上跑道的那一刻,她都能记得每个人跟她说过的"你一定可以""第一一定是你的""我们相信你",当然她也相信自己一定可以。然而,结果就是,她并没有得到第一名。甚至,她没有能坚持跑完。也许是因为发力过度,赛程开始不久她就岔气了,不得不放慢脚步。她似乎听到了大家失望的声音,越想越沮丧,哭着退出了赛道。自此,同学们也不再跟她提太多比赛的事,似乎这成为她心里过不去的一道坎,她更不敢再去参加比赛……

我默默地听着。眼前的小宁似乎让我看到了第一次走上竞选台的自己。多年前的那一天,我戴着鲜艳的红领巾走上大队委竞选席,所有的同学和老师都认为我一定可以。可是,当我真正迈上舞台,看着满满一报告厅的同学和老师,突然头脑中一片空白。我想不出任何一句演讲词,甚至忘记了衣兜里还揣着自己的演讲稿。从那以后,我惧怕一切公共场合发言的机会。直到因为职业需要,在很多人的帮助下,我才学会了从容表达。

很多时候,我们总是充满善意地对他人表示肯定,表示信任,表达鼓励。殊不知,在奇妙的现实生活中总有那么多的挑战与变数。结果,善意变成了失望,鼓励变成了压力。与其告诉眼前的小宁"你一定可以",倒不如告诉小宁"你也许不可以,但是我愿意陪你一起试一试"。于是,我把我的竞选故事说给小宁听,小宁也停止了哭声。

"既然不是不愿意,只是不敢,那么我们可以给自己一天的留白时间,做一次更深入的思考。我们要允许自己在最擅长的领域犯错,我们也要明确地知道任何挑战和比赛都有成败。比起拿奖,老师更希望你能做好自己,也争

取打开自己的另一扇窗!"我抽出一张空白便笺递给小宁,告诉她这份"留白"的便笺,是老师对她的鼓励与理解。我们约定好第二天她要把自己的决定写给我。

我如期收到小宁写有"参加"二字的便笺。两个简单的字,带给我更多的思考。当天,我和全班学生再次提到了自己小时候的那次竞选事故,他们都哈哈大笑,笑过之后仿佛有所领悟。外向的同学已经喊起来:"我们不要求谁一定要拿名次,跑输了也没关系啊,参加最重要……"于是,我们就顺势在运动会保障组中增加一个"赛后保障组",负责迎接比赛结束的运动员。

当天比赛结束后,我邀请了所有的任课老师提前进班级,和未参赛成员一起鼓掌迎接每一个回班的运动员。当然,小宁收获了全场最热烈的掌声,不只是因为她收获了优异名次,还因为她敢于接受挑战,重新找到了自己。

一次报名风波,让我更加理解"留白"的力量。那张留白的便笺纸,是给小宁的尊重与肯定。

我们生活在一个复杂的环境中,很多时候都面临选择,我们可以创造条件帮助青少年澄清他们选择时所依据的内心价值观。如果不断强化"你一定行",某种程度上就意味着我们已经替孩子做了选择,那么"留白"的力量就在于,我们给了孩子选择的机会。而"教会孩子选择",恰恰应成为教育的一个方向。

(南京市第五十四中学　金　晶)

万物有时，花开有期

一个班级有几十位学生，如果把他们比作花草，那么有的花期早，有的花期迟，而有的就如大树般只长叶子没有明显的花期。对于这些"不开花"的树，我们自然不能强求其开花，但是我们应该尽量避免其长成歪脖子树。一棵茁壮成长的"大树"于社会、于他人都是有益的，作为教育者要做的就是为他打好健康成长的底色。

小Z，班上的一名男生，初见名单由于和我同姓，名字又透露出智慧、涵养，看着学生名条，就对他多了几分青睐。第一次见到他，眉清目秀，中等身材，心里觉得还真是一个不错的孩子。

可是在入学第二天收到的家长介绍信中，我对这个孩子又有了不一样的了解。信是由每位家长写给班主任的，目的是让班主任对孩子有一个初次的全面了解。在我打开这封信时，第一眼就被流畅老道的笔迹所吸引，原来这是小Z年近八十岁的爷爷写给我的介绍信。"竟然不是孩子的第一监护人执笔？莫非是留守儿童？"带着好奇心，我迫不及待地读了下去。信中爷爷向我讲述了小Z的家庭情况，父母都是聋哑人，日常沟通只能通过写字，孩子自小就由爷爷和奶奶照顾。他们年纪越来越大，家庭里外都是他们一手操办，近来越来越力不从心了，学习基本过问不了了，请老师多多关心……

折好信纸，我陷入了沉思，阳光的外表下竟然是这样一个特殊的家庭，从爷爷的口吻中我也深深感觉到了这个孩子问题的棘手，不禁有点忧心，不过又转念一想，孩子的家庭虽然特殊，但是从小不缺关爱，问题应该不大，"车到山前必有路"，开学再找他好好聊聊。

可是开学仅一周，小Z同学的各种表现让我头疼不已：课间奔跑打闹，上课呼呼睡觉，作业拖拉或者不写，偶尔写也是非常潦草，期末考试的开卷科目竟然主观题一个字没有，语文作文竟也以空白卷上交……这样的一棵"小树苗"，再不约束如何成材呢？为此我动了好一番脑筋。

育人故事

想想我也能理解,父母的缺陷,导致祖辈对这个健康的孩子格外溺爱,所以隔代亲问题、监护人无法正常实施教育的问题,都是导致小 Z 出现目前状况的原因。这样的家庭现状让我意识到,寻求家庭的帮助对解决小 Z 的问题的作用肯定微乎其微了,我只能靠自己的力量去摸索适合他的教育策略。

我认为一段教育关系的起点是彼此是师生,而终点是彼此是朋友。由此我想到,如果让这种朋友关系的时间提前,是不是更有利于自己工作的开展?想到这,我就开始悄悄地转变自己的身份,以期用朋友身份走进小 Z 内心,达到一种由内而外的浸润式教育效果。

如何走进一个人的内心呢?合适的契机往往很重要。一次课间,我远远就看见他飞跑的身影,待我走近,刚刚伸手假装要拧他的小耳朵,就被他条件反射般伸出的胳膊挡住了,我立即假装板着脸,说道:"反应挺迅速嘛。但是这个耳朵为什么就听不进老师强调的纪律要求呢?"他吞吞吐吐地说道:"在家不听话妈妈经常会打我,所以……""看来在家更调皮呀",我顿了顿,笑着说:"妈妈的做法可能急躁了点,但是我想她的心意是好的,老师相信已经是初中生的你一定能理解的,好好做,让父母放心。"小 Z 看着我善意的笑容,诚恳地点了点头。

经过这次简短的交流后,小 Z 对老师的畏惧感似乎少了很多,毕竟违纪之后老师竟然以谈心的方式就画上了句号。随后又一次机会,我巧妙地示弱,让他对老师高高在上的印象又有了改观……

2020 年冬天,学校承办省作文竞赛需要布置考场,我们班除了要布置本班教室外,还需要布置楼上对应的空教室。楼上的教室由于一直空置,桌椅凌乱,灰尘积得很厚,放学前两个考场的布置任务还是很艰巨的。考虑人手不够,我第一时间在班上说明了难处,并问有没有同学可以主动请缨,不想话音刚落,小 Z 就举手了。随即他的几个好友也跟着报了名。我把小 Z 喊到身边,问他准备如何着手,他慢条斯理地说:"我准备让大家先一起把桌子排整齐,然后分工打扫教室卫生、擦桌子。"听了他的表述我真的刮目相看,为了考验他的说和做是否一致,我以办公室有事为由就先离开了。在我还没去检查前,小 Z 就来办公室喊我了,我跟着他一路走到教室,窗明几净,桌椅整整齐齐,我随即竖起大拇指说:"以后这一类事情老师就都可以放心地交给你做啦。"随后我又补充说,"小 Z,以后凡是有今天做事的态度肯定什么都能做

成!"他诚恳地点点头笑了。

通过这次经历,小 Z 与我的距离更近了,渐渐也有了感恩之心,虽然也会犯错,但是教育过后他那一声"感谢老师的教诲",又让我焦虑的情绪迅速平复了。

如今,小 Z 与我的关系越来越亲密,我安排他做我的小助手,复查作业的收交情况、记录早晨到班的迟到名单等,让他参与班级的管理,在做事的过程中,老师的教导和他自身的要求,让他为人处事的能力在逐渐提高,学习也渐渐有了起色。由于小 Z 经常去办公室,目前我们办公室的老师都认识他,且一致认可他的谦逊有礼、细心认真。

万物有时,花开有期,这棵"小树苗"如今已在一点一点地发生变化,虽然变化的速度是缓慢的,但变化的程度是肉眼可见的,所以我想只要我们教育者能从每一个孩子的身上发现优点,并鼓励他放大优点,终有一天,这些小树苗都会成长为建设祖国的参天大树!

(扬州市竹西中学　朱蓓蓓)

心中的水仙

不是槌的打击,乃是水的载歌载舞,使鹅卵石臻于完美。

——泰戈尔

如果说孩子是鹅卵石,那么教育者不应该是打击的槌,而应该是载歌载舞的水;教育不应该是正襟危坐、训斥责备,而应该是不露痕迹,将美丽和快乐送进孩子们纯真的精神世界。在我的心中,就有那么一株水仙悄悄地绽放,清香四溢。

那个冬天,我担任七年级(19)班的班主任。虽然之前我也担任过几年班主任,有一定的经验,但面对七年级的新生,我内心还是有点紧张和茫然。这次带的这个班的学生不知怎么回事,不是这个迟到了,就是那个早退了;不是这个不交作业了,就是那个损坏公物了;不是这个上课开小差了,就是那个和任课教师顶撞了。在这之中,就有个"带头大哥"大壮。他黑黑的皮肤,脸上架着一副眼镜,圆滚滚的小肚子。他每天到校总是迟那么2分钟,一边跑进教室一边嘴巴里还嚼着早饭,上课的时候像一个小肉团"摊"在椅子上,一到课间就来精神了,满教室追着其他同学打闹,把课间变成了"动物世界"。作为班主任,我哄过,批评过,但收效甚微。面对他每天"丰富多彩"的表现,我一筹莫展,好像有点黔驴技穷了,感觉只剩严厉的批评和大声的呵斥。"怎么办?怎么办?"我不停地问自己。

忽然,有一天,我看到了那盆水仙,眉头一转,计上心来。那是一个秋高气爽的清晨,教室的讲台上出现了一盆水仙,盘状的青瓷花盆,纯澈的清水,洁白的块茎,嫩绿的叶芽,多么清新的植物呀!早上到校后,学生们就开始叽叽喳喳,你看看我我看看你,瞪大的眼睛里充满好奇:是谁带来的这盆植物?水仙无声,冬日的教室多了一丝暖意。我说:"让我们一起猜一猜这盆花是谁带来的。是小王?是小李?还是小张?不管是谁带来的,以后这盆水仙花就由大壮来照顾。"他站起来,眉头微皱,没拒绝也没接受。这时,我接过话来:"看着你微皱的眉头,老师就知道你已经在想怎么照顾这盆水仙花了。没事,交给你我放心。"他"嗯"一声坐了下来,那一刻,我偷偷乐着。

那天以后,我暗暗观察,发现大壮会隔两三天给水仙花换换水,整理一下茎叶。每当这时我会拍拍他的肩膀,给他一个肯定的微笑,或者有时偷偷塞一块糖给他,他会心领神会地把糖偷偷塞进口袋,捂着这块糖,一蹦一跳地笑着跑开。

渐渐地,教室悄然多了淡淡的清冷的香气,原来是水仙花开了,洁白的花瓣配上鹅黄的花蕊,如孩子纯真的笑靥,在绿叶中显得那样超脱,那样悠闲。我发现大壮每天都会去看看他的水仙花,看到有人在水仙花周围追打嬉闹,他会出声制止:"教室里不要打闹,要文明,不知道吗?"听着任课教师夸水仙花长得很好的时候,学生们都说是大壮照顾的,这时他露出了得意的微笑。借着这个机会,在一次班会课上,在全班同学的掌声中,大壮获得了"最美小园丁"称号,胸前别了一朵大大的红花,他脸上露出了自信的微笑。那一刻,我欣喜着。

可是,一个阴雨天,却发生了一件意想不到的事。当喇叭里传来"课间操暂停"的消息时,我急急忙忙奔向教室,只见女孩子三个一群、五个一伙,男孩子你追过来、我冲过去,班级真是"热闹非凡"。

"老师来啦——"话音未落,只听"啪"的一声,全班都惊了:水仙花躺到了地上,头歪在一边,包围它的是跌得粉碎的青瓷花盆。同学们的眼光都投向大壮,担心他会把"肇事者"痛打一顿,我也紧张地看着他。只见他什么也没说,只是静静地回转身,蹲下来,慢慢地将碎片中的水仙花捡起。同学们也都跟着蹲了下来,跟他一起收拾碎片。那一刻,我发现大壮长大了,能控制自己的情绪了,但我也很担心,不知道他会如何解决这件事。于是,本不是发周记本的时间,我悄悄地把周记本放到了大壮的桌上,上面写着:"小伙子,你今天真棒,我们所有人都觉得今天的你最帅。"下面画了一个大大的赞。

第二天,我发现我的办公桌上放了一本打开的周记本,上面画了一个卡通小人,害羞的小脸蛋上戴着个小眼镜,圆滚滚的小肚子上有一颗小爱心,我会心一笑,是他。

某一天,教室的讲台上又出现了一盆完好的水仙,全班同学又在猜测着

育人故事

　　这是谁带来的。是大壮吗？水仙无声，但此时我豁然开朗：是谁带来的不重要，我知道一株水仙花正慢慢生长在每位同学的心里。这次，大家都倍加呵护水仙花，不忍它有丝毫的委屈和伤害。有人为它换上澄澈的清水，有人把花轻轻拢住，有人在花盆里加入了五彩的石子……虽是寒冷的冬天，但我们的心头却是暖洋洋的。

　　于是，我知道，教室里的冬天已经过去，我们都笼罩在水仙花的香气里！也许以后这盆水仙花还会碎，也许以后班级里还会有"大壮"二号，"大壮"三号，但谁会在意呢？因为我知道我们每个人心中都有一盆水仙花。

　　教育无痕，才是教育的最美境界。

（连云港市新海实验中学　刘　利）

把梦铺到学生脚下

假如我有天国的锦绣绸缎/那用金色银色的光线织就/黑夜、白天、黎明和傍晚/湛蓝、灰暗和漆黑的锦缎/我就把那锦缎铺在你脚下/可我,一贫如洗,只有梦/我把我的梦铺在了你脚下

——叶芝

我不懂韩语,案头却放着4本韩文版的中学历史教科书。这几本书是在2020年年初,那个无比漫长的寒假中收到的。当时书中夹着一页信纸,纸上有两行工整的中文,一行流畅的韩文。中文写着"祝冯老师身体健康——赵××",韩文的意思是:"因为疫情我暂时不能去中国了,这是我们现在的中学历史书,送给您!"能翻译出来还得感谢小赵同学教我使用翻译软件。

我们的故事,还要从接电话说起。

初一即将开学,我接到了关于他的第一通电话。校长说有个"特殊"的孩子想安排在我的班上,问我有没有意见。"特殊"学生我见多了,我想都没想,就和领导开玩笑说:"没问题,只要会说话就行!"

一语成谶,见面当天,这个眼睛小小但笑容阳光的男孩子出现在我面前,他会说话,但约等于"不会说话"。原来他是韩国人,因父亲工作突然调动,全家人没有做任何语言学习准备便来到了中国。见面当天他牵着妹妹在旁边礼貌地站着,我向他微笑,他频频给我鞠躬,可我清楚,一团乱麻扑面而来了!

第二通关于他的电话是见面的当天晚上。他妈妈拜托翻译和我通话,说他爸爸一直认为男孩子要学会吃苦,当他知道我们是寄宿制学校后,想让小赵同学寄宿,一周回家一次,一方面为了锻炼孩子,另一方面也方便他们夫妻初来中国开展工作。妈妈还说,小赵同学胃不好,住校还麻烦老师多多照顾。

白天生涩的寒暄我还没缓过来,又来了一个难题——寄宿。如何操作复杂的校园卡?怎么和舍友交流?怎么和打餐阿姨交流?怎么和宿管大爷交

流？一堆问号像贪吃蛇一样在我脑海中越盘越长。

"做一个梦铺到学生脚下!"不就是语言嘛,我学!在这期间,我向留学的朋友请教,苦练韩语。几天下来我发现我高估自己了,远水不解近渴,再想办法!一周后,在家长的同意下,我允许他带手机到教室,最初是为了方便与翻译通话,后来翻译不在线的时候他教会了我使用翻译软件,交流还算顺畅。

转眼一个多月过去了,虽然课堂上他还是什么都听不懂,但每天处于中文环境中,他的口语突飞猛进。只是,新的问题又来了:有一天,他同桌来我这儿告状,说他上课说脏话,还在纸条上写脏话。一番调查后发现是同宿舍的孩子们说话随意,脏话俚语随口就来,有淘气的孩子故意把脏话教给小赵,让他用古怪的发音说出来博大家一笑。了解情况后的我马上把小赵同学的所有室友全部召集来,严肃地说:"孩子们,我们都不是普通人,在小赵那儿我们每个人都代表着我们的中国文化,对他学习中文有很深的影响。我们要把中文中最美、最博大精深的部分展现给外国友人,大家可以教他成语、古诗和平时学习的文言文,我建议你们轮流做小赵的中文老师和宿舍文明语言监督员。"就这样,一屋子的舍友瞬间转型成"中文专家"和"国际亲情大使"。

做完这些还不够,我又电话联系了小赵的妈妈,建议她让每周一次的中文家教改为每天到学校为小赵上课,尽快补齐语言短板,帮助其融入正常的学习生活。就这样半个学期过去了,小赵的中文水平一日千里,我的韩语水平却毫无长进,还好有学生们、家教老师和翻译软件做我们俩沟通的桥梁。

刚进12月,原本风平浪静的生活因第三通电话而再起波澜。小赵与一年级的妹妹同在一个校园,这一天两人在一年级教室外给妈妈打电话,大哭不停。妈妈出差回不来,急忙把电话打给了我。

等我赶到的时候,他情绪已经稳定很多了,但还是看得到满脸的泪水。我赶快通过翻译软件告诉他:别影响妹妹,先让她回去上课,我们等家教老师来慢慢聊。为了照顾他的胃,我买了好多吃的,陪他边吃边等。没等多久,家教老师来了,这个老师也只是一个大三的学生,没见过这番景象,一番交流后紧张地对我说:"他说他遇到了校园欺凌,很不开心,想回国。"

校园欺凌?我的第一反应是安插在他身边的"小密探"们怎么没和我说起过。被谁欺凌了呢?如果真的是"校园欺凌",这个性质可就严重了!我请他写一下细节,并告诉他,老师们一定帮他解决问题。不一会,半张纸的韩文犹如愤怒的控诉倾泻而出,可当我看到老师的翻译时我忍俊不禁。

"某某在我吃东西时和我要""某某不经过我允许穿我的袜子""女同桌在我的本子上写字""某节体育课某某不传球给我"……

我温和地对他说:"老师相信这些事一定是存在的,老师也相信你是真的生气了。这样,你和家教老师先完成今天的学习任务,晚上我们三个一起吃晚饭,老师给你们讲个故事。"

晚饭开始了,故事也开始了。我说:"中国有一个很古老的故事,讲的是从前有个人丢了一把斧子,他怀疑是邻居家的儿子偷去了,便观察那人。那人的一言一行,一举一动,怎么看都像是偷斧子的人。不久后,丢斧子的人在翻家里的谷堆时找到了斧子,第二天又见到邻居家的儿子,瞬间觉得他的言行举止怎么看都不像偷斧子的人了。"家教老师微笑着把故事翻给他听。

我接着说:"中国文化中有很多这样有趣的故事,它会告诉我们如何让自己成长,就像你们的名著《兴夫传》里说的,兄弟和睦才能幸福永久。同学之间这些小事为什么会让你如此伤心呢?老师认为是你想遥远的家,却忽略了现在的班级大家庭。你相信吗,等你回国服兵役的时候,你一定会想念此时睡在你身边的兄弟们!所以,你快乐的'小斧子'是被他们'偷'走的吗?另外,中国是个法治国家,如果你真的遇到了'欺凌',勇敢地告诉老师,不要哭泣,老师们一定依法依规惩治坏行为,请你相信我!"

他感激地看着我和家教老师的那一刻,我知道我说的他都听懂了。我把手机里早已翻译好的"没事了,安心工作吧"悄悄地发给了他的妈妈……

转眼一学期即将结束,元旦联欢上小赵像只快乐的小鸽子,不仅能用中文给大家拜年,还主动参与节目排练。当几个大男孩排成一排,用中国传统的礼仪躬身作揖,大声齐诵"子曰:学而时习之,不亦说乎?有朋自远方来,不亦乐乎?……"时,我的眼眶湿润了,小赵的声音是那么的洪亮,那么的自信。

我是幸运的,因为我敢于把"中国梦"铺在他脚下;我是自信的,因为我相信中国文化的浸润可以打破所有隔阂。这份幸运和自信让我格外坚定,坚定地相信疫情消散后,如果有缘再相见,他一定会用标准的中文说着真挚的挂牵,就像我可以流利地对他说"새해 복 많이 받으세요"(新年多福)一样。

(南京外国语学校江宁分校　冯　锟)

做一名"心灵摆渡人"

如果命运是一条孤独的河流,我愿做你的摆渡人。

——题记

又到一年蝉鸣时,窗外的绿荫在我心头投射下一片清凉。我坐在书桌前,桌上的《摆渡人》一书将我的思绪牵引到了七年前的那一天……

渡口:等待摆渡的心灵

午休时,我拿着刚刚收到的向日葵花种,准备到班里和学生一起将它种在门口的花盆里。

刚刚走进班级,我就看到几个女生将小志包围在中间,七嘴八舌地说道:"你太不负责任了!明明就是轮到你给生态角的小金鱼换水的!""你为什么不给小金鱼换水?就是你害死了我们的小金鱼!"小志涨红了脸:"我就不换,懒得换,怎么样?是它自己脆弱!"眼见几个女生的情绪越来越激动,我急忙过去"劝架"。

我安抚好女生的情绪,扭头对小志说:"小志,小金鱼也是一条生命,你……"没等我说完,平时沉默的小志突然握紧拳头盯着我:"老师,不就一条鱼嘛!真是小题大做!每天换水烦不烦!天天那么多人围着它!"我拉住他的胳膊,轻声让他随我到教室外,没想到他甩开了我的手,一把夺过旁边的鱼缸,满不在乎将鱼倒进了垃圾桶。此时,班里的空气好像都静止了,只听见树叶被风吹动的声音。

看着不以为然的小志,听着他言语间对生命的各种不在意,我的心一颤,仿佛自己和孩子正站在心灵的渡口,苦苦等待一艘可以摆渡的小船,寻找着心灵的出路……

摆渡：日渐成长的生命

我握紧了手中的向日葵花种，看了一眼墙角边的空花盆，然后将手掌摊开，把手中的种子递到他眼前："你敢不敢接受挑战？这是一包葵花籽，要么你吃掉，要么种下去让它变成新的生命！"

小志夺过我手里的瓜子，仰着头说："种就种！不就种向日葵吗？这有什么难的！"

窗外，风停了，云还未散。

放学时，我就候在办公室"守株待兔"。只见小志拖着步子迟疑地走过来："老师，我不知道怎么种，而且我没有工具，能不能……"我俯身拿出了工具，笑眯眯地递给他，并转身抽出了一本早就准备好的工具书："来，我们一起翻书查查看需要哪些工具，再看看怎样刨坑。哦，别忘了坑的深度呀！明天试试吧！"

第二天一早，小志就蹲在花盆前忙活着：刨小坑、丢种子、盖土块、浇清水。他转过身却发现我在身后，不好意思地笑了。我也笑了。

过了几天，刚走进教室，我就发现小志蹲在地上看着花盆。花盆里长出了一点点小嫩芽，它们耷拉着脑袋，浑身没有一点点精神。小志抬头，我笑着摸摸他的头："怎么了？"小志难为情地说："老师，芽没长好。"我拍拍他的肩："别沮丧，生命的初始着实不容易，你也察觉到了吧。我们一起来想办法。其实，我们班级有不少同学也对你的挑战感兴趣，他们可是做过功课的哦！你想不想听听他们的好主意呢？"小志的眼睛突然一亮。

下一个课间，我刚走到教室门口，就发现了小志忙碌的身影：他拿着一张纸，边问边记。有同学说要松土，他记下来；另一个说别忘记浇水，他记下来；还有同学说向日葵喜欢太阳，他也记下来……我笑了。

几天后的午休时间，小女生们围着花盆兴奋地叽叽喳喳。"哇！好可爱！""是呀，向日葵的小嫩芽绿绿的，真讨人喜欢！"……小志坐在座位上一言不发，我却从他按捺不住而悄悄挑起的唇角发现了他内心的不平静。我拢住他的肩膀，稍稍用力压了压，说道："是你的善良与责任，给了它展示生命的机会，你很棒！谢谢你！"

心灵的摆渡之舟已然起航。清风正柔，云朵悠悠。

不知不觉间，一周又过去了。一天，小志突然冲到我面前，拽着我的胳膊，迫不及待地往花盆那跑去。"老师快看！它们都长高了！"顺着小志的手指，我看到一股股蓬勃的生命力，在清晨的阳光下闪着微光。看着小志飞扬的眉眼和拽着我胳膊的手，我的眼睛有些发酸："是呀，每一个生命都应该得到茁壮成长的机会！你一定要照顾好它，这也是挑战。""没问题！"小志调皮地对我眨眨眼。

心灵的渡船正悠悠前行，虽慢，但航向不变……

在小志的精心照顾下，幼苗越长越高，细嫩的茎，柔柔的叶。

一场暴风雨不期而至，三株苗儿倒了两株。透过教室的窗户，我看见小志蹲在墙角，用手轻轻地将幼苗扶起，一松手，又倒了，倒了再扶……我走进去，轻轻拥住了他的肩膀。他猛一抬头，一颗泪水悄然滑落："老师，我已经很努力去救它了……"我揉揉他的脑袋："生命是宝贵的，你意识到了这一点，真好！"

心灵的渡船正遭遇风雨，虽痛，但航向坚定……

彼岸：由此及彼的成长

不知不觉，向日葵终于怒放了。金灿灿的颜色在阳光下是那么耀眼。小志站在向日葵旁，笑得比花儿还灿烂。

小志的向日葵种植获得成功，许多劳动小组都邀请他去介绍经验，他俨然是个"小名人"。但是，我却突然收到了一封来自他的道歉信："刘老师，我思量了好久，这些话我愿意说给你听。我，对不起那条小金鱼……"

心灵的渡船正劈波斩浪，彼岸虽远，但充满力量……

学期结束的那一天，我在办公桌面上看到了一本书——《摆渡人》。打开扉页，映入眼帘的清秀笔迹是那么暖、那么亮："如果命运是一条孤独的河流，那谁会是你的摆渡人？感谢您，我的摆渡人！您点了一盏心灯，为迷航的我指引了方向！谢谢您！——小志"

每一场相遇，都是一次摆渡，心怀温度，给学生以舟、以楫，让他们能够掀动未来人生中的波澜，搏击风雨，渡过人生之海。在摆渡的旅程中，让我们路为纸、地成册、行做笔、心当墨，与学生一起书写世间最美的奇迹。

（无锡市新吴区第一实验学校　刘晓丽）

"扭转乾坤"的舞台

教室里鸦雀无声,学生们聚精会神地倾听着。讲台上小戚正眉飞色舞地讲解着当今全球经济形势和近年来中国经济发展成就,俨然一位经济学家。配上精心制作的课件,图文并茂,甚至还穿插了小视频和动画,活泼有趣,为同学们展现了神奇多彩的金融世界。原本45分钟的班会课,小戚滔滔不绝地讲了足足一个小时。看着小戚自信得意的神情,同学们意犹未尽的样子,我抑制不住内心的欣喜,看来我的计谋"得逞"了。

初相识:斗智斗勇,一筹莫展

这节班会其实是我故意安排。事出有因,接手这个班级没多久我就心态崩溃了,"问题学生"年年有,今年似乎格外多。三天两头任课老师来告状,隔三岔五学生来举报,偶尔还被校领导"点名"。我感觉每天都跟打仗似的,跟这帮小鬼斗智斗勇。而小戚在这些"特立独行"的孩子中似乎有着绝对的影响力,其他同学都以他马首是瞻。他对待老师和课堂的态度决定了其他同学的状态。"擒贼先擒王",看来只有"拿下"小戚,才能"扭转乾坤"。经过几次"交锋"和多番观察,我发现,小戚聪明但不好学,知识面广但学而不专,自高自大却脆弱敏感。多次苦口婆心地规劝,威逼利诱地分析,结果总是"保温瓶一阵热",三天一过,"江山依旧"。怎样才能触动他呢?我感到一筹莫展。

巧设"局":利用兴趣,因材施教

有天课间,一群同学又围在了小戚身边。不同于往日的吵闹、哄笑,这次格外安静,每个人都以崇拜的眼神看着他。我心生好奇,便假装巡视,打探"情报"。原来是小戚在讲他的偶像。他唾沫星子横飞,把偶像吹成了神,同时对其他金融大亨巴菲特、比尔·盖茨、李嘉诚等也是如数家珍。谜底揭晓,原来小戚对金融如此感兴趣,而且颇有研究。看那得意劲儿,好像自己会成

育人故事

为第二个大亨似的。我顿时心生一计,何不因材施教,利用他的兴趣来刺激他努力学习呢?主意一定,于是我宣布这周班会课由他主持,为同学们分享金融知识和创业故事。

听到我这个决定,所有人都感觉匪夷所思。是啊,班会课一直是优等生或特长生的专场,什么时候轮得到调皮捣蛋、成绩倒数的小戚呢?连他自己都张大嘴巴,不敢相信,用疑惑的眼神看着我,直到我再次肯定地点头,他才将信将疑地接下了这个重任。

入佳境:展现自我,大放异彩

那几天小戚精心准备,格外投入,花了不少工夫。晚上挑灯写稿,白天抽空背稿,主动找我改稿,拉着同伴演练——大家从没见过如此认真的小戚。再加上是他得心应手的话题,于是就有了这节生动新奇的班会课,其他同学也大开眼界,对小戚刮目相看。

在热烈的掌声中,小戚对着全班同学和我深深地鞠了一躬。他的眼睛里充满光彩。我知道,他体会到了成功的喜悦和被认可的幸福。在最后的总结中,我走上讲台,双手搭在小戚的肩头,激动地说:"这节课,小戚是我们大家的老师。感谢他为我们打开了新世界的大门。今天他掌握了如此丰富的金融知识,对经济形势有自己的独特见解,将来他一定会成为商业新星,探索出新的创业道路,为中国的经济发展添砖加瓦。让我们再次以热烈的掌声感谢他的精彩演说,也预祝他早日实现自己的理想。"

共成长:眼里有光,心里有火

小戚走回座位,我依然没有宣布下课。环视全班,看到孩子们眼神中的好奇,我语重心长地说道:"同学们,今天我们不仅接触了新的知识领域,我们也重新认识了小戚同学。我们不能仅凭分数去评判一个人。人有无限的可能,让我们带着一双善于发现的眼睛,去挖掘别人身上的美。而每一个人都应竭尽所能,取长补短,发挥优势,用实际行动获得别人的尊重和认可……"我分明看到平时对小戚嗤之以鼻的孩子若有所思地低下了头,他们眼里有光,充满斗志。

课下,我又趁热打铁,走近小戚同学,点拨他说:"金融家从来都不是空想家,更不是天降奇才。你看到他们取得的巨大成功和财富,更要知道世间没有奇迹,只有努力。所以当下你要摆正态度,脚踏实地地学习,才有追求梦想的资格。送给你一个企业家说过的话——我相信只要永不放弃,我们一定会有机会的。我们还是坚信一点,这世界上只要有梦想,只要不断努力,只要不断学习就一定有出路。"看见小戚虔诚的模样,我知道这一次真正打动了他的心。

后来的日子,小戚终于埋下头来,耕耘他的"一亩三分地"了。其他追随他的学生也受其感染,不再寻衅挑事儿,故意找碴儿,努力克服不良习惯,尽力学习了。班里同学之间少了对立,比以前更加友好团结。

再回首:化堵为疏,创造舞台

每一个孩子都是一座宝库,我们必须比其他任何人都要相信他们可以更出色,我们更有责任去帮助他们认识自己,挖掘宝藏,发挥自己的潜能。我们不该对学习暂时差的学生心生厌烦,更不能全盘否定,而应化堵为疏,给他们舞台,还他们自尊与自信。如果我们不能多些耐心深入了解他们,多些智慧巧妙启发他们,多些方法切实指导他们,很可能就抹杀了他们的天分和信心。那将是多么可惜又可怕的事情啊。都说教师最光荣,是因为他们承担的责任最重。尤其是班主任,怎能不为了学生的成才成人殚精竭虑呢。

小戚同学的蜕变,让我既惊喜又惶恐。喜的是我的策略奏效,挽救了一个可能误入歧途的好孩子,也使班级管理变得井然有序;恐的是如果当初我错失了了解他的机会、教育他的契机,直接批评或惩罚,事态将会如何发展?要呵护一颗幼苗长成参天大树,需要的岂止是阳光和雨露,还要有除草和施肥。治愈一个"问题学生"不仅需要一次教育契机、一个教育策略,还需要持续的关爱和智慧。

德育不是空谈,它体现于时时、处处、事事。正是小戚的蜕变,让我越发感受到教育工作者的责任之重,难度之大。学生千千万,问题万万千,我们能否守住初心,保持教育情怀,善待每一个孩子,抓住每一次契机,创造更多奇迹呢?虽任重道远,但是,吾将上下而求索。

(泰州市口岸实验初级中学 李 佳)

我牵挂的女孩

这是我与她的故事。

我不愿称她为折翼的天使,因为这太过言重,她只是在自己命运的十字路口迷失了方向。如果可以,请允许我用第二人称来讲述这个故事,这个充满愧怍与羁绊的故事。

——题记

依稀记得,我们第一次见面的情形。那天,你穿着一件粉色的条纹短袖,坐在靠窗的一排,眯着眼冲我微笑,那种灵动的表情,像极了宫崎骏笔下的魔法少女。

你娟秀的字迹,洪亮的声音,挺拔的身姿,优异的成绩,都让别的同学望尘莫及。大家都喜欢你、崇拜你,而你总是谦虚地笑笑,不好意思地摇摇头。

不知你是否记得我第一次批评你是因为什么?当时的你紧蹙眉眸、低头不语,手中紧握着一张69分的数学试卷,任由我胡乱猜测你考砸的原因。你也知道,你正在走下那个自己塑造的神坛,因为连续的失败早已让你遍体鳞伤。同学们看你的眼神早已不再是崇拜,更多的是怀疑。渐渐地,你变得沉默。

"你怎么现在才来,我们都在等你啊!""是啊,怎么这么晚啊,马上要比赛了!"……周末,舞台剧赛前排演,你迟到了,其他同学对你抱怨起来。你想要解释些什么,但是话到嘴边又咽了下去。那时的你站在旁边负责旁白,嘴边残留着还没来得及擦掉的午餐油渍。排演间隙,你坐在角落,玩着手机。那时的我满脑子的剧本细节,我只是看着你,没有接近你。

沉默,沉默,沉默……你开始陷入无止境的沉默循环。我忍不住找到你,你凌乱的头发,无奈的眼神,依旧是低头不语。你靠在走廊的矮墙上,佝偻的身子微微向远离我的方向倾斜,我没有再问下去,只为了保护你仅剩的骄傲。

不知何时,你对墙有了依赖。你开始喜欢靠在墙上听课,靠在墙上写作业,靠在墙上思考,在你面前的课桌似乎成了摆设。你从不肯把手臂置于桌面,即使在我的强烈要求之下,也仅仅是把手腕搭在桌上。你不仅依赖教室的墙,也依赖走道的墙。你总是靠着走廊外侧的矮墙行走,怕妨碍到任何一个人。我奇怪于你的这些不自在,所以开始暗中观察。

随意丢放在脚边的书包,五六支散落在桌上的水笔,缺了封面、翘着角的书本……你,散落着头发,把头埋在这些杂乱中,专心地用笔在指甲周围画着黑圈圈,一圈两圈三圈……你的书上潦草地写满了自己的名字,除此以外没有任何笔记。偶尔喊你朗诵课文,你的声音小到极致……我想要找到你的一丝进步,哪怕一次默写全对,我也想给你无限的夸奖,可是你就像坠入了深渊,我抓都抓不住你。

你开始找各种理由不来学校,即便来了,也会想方设法不出操、不上公共课,甚至逃课。一次次逃离班级的你,可曾想过我焦急寻找你的身影?那天,我找遍了所有你可能去的办公室,为了保护你的自尊,我没有告诉任何人发生了什么,而你却选择了一间狭小的卫生隔间,在那一待就是一个小时……当我找到你的那一刻,你是否注意到我眼中焦急的泪水?

你也许不知道,私下里我和你母亲联系过多少次,我们如同侦探一样去推测你出现这些变化的原因——是因为二胎妹妹分散了父母对你的关注?是因为考试的连续失败而丧失了信心?……还有,我给你写的那封长信,你认真看了吗?还记得好几次与你在学校谈心到晚上七点,去过你家中看你,真不知你心里是如何看我,是否觉得我小题大做?但是善良的你不管自己有多么难过也要让我们安心,我实在忘不了你的那种故作坚强、强颜欢笑的表情,每次想起我都会红了眼眶。

当我们排除一切可能,得到的却是一个可怕的结果——重度抑郁,这个结果恰恰验证了你的种种变化。你说你总能看到大家对你的冷眼相待,所以你独来独往;你说你总能听见别人对你的侮辱谩骂,所以你无心学习……可是,这一切都不是真实的,你处在自己塑造的高墙里挣扎,幻视幻听,我们进不去,你也出不来。

后来,你暂时离开了学校,在家休养。那一段时间你总会和我打电话,说说最近的趣事,你滔滔不绝,判若两人。然而我知道,这一切都是药物的作

育人故事

用。你是否在电话那头听到我哽咽的声音？是否感受到我的心如刀绞？

如果可以，我一定会更早地观察你、了解你、靠近你；如果可以，我一定会在你无助孤独时给你一个温暖的拥抱；如果可以，我宁愿你不要那么优秀，不要那么善良；如果，一切能够重来该多好……

几个月后，剪了短发的你又回归班级，对我说要从头开始，你一有空就跑老师办公室去请教问题，查漏补缺，我每天都能看到你忙碌的身影。可是我又不愿你如此拼命，我担心你的情绪、担心你的身体。渐渐地，你的成绩有了起色，你离梦想又近了一步。

那年盛夏，你考上了一所普通高中，我知道你并不满意。毕业典礼那天，你带着小小的遗憾离开教室，头也没回，坚定地离开。我默默地看着你远去的背影，只愿你一切安好。那时的我在想，与你的"羁绊"也许就到此为止了。殊不知，第二年年初，你竟提着自家榨的芝麻油来学校看我，说要谢谢我。我看着你，你歪着头，害羞地冲我微笑，那种表情真的久违了。

之后的每个重要节日，我都会收到你的祝福语，每个寒暑假快结束的时候，你总会抽时间来学校看我。那一刻，我真的感受到了做老师最大的幸福，因为那个我牵挂的女孩，那个灵动的魔法少女真的又回来了。

（昆山市城北中学　曹斯旻）

一双会流泪的眼睛

"我祈祷拥有一颗透明的心灵,和会流泪的眼睛,给我再去相信的勇气……"每次听到这首《夜空中最亮的星》,我都会觉得"一双会流泪的眼睛"能折射出无尽的爱与善良。作为班主任,我一直在路上,坚定地去寻找并抚慰那一双又一双"会流泪的眼睛"。

在我第二年做班主任的时候,中途接班初三。班里有一位小王,人称"硬石头"。第一次上课,他那倔强且带着冷漠的眼神,让人觉得特别难以亲近。

某节体育课,小王上课违纪违规,被体育老师当堂训斥,引发了严重的师生矛盾。当我飞奔到操场的时候,小王满脸涨得通红,恨不得立马和体育老师干一架。为了防止事态恶化,我和体育老师简单沟通后,把小王带到了私谈的小房间。待他冷静后,我和他严肃地明确了事情的严重性及后果,并告知他要及时反思、真诚道歉。他木讷地说了一句"好",然后就转身离开了,带着冷漠和倔强。那一刻,我觉得我捉摸不透他的内心。

接着,初三寒假到了。假期里,小王依然沉迷手机游戏,经常和父亲闹情绪,甚至打架。正当我准备去他家家访的时候,我接到了小王父亲的电话。电话中,这位父亲各种指责小王的不听话。听着一个老父亲的哭诉,我安慰他说:"您先别生气,让小王接电话吧,我来跟他聊聊。"话音刚落,小王不屑地说:"事已至此,我还有解释的必要吗?"我忍住愤怒,语重心长地告知他初三寒假的重要性,希望他能端正态度。但是电话那头,只有小王木讷且倔强的"嗯""哦"……

父亲事后告诉我,就在我和小王通电话的时候,小王全程是斜着眼睛看他的。挂完电话,小王就疯了一般地质问父亲:"你们,除了批评和指责,有谁真心关心过我?"

听到父亲的痛心陈述,我的内心一下子变得很沉重!想到第一次的"倔强眼神",耳边反复回响着他那句"有谁真正关心过我",我不禁反思:这双倔强的眼睛,其实是缺乏爱啊!而我的教育从未触及他的内心!苏格拉底曾说,教育的本质是唤醒,是激发人的内心。那么如何唤醒学生?我从朱小蔓先生的《情感教育论》一书中找到了答案:以关怀为核心,以情感体验为载体,去激发学生情感,唤醒学生心灵。

我立刻找到小王的父亲。经过充分了解,我知道小王来自单亲家庭。父亲性格憨厚老实,很少关注孩子的情感,也不善于表达爱。我们通过深入沟通,达成共识:孩子内心缺爱,需要我们用爱去填满。

从小王父亲口中得知,再过几天就是小王的生日了。我觉得我可以做点事。

小王生日前,我安排学生给小王录制了祝福视频,同学们情感真挚。学生 A 在视频中这样说道:"小王,祝你生日快乐。虽然你平时倔了点,但是你十分仗义。经常能够听到你'仗义执言'的声音,看到你'挺身而出'的身影,你在我们的心中是一个小英雄!""小王,祝你生日快乐。虽然你课堂偶尔不安分,但是你很聪明,能很快理解一些比较难的知识点。如果你能勤奋一点,相信很快会有质的进步。加油!"

我也特地为小王准备了一个生日小礼物,是一个带锁的盒子以及一把钥匙,并附言:"小王,你虽然不善言辞,但你是个情感细腻的孩子。送个盒子给你,它叫'烦恼临时封锁盒'。希望它能帮你封锁住所有的坏情绪,拥有一颗从容的内心!"

之后,小王父亲告诉我,听到同学和老师的关心,小王的眼神变得很柔软,而且还带着光。事后,我还了解到,他经常在学习的时候,把手机锁在那个盒子里。我也抓紧趁热打铁,捕捉、发现小王的优点,然后在家长群的"一日之星"活动中极力表扬。

这次的以关怀为核心、以同辈文化为载体的情感初体验,有了初步的效果。美国科尔曼认为,学生同辈文化的影响可以左右教学效果,其影响有时甚至大于教师的影响。的确是这样,同伴的鼓励,让小王变得温柔了。而我的真诚关心,也极大地缓和了我们的师生关系。我送给他的"烦恼临时封锁盒",更开启了他情绪调控和情感自控的大门。这一刻,我觉得开始懂他了。

寒假过去,如期开学。小王看我的眼神柔软很多,我很欣喜。

很快,我们迎来感恩节。我觉得这是个很好的教育契机,我请父母们录制了视频,说说对孩子的情感。小王的父亲精心准备,每字每句,直击内心,令人动容:"宝贝,如果说世界上有我认为最宝贵的东西,那么就是拥有你。爸爸也是第一次做父亲,很多地方需要改进。感恩的是,你给足爸爸改进的时间和空间,还好一切都来得及。你这个阶段的成长和点滴进步,爸爸都帮你用相机记录了下来:这是你眼中带光的帅气,这是你带病学习的坚持,这是你熬灯夜战的勤奋,这是你……"

播放完这段视频之后,我悄悄地看向学生。我发现小王在角落里,正拿着面纸,悄悄擦拭眼睛。我很欣慰,因为倔强的"硬石头",开始慢慢懂得爱。

之后,小王的学习积极性明显有所提高。我顺势成立了"师徒小分队",制定了积极的奖励方案,通过表扬和认可,不断优化小王的学习方法和策略。

很快,中考的日子越来越近了。中考前几天,我定做了一个大蛋糕,并给每位学生准备了一封信,表达了我的期待和祝福。当天晚上,小王找到了我,低着头说:"谢谢您,老师。中考,我会加油的!另外,您记得每天吃润喉糖,您的喉咙又沙哑了……"那一刻,我眼睛湿润了。倔强的"硬石头",学会去爱别人了。

中考结束,小王如愿考上了心仪的高中。毕业典礼上,他给了我一个大大的拥抱。然后,拿出我送给他的盒子,真诚地说道:"老师,你寒假里送给我的'烦恼临时封锁盒',给我的心境带来很大变化,我会一直珍藏的……"这次,我看到他的眼睛竟然有点湿润了。我知道,倔强的"小石头",正在表达他的爱。我拍拍他的头,说道:"老师希望你永葆心中的爱,拥有再去相信的勇气!"

苏霍姆林斯基曾说:"我们应当了解孩子的长处和弱点,理解他的想法和内心感受,小心翼翼地去接触他的心灵。"此刻,我真正理解了这句话的深刻含义。我的教育,从一开始的本位到换位;从生硬的说教,到情感的体验;从单方面作战,到家校合力;从被动等待,到主动出击。这个转变的过程,是我和小王共成长的过程。作为班主任,应该善于捕捉或创造"触动孩子心灵"的教育契机,并以关怀为核心,以情感体验为途径,用真诚激发真诚,用善良唤醒善良,呵护孩子"一双会流泪的眼睛",激发他们的爱和勇气!

(常州市正衡中学 叶红梅)

孤零零的志愿

周二下午第二节课,年级部组织学生填报志愿。因为之前就进行了志愿填报的相关指导,也让学生和父母充分沟通过了,填写的过程还算顺畅,学生们很快写好了。我一句话简单作结:要想志愿不成为令你凄然的一厢情"愿",你得——"努力!"学生们齐声帮我补足。好样的,那么,加油吧!

第三节,没课,办公桌前,我一张张地翻看他们的志愿表,过滤可能存在的填写错误。

什么?看着眼前的那张志愿表,我怔住了!

那是一张仅填写了最上面一栏学校的志愿表。诚然,这是最好的公费四星级高中的统招栏,再下面的三星级高中、民办高中、职校等栏目都是空白。这是唯一的一张"独头志愿"表。

我知道,它的主人是一个基础不错,也极上进的女生。可报四星级高中的统招却还有一定的风险。我更知道,考试时稍微疏忽下,她就可能因为没填其他志愿而从此断了求学之路。抑或,她早已有了不念的打算,才给了自己一个唯一的"高度",给自己一个心安理得的退却理由?想到这,我突然多了份紧张和担心。

我把埋头看书的她带进了办公室。

"你填的?万一,我是说万一,当然老师不怀疑你的能力,可毕竟是一场考试,它会受心理素质、试卷难度、突发情况等多方面的影响,你这样是给自己加压还是?"

我说话的时候,她一直低着头,忧伤的表情在慢慢凝固。我突然想到她的家庭状况:她爸爸前两年去世了,后来妈妈也改嫁了。她似乎看出了我的难过,又或是一年的相处,她内心是信任我的。她缓缓抬起头,开始说道:"老师,这件事我没有告诉过其他人,我妈妈改嫁了,又生了一个小弟弟,就住在同一个村,相隔不到一里路。可她自从改嫁后就没有回来看过我,也不让我去看她。爸爸去世后,妈妈带走了爸爸厂里给的三万元钱,我一直住奶奶家,是大伯供我上学的……"说到这,她再也控制不住自己的情绪,泪水夺眶而出。一时间,我哑口无言。看着眼前这个孩子,好像确实比以前更清瘦了。

我让她坐下,拉着她的手对她说:"丫头,你的懂事让老师暖心。大伯肯定希望自己的侄女有一个好的前程,爸爸也一定希望自己的'小棉袄'将来能够独立,能够更好地生活。老师更希望你将来拥有更多的选择。老师也是来自农村的,深知读书对女孩子的人生是多么的重要,所以志愿不能不好好填!"

"我……我已经拖累了他们。大伯身体也不好……"

我看出了她的顾虑,还没等她说完,我迫不及待地告诉她:"你所感受的老师都能感受,不用怕,你还有我呢!如果能从我的工资当中拿出一部分,作为你的助学金,那老师的这个工资岂不是更有意义?"当我说到这里的时候,我看到眉头紧锁的她终于慢慢抬起了头,脸上的悲伤也在一点点散去。

我接着说:"志愿是肯定要填满的,不管是从心理上给自己的一个安慰,还是从保险的角度来说,老师都希望你把志愿填满。我们一起努力,用正确的、长远的目光去看待问题,好吗?"

她像是做了一个重要的决定,用力地点了点头。我知道她的想法正在一点点改变。

我问她:"你还记得之前老师查女生宿舍时给你们讲的那个故事吗?"

她一扫之前的阴霾,略带激动地回应我:"是灰姑娘的故事?"

我说:"对的!灰姑娘的故事,不同阶段去读会有不一样的感受。小学的时候,我们看重的是漂亮的衣服;再后来,我们看到的是灰姑娘命运的多舛;现在我们再看故事,就灰姑娘本身来讲,灰姑娘为什么能遇到白马王子呢?"我们相视一笑,异口同声地说道:"懂得珍惜,抓住机会。"

我认真地看着她,又继续说道:"中考就是我们人生重要的转折点,老师不希望你错失机会啊!"

看着我坚定的眼神,她终于说出了那句我最想听到的话:"老师,我填!"

接下来,她非常郑重地补全了中考志愿。我抬头看着窗外,心里的那块大石头终于落了下来!

后来的结果是我的工资并没有减少,因为这个孩子考上了她心仪的县内最好的公办四星级高中。再后来,我把她的情况跟她高中的领导说了。开学

不久,她高兴地给我打来电话,说:"老师,今天学校领导找我了,让我有困难可以找学校,他们会给我提供帮助……"最后,她一连跟我说了好几遍"谢谢"。那一刻,我彻底放心了;那一刻,我再次感到了自己的价值所在;那一刻,我情不自禁地笑了……

每年学生填报中考志愿的时候,我还是会想起这个女孩。每当我回忆起这段时光的时候,总觉得格外的温暖和美好。今年暑假,她还特意给我发来了她的照片。照片上的她笑得非常开心!

(射阳外国语学校　吉文婷)

集体教育

> 人的巨大的力量就在这里——觉得自己是在友好的集体里面。
>
> ——奥斯特洛夫斯基

> 每当我们给个人一种影响的时候,而这影响必定同时应当是给予集体的。
>
> ——马卡连柯

闪耀吧，劳动之星！

苏霍姆林斯基说："没有爱，就没有教育。"最初，我将这句话理解为教师要用一颗真心对待学生。但随着教龄的增长，我慢慢地明白，这教育中的"爱"，不仅是教师单向付出的爱，也是教师用自己的爱教会学生如何去爱：爱自己，爱别人。

初一下学期刚开学，我们班转来一个叫小琴的小姑娘，她来自外省的一个偏远乡村，单亲家庭。到班上报到时，小琴站在讲台的一角，头也不抬，一直看着脚，说话轻声轻语，还带着浓重的方言，非常内向。

为了让她尽快融入我们班这个大家庭，我特地安排了热情阳光的班长小红和她做同桌。可是，不到两周，问题就来了。

"老师，我不想和小琴做同桌了。英语课要求同桌合作对话，她声音特别小，像蚊子哼一样，而且讲的话我也听不懂，我的英语平时分因为她都快被扣光了！"班长小红一脸郁闷地站在我面前。我笑着说："你积极向上，我能理解，不过小琴刚来咱们班，还不适应，你是班长，是咱们班的'领头雁'哦，要多带带她嘛。""可是，她天天连个表情都没有，问她什么，都是回答'哦，好的'，我实在带不动啊，并且班上同学也不大喜欢她。"小红满脸无奈。

其实我也观察到，同学们确实不怎么愿意和小琴玩。可是如果连班长都不愿意和她做同桌，还会有谁愿意和她坐在一起呢？我只能先安抚小红，然后找来小琴谈话。看到小琴紧张的模样，我却欲言又止，最终只是和她聊了聊最近的学习，肯定了她的进步，顺带告诉她要和同学多交流。小琴却只是愣愣地点了点头。唉，怎么才能帮小琴扬起自信的风帆，让同学们悦纳她，让她能尽快融入我们这个大家庭呢？我苦苦思索着，努力寻找着契机。

一天放学后，我去班上检查卫生，发现教室里只剩下小琴一个人，她正拿着水壶浇花，浇完花后又去整理书架。我没有打扰她，只是悄悄地看着。次日，我故意迟走，又进班去看，发现教室里依然只剩小琴一人，她正蹲在地上拿着抹布吃力地擦着卫生角的墙壁。我走过去,小琴听到声音后扭头看到我,顿时脸红了。我表扬了她爱劳动、主动为班级服务的做法,她有些害羞地低下了头……这是多么善良勤劳的孩子啊!小琴专注劳动的模样在我脑海里久久挥之不去,让我内心不能平静。

第二天,我特意找来几个班委,对他们说:"今天放学迟点走,在办公室等我,然后我们一起检查一下班级卫生,看看班级环境还有哪些地方需要改善。"我特意叮嘱他们要轻手轻脚。

放学二十分钟后,我带着他们来到教室外。教室里,一个女孩正在给那些"年久失修"的书本包边。"小琴!"小红低声地惊呼了一声,几个班委面面相觑。

我示意他们不要发出声音,一起回到办公室。我笑着说:"今天的小琴和你们眼里的小琴是不是不太一样呢?你们几个是咱们班的班干部,是老师的小助手,也是同学们的榜样。你们平时是不是应该多关注、多帮助同学呀?"班长小红有些不好意思地说:"可她偷偷做好事,我们也不知道呀!"

"作为班委,不仅需要热心与积极性,更需要慧眼与慧心。我们一起来帮助小琴,好不好?"

"好的!可是我们应该怎样帮助她呢?"

"开动开动你们聪明的小脑筋。老师给你们个提示,可以跟咱们班一直开展的主题活动相结合呀!"

"劳动之星!"劳动委员小陈脱口而出。

是的,我们班重视劳动,开展劳动教育已经很长时间了。每月"劳动之星"的评比已成固定活动。小陈接着说:"咱们几个以后多关注小琴,如果她悄悄劳动了,为班集体服务了,我们就记在'劳动之星'本上。"几个班委一致赞同。

接下来的日子里,"劳动之星"本上的记录中,小琴的名字高频出现:"今天,小琴把教室后面的落叶清扫了。""今天吃过午餐后,地上的油迹是小琴去收拾的。""今天下大雨,小琴去车棚摆车子,裤脚都湿了。"……随着记录越来越多,几个班委对小琴的看法也发生了变化。班长小红经常和小琴练习英语对话,几个班委也经常围在小琴身边聊天……我看在眼里,喜在心上。

又到了每月一次的"劳动之星"评选大会,孩子们照常推荐自己心目中的

"劳动之星"。几个班委纷纷举手讲述小琴劳动的事情。等他们讲述完毕,我向大家展示了"劳动之星"本上的记录,以及我悄悄拍下的小琴劳动时的照片。毫无疑问,小琴当选当月的"劳动之星"。我笑着邀请她上台,她眼圈湿润,脸色涨红,最后挤出了个笑脸……

我为她佩戴"劳动之星"徽章。班会尾声,我和学生们说:"劳动是一切幸福的源泉,大家要以'劳动之星'小琴为榜样,体会劳动的乐趣,体会服务集体的幸福。我宣布,下周开展'我为集体做贡献'活动,由班长小红和小琴共同负责。"下课后,同学们对小琴的态度都有了明显改变,一群同学围在她身边聊天,小琴的脸上也浮现出了发自内心的笑容。

接下来的各项劳动教育活动,我都让小琴和其他"劳动之星"们共同负责。理由是:你们是"劳动之星",要让大家"借"你们的"光",一起闪闪发亮!在"劳动之星"们的引领下,我们班陆续开展了"劳动金点子""技能大比拼""我和家长共劳动"等活动,班级的劳动教育开展得如火如荼。

劳动光荣,劳动者快乐!学生们的劳动热情不断高涨起来,不仅养成了良好的劳动品质,而且让班级劳动教育从学校走向了家庭和社区,从个人走向了集体。而原本内向的小琴呢,也变得爱笑了,开朗了。看,她正带领着几个同学在社区进行劳动知识宣传呢。作为班主任,看到孩子们的成长,欣慰之情溢满心头。

习近平总书记说:"教师不能只做传授书本知识的教书匠,而要成为塑造学生品格、品行、品味的'大先生'。"教育应该充满爱,教师也应该富有智慧,主动发现孩子身上的闪光点,激发他们的潜能,发挥班集体的力量,让每个孩子抬起头走路。把真善美的种子播撒到学生心间,是我作为班主任最大的心愿。

(南京市浦口区第三中学　魏　倩)

一次"成功"的校园合唱比赛

转眼间,校园合唱比赛的日子就要到了。暑期的军训会演让这些刚刚进入初一的孩子们初尝胜利的喜悦,因此对这次比赛他们早已跃跃欲试。为了选择合适的歌曲,大家用了一整节班会课的时间商量讨论,最终确定了《真心英雄》和《让世界充满爱》这两首耳熟能详的曲目。

周三的中午,是第一次合唱训练时间,我热情高涨地走进教室,却见到孩子们写作业的写作业,聊天的聊天,哪有之前备赛时的激情?我心里有些不满,用手势示意电教员打开投影。一切就绪后,我面无表情地环顾四周,本以为刚才这一"无声的抗议"会引起他们的关注,谁知这些孩子居然没有丝毫的反应,仍旧"忘我"地做着各自的事情。见此情景,我略微失望地说道:"请各位同学将歌词拿出来,做好训练准备。"听到这话,他们开始收拾桌子,到处找歌词。我心里嘀咕:你们之前不是热情挺高的吗?怎么这会儿一副提不起劲儿的样子呢?

谁知,更让我失望的事情还在后头。只听得一声"报告",男生小陆大汗淋漓地站在教室门口,衣服上几道脏痕,一看就是刚打过篮球。"已经响过铃了,你不知道今天要合唱训练吗?"我生气地质问。"知道啊。""知道为什么还迟到?""不是已经会唱了嘛。"他一脸无所谓的表情。"什么?会唱了?全班一起唱都没问题了?"我问道。"是啊,是会唱啊。""选歌的时候不就是选的大家都会唱的嘛。"……学生你一言我一语地议论着。他们不以为然的态度让我非常不满:会唱?会唱就会得奖吗?你们还真是想当然啊!想到这里,我对着全班学生说道:"既然你们都认为自己会了,我们就不着急排练了,下面的时间大家自习吧。"说完,我坐在一旁改起了作业。

改着改着,我的"火气"也熄灭了,不再纠结于他们漫不经心的态度,而是做起了"复盘"。他们自认为选择了两首简单的歌曲就不需要练习,殊不知一人会唱不难,几十个人要想唱得整齐,唱出班级特色,不经过"打磨"怎能出彩？这些孩子不深入了解比赛要求，盲目自信，这是什么？这叫自负。当然，如果现在我和他们说这些道理，他们也会练起来，但如果让他们经历一番或许会有不一样的体验。

接下来的日子，我不再催促他们训练，可是耳边不时传来的阵阵手鼓声和歌声，多多少少让孩子们有些坐立不安了。一个星期后，文艺委员和班长小心翼翼地来找我，说："老师，（6）班也在唱《真心英雄》，他们不仅唱得有气势，还有手鼓表演呢。"

"哦，那挺好的啊。"我故作淡定地回答。

"可是，我们好像一次都还没有排练呢，这样怎么赢啊。"

"你们不是都会唱了吗？"

"可是全班还没有一起唱过啊！"班长急了，接着说道，"老班，大家下课后商量了一下，觉得我们之前太轻敌了，所以派我们两个作为代表来请您出山。"

听了这话，我不禁为他们的集体荣誉感和责任心感到高兴，回答道："好，既然你们觉得需要练，又这么有集体荣誉感，咱们明天中午准时开始。"

第二天中午，我提前了十分钟进班，却发现大家已经做好了准备。果然，主动和被动就是不一样。一切就绪，开始排练。不唱不知道，一唱吓一跳，有的学生处在变声期，有的还是童音，高音低音参差不齐，一和声那效果简直"不堪入耳"；还有的学生歌词记不全，只会跟在后面哼哼几句……暴露出的种种问题犹如一盆冷水泼下来，让他们从头凉到脚。经过几天"不理想"的训练，大家的信心被消磨得所剩无几。连那天一脸无所谓的小陆也垂头丧气道："唉，这次肯定没戏了！说不定初赛就被淘汰了。""干脆别比了，反正都是输！"……孩子们你一言我一语，越说越没精神。

眼见他们从一个极端走向另一个极端，趁着大伙儿休息的机会，我对他们缓缓说道："大家还记得第一次训练吗？当时的你们信心十足，还未排练便觉得稳操胜券，这是一种自信。但是，如果这种自信没有实力作为基础，它就有了另一个名字——自负，也就是你们所说的'轻敌'。练习后发现原本十拿九稳的事，突然存在这么多的缺陷，没有事实依据的信心仿佛空中楼阁一样，一推就倒，倒塌的结果就是你们现在的状态——自卑。我想我们现在所要做的，就是调整好心态，正确分析自己的优势和劣势，重新搭建起信心的支架，这样才有可能取胜！"

在接下来的时间里,我们共同讨论、分析本班在合唱方面的优缺点,制订改进方案。经过紧张的排练,我们顺利晋级复赛。看到这个成绩,学生们的自信之火又被重新点燃!在后面的训练中,大家不再纠结于"输了怎么办""别人怎么唱",而是聚焦在我们即将完成的比赛曲目上,不断打磨、完善。

比赛开始了,伴随着音乐声,幕布徐徐拉开,烛火在学生手中微微跳动,安静的观众席上顿时响起阵阵惊叹之声,灯光师也非常配合地打了一束柔和的光线。这一切出乎大家的意料,学生们也在惊喜之余多了一丝紧张,结果和声部分发挥失常。

最终,这次比赛我们班获得了二等奖。虽然与一等奖失之交臂,但遗憾也是一种财富,在比赛后的周记中,学生们这样写道:"之前准备不足,临时抱佛脚果然没有用。""我觉得我以后做什么事都要有信心!不是相信自己得第一,而是相信自己有勇气去面对未知的挑战!""这次虽然没有拿到第一,但我们不会一蹶不振,相信下次一定能做得更好!"……

是的,"第一"的荣誉固然重要,但学生的亲身感悟更弥足珍贵,失去了独自寻找和体验自信的过程,就算我亲自上阵让他们获得冠军,他们也未必能体会到什么是真正的自信。比起喋喋不休的说教,我们更应该鼓励和发掘孩子们自我成长的愿望和潜在的力量!

(南京市第五十中学　汪晓薇)

红色棒球帽

新学期报到，教务处通知我班里转来了一位"特殊"的学生。他高高的、壮壮的，戴了一顶别致的红色棒球帽，帽檐压得长长的、低低的。我不禁有点好奇。我以为他戴帽子不是摆酷，就是他在陌生环境下的一种自我保护，也自然地根据身高将他安排在了最后一排。

开学第一天，他依然戴了那顶帽子，然后第二天依然如此，第三天也是如此……看来他并没有打算摘掉帽子，而帽子也似乎成了他的标志物。

然而，问题来了。学生上课、升旗、出操是不允许戴帽子的，而他却明目张胆地戴着帽子，而且是显眼的红色棒球帽，显得"鹤立鸡群"。班长有意见，同学很生气，我也很难办。在班长劝说无果的情况下，我决定亲自找"棒球帽"谈谈，希望他能主动摘掉棒球帽，而"棒球帽"只冷冷地回答我："我不能摘！就是不能摘！"除了这几个字，他没给我任何合理的解释。

家长是班主任的同盟军，于是，我向他的父母求助。然而，他的父母也保持沉默！问了半天，他们只是说不知道具体情况，帽子是他自己买的。经过动员，父母终于道出了实情：他从五年级起开始脱发，目前有秃顶迹象，进入青春期以后，随着对外貌越来越关注，他越来越不愿意接受自己的形象，便戴起了帽子，在家里也是不摘掉的，而且也不让父母跟别人说。

出于对孩子自尊心的保护，我做了暂时的妥协，没有强制他脱帽，也一直在寻找帮他战胜内心的机会。

问题还没有解决，矛盾居然出现了！很快学校合唱比赛就到了，我们和所有班级一样，如火如荼地准备着比赛，练歌、排队形、设计动作，"棒球帽"也积极参与其中，而且排在最后一排最中间的重要位置。然而，在与全班同学研究比赛方案时，我突然愣住了，因为比赛规定：各班级服装要统一，精神要饱满！而他独一无二的棒球帽，分明成了班级里不和谐的一个因素！全班同学都一致要求他摘掉帽子，可他坚决不肯。

此刻我陷入了两难境地:作为班级工作的组织者,我必须以集体利益为重;可作为学生精神的关怀者,我又怎能肆意伤害一个活生生的个体呢?更何况,他才刚加入我们班级不久,这份伤害会更加深刻!我不停地拷问自己,更在拷问自己的职业良知。我究竟该如何选择:保集体、舍个体?还是为了个体,牺牲集体的荣誉?

舆论压力越来越大,"棒球帽"始终压低帽檐,低头不语。班长看我迟迟不做决定,知道我有难处,便组织大家讨论,再寻方案。"他不摘,我们戴,也是统一着装呀!"于是,有学生建议我们全班都戴上棒球帽。这个提议一下子就通过了!班委们着手组织,用班级代办费购买了42顶和他一样款式和颜色的棒球帽,其中还包括他一顶。

大合唱比赛时,我们班服装统一别致,精神饱满振奋,我担任指挥,全班高歌一曲,勇夺第一。

下台之后,学生们纷纷摘下了头上的帽子,激动地谈论着刚刚的演唱。令人惊讶的时是,他居然也摘掉了帽子。他对着全班同学说:"你们能为了我戴上这顶帽子,我也愿意为了融入这个集体而摘掉它!"那一刻,同学们停止了对他头发的各种猜测,瞬间爆发出更加热烈的掌声!这掌声是送给他的,更是欢迎他的。

哲学家说,山不过来,我就过去。现在,我们过去了,山也"过来"了。这是理解的力量,是包容的力量,是团结的力量!42顶红色棒球帽,不仅仅帮助了一个青春期的少年,更是用最平凡的方式教会了学生爱与尊重。

(南京市致远初级中学　沈　磊)

"迟到"的祝福

在我桌面的玻璃下,一直夹着一张贺卡,光洁细腻的纸面、稚气未脱的字迹,每次看见它,仿佛就看见小男孩纯真羞怯的脸庞……这是一份"迟到"的祝福,藏着一个美好的故事。

那是一个烦闷燥热的午后,面对着班长送来的检查反馈表,我气不打一处来。中午检查时,小辰没戴校牌,德育主任批评了几句,他还狡辩。"这孩子怎么回事?昨天没戴,今天又没戴,明天是不是还不戴?哎,努力争取了一个月的流动红旗因为他又要泡汤了!"

"报告!"清脆的声音打断了我内心的抱怨。抬头一看,正是小辰。"进来!"我强忍心中怒火,没好气地说。"老班,我……"小辰笑眯眯地开口了。"你来得正是时候!你的校牌呢?"没等他说完,我直接把反馈表拍到了他面前。小辰不好意思地说:"老班,我带了,只不过放在口袋里了。""放口袋?我早强调过,是佩戴,不是携带!""老班,我……""'我'什么?"看他还想争辩,我愈加气愤,从他的校牌说到态度,又从仪容仪表说到学习。

我严厉的表情和语气让小辰的笑容慢慢地消失了,只见他皱起眉、抿着嘴,渐渐低下了头。我这才说:"去吧!下不为例!"小辰的嘴角微微动了一下,但什么都没说,怏怏地离开了。

下班后,手机跳出了一条信息。语文老师留言:"小王老师,生日快乐!""谢谢石老师!您怎么知道今天是我生日啊?""哈哈,我看到小辰给你写的贺卡啦。想不到,那孩子还会给老师送祝福!你好幸福哦!"

顿时,我愣住了。原来小辰是来给我送贺卡的!他带着满心的祝福与喜悦想为老师送上生日礼物,却被我一通批评,连个开口的机会都没有。唉!我太急躁了。

小辰是上学期转来我班的,比较粗心,也不善交流。一段时间以来,我想方设法帮助他,常常和他交流谈心,鼓励他参加班级活动;为他安排了一位热情友善的同桌,鼓励同学们帮助他;和其他任课老师商量多关注他,给他一些展示的平台。渐渐地,他融入了班集体,偶尔还会主动找我说说话,关系亲近了很多。今天他确实犯了错,但是我不分青红皂白的批评会不会把他好不容易打开的心门重新关上?得赶紧补救才行。

第二天大课间结束,我邀请小辰陪我去操场散步。

看着他低垂的脸,我尽量放柔语气,说:"今天的校牌戴得很好啊!""嗯。""今天到校比昨天晚哦!""嗯。""早饭吃了吗?""嗯。"三个"嗯"字让我感到小辰的疏远。

不能绕弯了!我真诚地说:"小辰,很抱歉,老师昨天的态度很不好。"他猛地抬起头,惊讶地看着我。

"你犯了错,应该要批评,但是我没有给你解释的机会,不分青红皂白地责备你,我的态度也有问题。"听到我这么说,他的脸上露出了一丝微笑,小声说:"没关系。""谢谢你的包容,昨天你还想说什么的?""老班,其实昨天我一直戴着校牌,只是上体育课时我把它拿下来之后就忘记了。"他解释道。"那下次要记得及时戴好哦!"我顺势提醒。小辰郑重地点点头,说:"好!"看着他坦然直视着我的黑亮的眼睛,我心里的石头终于落了地。

午后,我的桌上静静地躺着一张贺卡,写着:老班,生日快乐!看着这份"迟来"的祝福,我知道小辰原谅了我。我的诚恳、善意,收获了最真最美的感情,这是教师职业独有的幸福。但不辜负这份感情,不更是我们的责任吗?回想起这件事的前前后后,我决定好好上一节关于沟通的班会课。

班会课上,在征得小辰同意的基础上,我利用情景剧再现了这个故事,并请学生们说说对此事的看法。

小媛说:"初中生要关注自己的仪容仪表。"

小安说:"老班知错能改,好样的。"

我顺势说:"感谢小安的表扬。确实,事后我反思和小辰谈话时,我负面情绪很多,沟通效果很差。当我们控制不住情绪时,该怎么办呢?"经过一番讨论,大家决定在班级设立一个特殊岗位——情绪提醒员,在必要的时候提醒大家控制情绪。那么谁来承担这个重任呢?大家一致推荐小辰。我担心小辰不会同意,但出人意料的是,小辰表示可以试试。"不过如果大家每次在发脾气前,能先深呼吸几次,那么我可能就不会太忙啦!""哈哈……"

在大家的欢笑声中,我又问道:"同学们,关于德育主任和小辰的谈话,你们有什么想法吗?"小夕说:"德育主任批评小辰时,如果小辰能好好解释,及时戴上校牌,也许就不会扣分了。"我说:"小夕说得好。老班刚开始态度不好,沟通效果差,自己生气,也差一点错失了一个祝福。后来做了改变,祝福就回来啦!可见,沟通的态度影响着沟通的效果。"

小乐突然提问:"老班,我现在正和妈妈闹别扭,我想道歉,但又不好意思,你说我该怎么办?""小乐这个问题提的好,大家有什么好办法?"同学们思考着。突然,班长站起来说:"我遇到过这种情况,当时我给妈妈写了一封道歉信。"我赞叹道:"班长这个办法真是太妙了,向她学习,书信是一种很好的沟通方式。我建议我们班也设立一个信箱,同学们可以通过它来和老班说说心里话,好吗?""好!"最后,我总结道:"同学们,学会沟通是我们人生的必修课。关于它,你还有什么疑问吗?欢迎大家与我交流,面谈或者写信都行哦。"

我一直珍藏着这张贺卡,它是一份祝福,也是一次警醒,它告诉我:教师的关爱是沟通的温暖底色,用心倾听是良好沟通的前提,真诚交流是良好沟通的保证,灵活的形式则会提升沟通的质量。班主任是成人世界派往儿童世界的全权大使,只有做到"以人育人,以心育心",才能实现"教学相长,品德共进",真正成为学生全面发展的引路人!

(丹阳市第九中学　王才花)

美丽的"蝴蝶效应"

在2020年的东京奥运会开幕式上,有一支特殊的代表队让我们印象深刻——难民代表队。他们的出现是向世界传递希望,传递和平,而这不禁让我想起了一直珍藏在心底的那次班级活动……

2016年的一节课上,有学生分享了一则奥运新闻,内容是2016年里约奥运会上将首次出现难民代表队。出乎意料的是,同学们对这则新闻的反响并不热烈。此后很长一段时间,我都在思考:该如何去培养懂得关爱他人命运、勇担社会责任的孩子呢?

为了让孩子们更加了解难民问题,一次主题为"国际难民问题"的模拟联合国活动正式开始酝酿。对于这一活动,学生们充满了激情。在以抽签的方式确定了各自所代表的国家后,学生们便开始以代表国为单位对每个参会国家的背景进行调研,并撰写符合代表国真实立场的文件。那一周,我常常看到他们课后聚在一起交换资料,互相勉励,有的学生一大早便拿着稿子请语文老师、历史老师帮忙修改,而我也常常帮他们改稿子改到半夜。在乐此不疲的准备工作中,我发现他们对于难民问题的研究和理解越来越深刻。例如:他们了解到难民产生的原因除了战争之外,还可能是自然灾害和政治因素;很多国家不愿意接纳难民并不是因为没有国际责任感,很可能是因为本国的地域位置和国内的经济窘境……

按照要求,会议正式召开的前三天,各国代表要将立场文件张贴在教室的布告栏供大家查阅,否则将被视为放弃参会资格。一大早,我和平时一样走进教室,班级瞬间安静了下来,前排学生示意我向后看。我定睛一瞧,原来在教室后方的布告栏上已整整齐齐地张贴了14个参会国的立场文件,无一缺漏。我充满惊喜地感慨道:"你们做的这一切让我非常感动。作为大会主席,我宣布14个国家都有参会资格,三天后我们将如期召开此次大会。"讲台下的学生们激动得鼓起了掌。

育人故事

三天后,主题为"国际难民问题"的模拟联合国会议召开了。在各国演讲环节,"中国代表"第一个走上讲台。小松富有激情的演讲瞬间点燃了会场,他以中国代表的身份表达了对于国际难民问题的关注和重视。在此次大会上,他获得了"最佳风采奖"。会后,小松告诉我:"老师,我努力学习,也确实准备留学,但这都是为了以后我能让更多人,乃至世界听到中国的'声音'。"

在自由磋商环节,立场和意见相似的"国家代表"可以离开座位寻找同盟、达成共识,教室内一片热火朝天。而此时,"利比亚代表"小晨在座位上坐立不安,他似乎有些害怕又有些落寞,因为其他各国代表更加愿意围绕在美国等发达国家周围。在人群中,他捕捉到了我的视线。我主动上前表示关心,他小声嘀咕道:"老师,今天我是一名孤独的外交官,我真正感受到了'弱国无外交'的深刻内涵,祖国的强大才是外交官的底气。"我摸摸他的头,鼓励他:"去听一听吧,也许会有不一样的收获呢。"

大会最后,全体参会人员投票表决通过了一份"成员国"起草的决议草案,囊括了本次大会对于解决国际难民问题的建议,如难民安置、人道主义援助等。会后,平时一向闹腾的小曹一路跟着我回到办公室。他提出还想再看看刚才这份决议草案,我欣然应允。他一边翻阅,一边很严肃地问我:"老师,这份决议草案里的建议有机会变成现实吗?"我考虑了一会儿后,将当天会议的决议草案纸质稿送给了他,并告诉他:"如果你觉得这项工作有意义,你可以继续努力,也许有一天,你会站在真正的联合国舞台上为这些难民发声。"

距离这次特殊的班级活动已经过去五年了,我与这些已经毕业的孩子们一直保持着愉快的联系,而那次活动泛起的涟漪也在多年后不断给我震撼。

两年后的一天,QQ上熟悉的弹窗亮起,原来是小曹。他向我报喜,当年的那次活动给他埋下了"模联"的种子,他在高中阶段通过自己的不断努力成功入选了哈佛模联项目,更大的舞台正在等待着他。

2020年突发的新冠肺炎疫情造成国内口罩告急,当年的几个孩子恰好从法国游学归来,他们将在国外辛苦采购的47只N95口罩全部捐给了市第一医院,医院送来了感谢信,赤子之心令我动容。

2020年的东京奥运会开幕式结束后,意想不到的是,当年的"利比亚代表"小晨给我打来电话,他和我聊起:"老师,你知道吗?本届奥运会上难民代表队人数从2016年的10人变成了29人,难民代表团的服装是由中国企业赞助的。"他又说:"老师,还记得那次模拟联合国会议吗?那次会后,我突然发现除了学习,还有很多事情有意义,还有许多人需要帮助……"

  我从未想过,一个看似微不足道的教育行动如蝴蝶效应一般产生了这么多影响,也让我自己记了这么多年。在人类命运共同体的美好愿景下,人类命运紧密相连,难民问题会因我们的关注而多一份希望。我们在教育行动中发现一颗种子,找到一个契机,并保持持续的关注,时间便会给我们答案。

(南京外国语学校 赵思曦)

用爱成就未来

去年秋天,在连续送走了两届毕业班之后,我又接手了一个新的毕业班,于是和小文有了师生的缘分。

小文是一个高大朴实的男孩,是各科老师眼中的优等生,也是我认定的品学兼优的班长。他乐于助人,尊重师长,各方面表现都非常优秀,只是总喜欢一个人躲在角落里看书,不太和同学交往,显得有点孤傲。

我开始了新学期的家访工作,班里那些淘气顽劣的孩子家我都去了个遍。隐约听说小文家庭条件不是特别好,但是他自觉、担当、负责的样子,非常让人放心。我想处理完手头棘手的事之后再到他家去也不迟。直到那天,我才知道他表现出的坚强其实都是伪装的。

那天下午,我正在办公室里批改作业,一个男生突然推开办公室门大喊:"老师,快去看看吧,小文在教室里撕试卷呢!"我赶紧放下手里的工作,冲进教室。撕碎的试卷撒得满地都是,如同太阳下的反光镜一样刺眼。小文被几个同学围在中间,但他依旧咆哮着用拳头猛砸自己的脑袋。同学们的安慰劝阻没能拦住他,他不停地撕扯着自己的头发,发出嚎叫声。

我呆住了,这是我第一次见到他如此失态。随即,我跑过去紧紧抱住小文,使劲儿搂住他的双臂对他说:"孩子,我来了!不管发生什么事,我们一起面对,我陪着你!"

渐渐地,他不再挣扎,反而挣开双臂搂住了我的肩膀。他终于释放了自己,号啕大哭……

后来我们去了操场,我什么都没问,只是挽着小文的手臂陪着他静静地走,直到他主动向我敞开心扉。我至今还记得他的第一句话:"老师,我从来不知道被妈妈抱是什么感觉。"我的眼泪一瞬间就涌了出来。

之后,我才知道在他两岁时妈妈就去世了。

那个傍晚我们聊了很多。原来小文那次考试成绩不理想,自我感觉离心目中最好的高中录取分数相距甚远,内心很焦虑,而这时奶奶的胃病又犯了,他非常着急,给在外打工的爸爸打电话,爸爸却说没时间回来。他不知道该怎么办,也不知道该向谁求助,情绪失控之下就撕了自己的试卷。

当天晚上我陪着小文一起回家。他的家就在学校附近的城中村,一间没有窗户的屋子,一张床靠着衣柜,一个搭着旧布的双人沙发和一个小茶几,周边放着几只高矮不一的小板凳,旁边还有一张不大的桌子,那应该是小文在家学习的地方。厨房设在屋外搭的一个小棚子里。奶奶躺在床上,用不太流利的方言给我介绍家里的情况:小文的妈妈早年因车祸去世,爸爸常年在外打工,爷爷三年前病逝,她还患有慢性病,家里日常开销主要靠国家低保和爸爸打工、奶奶捡破烂的微薄收入支撑。奶奶抹着眼泪对我说:"老师,我今年73岁了,身体也不好,不知道能陪小文到哪一天。"

我的眼泪也下来了,心疼面前这位老人,更心疼小文。我把装着钱的信封悄悄塞进带来的水果袋里交给老人,请她放心,我在学校一定会好好照顾小文。

回去后,我拨通了小文爸爸的电话,告诉他小文是多么懂事多么优秀,又是多么的艰难和无助,希望他有空常常回家,看看老人,陪陪孩子。

我深深地懊悔,为什么没能早一点了解他憨厚表象下的艰难困窘。他还只是一个孩子,不该承受如此巨大的生活压力。我不敢深想,再这样压抑、憋屈下去,他的心理会不会扭曲,人格会不会分裂?我一定要通过自己的努力让他感受温暖和希望,感受人间值得、未来可期!

这件事情以后,我在最短时间内把全班学生的家庭全部走访了一遍,深入了解他们的家庭状况,和家长们建立起了密切的联系,为包括小文在内的几位困难学生申请了助学金。

为了营造团结、友爱、正能量的班级氛围,我带领班委会举办集体生日会;陪孩子们一起读书;组织"我的梦想""青春的滋味"等主题班会,和孩子们一起看红色电影、唱励志歌曲;我发动任课老师在班级给孩子们加油点赞,在家长群里表扬他们一点一滴的进步;我发动家长在家每天拥抱孩子,为孩子们录制点赞视频。

在"逆境中成长"的主题班会上,我引导学生们讨论:人生的起点自己无法把握,但人生的终点却由自己决定;每个人都会遭遇逆境,能通过努力改变命运才是真正的英雄！

我安排理科成绩特别好的小文每天给全班讲10分钟的错题。孩子们下课也经常追着他问问题，这使得小文心情愉快，颇有成就感。慢慢地，我发现那个喜欢一个人躲在角落看书的小文，会经常和同学们讨论问题，有时会争得面红耳赤，但脸上分明比以往更多了些笑容。

转眼间又到了中考季，我怀着愉悦又难舍的心情目送他们走入考场。有人说，父母所有的爱都是为了目送孩子离开，教师对学生的爱不也是如此吗？

六月的一个晚上，我接到了小文打来的电话，说他终于如愿考上了理想的中学。"老师，下次见到您，我要抱抱您……"他在电话那头哽咽着说出了这句话，而我的眼泪早已滑落下来……

新生报到那天，他发来了一张他在高中大门旁手持录取通知书的照片。看着照片，我笑了，眼泪抑制不住地又流了下来……

（徐州市新元中学　高　洁）

青春期教育

　　问题是生命中的常态,失去了问题,人也就失去了对本能的超越。作为教师,我们应该和孩子站在一起,打败问题,而不是与问题站在一起打败孩子。

　　　　　　　——韦碧莹(苏州高新区第一初级中学校)

　　开花的,就赞他花苞美丽;只是长得苍翠的,就欣赏他的绿荫。何必要每一棵树苗都繁花似锦,须知白杨树也自有礼赞!

　　　　　　　——石峰(泰州市第一外国语学校)

一朵小红花

"老师,这是送你的生日礼物。以后每一年都送一朵花给你哦。"说这话的是我们班并不受大家欢迎的一个男生,偏偏他比较喜爱和我交谈。用他的话说,我比较懂他。

第一次见他,是七年级刚入学时,我让全班学生自主报名提前到学校打扫教室、绘制黑板报。那天上午,我一进教室,一个散发着阳光气息的男生跟我打招呼:"老师好,我们已经开始分工打扫教室啦!"看着他表现得如此礼貌、懂事,我真诚地表扬了他,但他却边扫地边说道:"等到真正开始学习的时候,估计你就要嫌弃我了,哈哈哈……"这似乎成了"咒语",在以后每一天的学习生活中都应验了。

开学后的他,课上走神、作业少做、默写不过关是常态,他的表现令所有教师感到头痛。在我将他的在校学习状态反馈给他家长后,他的爸爸十分着急,仓促地将孩子的问题归结于专注力不够,直接带孩子去专注力管理中心矫正专注力,认为只要专注力提升了,学习效率就提高了。但这次矫正并没有让他在专注力方面有所改善,反倒是让他出现了一些新的问题。课间,他经常会将自己的书本扔进垃圾桶,课堂上直接闷头睡觉。

回想孩子的种种表现,我觉得孩子可能处于青春叛逆期。结合青春期孩子的心理特点,我认为教师要有耐心,要晓之以理、动之以情,用心感化孩子。于是,我主动找到他,想听听他的内心想法。他却自怨自艾,把自己封锁在一个密闭空间里,不愿任何人打扰——包括我。我这才发觉,调皮捣蛋、强硬、不听管束原是他的"保护色"。于是,我开始关注他的想法和意见,尝试在轻松的氛围中与他交谈。渐渐地,我能感受到他的变化,他逐渐敞开心扉,学习状态也改善了。

在我以为一切都往好的方向发展时,却发生了一件让我意想不到的事——一次阶段测验中,他竟然交了白卷。当我拿着零分的试卷去问他原因时,他只是轻蔑地冷笑道:"我就是要气死他!"回家之后,他的爸爸非常愤怒,直接威胁他,说他要是再不好好学习,就和他断绝父子关系。最后,两人甚至大打出手。

当他爸爸将这个情况告诉我时,我十分震惊,便单独找他来当面交流。原来,父母在他很小的时候就离异了。因为他的母亲沉迷赌博,朋友圈混乱,父亲一直很反对他私下去见妈妈。阶段测验前的那个周末,他偷偷去见了妈妈,结果被爸爸发现了。回家后,爸爸对他一顿训斥,还将他关在家中,不许他出去。由于青春期孩子的自我意识和独立意识增强,希望摆脱成人的束缚,并得到他人的认可和尊重,于是"交白卷"事件就这样发生了。这次事件让我意识到,孩子所处的家庭环境对孩子的成长有着很大程度的影响。

"我很想妈妈,我不好好学习就是希望爸爸多关心我,而不是把我送到外面去随便辅导专注力。我不喜欢爸爸老是批评我,他批评我,我就想跟他对着干。"听着孩子说的这些话,我有些心疼。我拍了拍他的肩膀,对他说:"老师觉得你爸爸是非常关心你的,家长中和老师交流最频繁的就是他了,可能爸爸的表达方式还需要改进。你要学会跟爸爸表达你的想法,学会好好跟他沟通,你说是不是呢?"听着我的话,他若有所思。与此同时,我召集班级所有任课教师开展了一次研讨,并讨论出了适合他的教育方式。随后,我一发现他优点就立即给予肯定,教室里、办公室里常常能够听到任课教师表扬他听课认真;常常能看到他勤快地跑到办公室问问题;常常看到他在课堂上举手回答问题……虽然改变的进程比较缓慢,但是他一天天地努力着。

忽然有一天晚上,他给我打电话,哭着告诉我,他和爸爸因为一些小事发生了争执,爸爸粗暴地将他关在小房间,他感觉十分孤独和无助。他回想起了小时候与父母在一起的幸福时光,又提到了近几年父亲对他简单粗暴的管教,以及内心长期以来的孤单,觉得没有人理解和关心自己。

事后,我与他的爸爸进行了交流,围绕孩子的内心想法、青春期孩子的教育方法进行了深入探讨,建议爸爸试着从孩子的角度思考问题,尝试与孩子平等地沟通,理解、尊重孩子的内心世界,多学习家庭教育的方法,希望他能够给予孩子足够的爱与理解。

八年级上学期快结束时,他的爸爸再一次来到学校,感谢我当初的建议,说他现在开始学着去与孩子沟通交流,正面激励和表扬孩子。他说道:"目前我们的关系好多了,孩子经常回来和我说学校的事,还总是提到老师对他的好,谢谢您,老师!"

我则兴奋地将他近阶段的积极表现告诉他的爸爸,同时也将搜集到的关于家庭教育的文章发给他,建议他积累更多有效的家庭教育方法。经过一段时间的家校配合,孩子的表现有了很大改善。

众所周知,人的行为具有反复性。为了预防他的状况出现反复,我会经常找他聊聊最近的学习和生活,及时帮他解答心中的困惑,也会定期与他爸爸交流家庭教育方面的心得。

时间过得飞快,到八年级下学期时,他的成绩已经慢慢进步到了班级中等水平。学期结束前的一天,恰逢我生日,他兴高采烈地跑来我办公室,送给我一朵小红花,笑嘻嘻地询问我有没有中考的复习资料。看着积极上进的他,我毫不吝啬地送了他两本刚买的中考复习题。"谢谢您咧!"他调皮搞笑的语气让我忍不住大笑起来。

家庭和学校是学生身心教育过程中非常重要的教育力量。面对初中学生青春期多变的心理健康状况,班主任可以从班级教师、家长、学生三方面探索有效的改进办法,促进学生心理的和谐、健康发展。

马卡连柯认为,教育者的关注和爱护在学生的心灵上会留下不可磨灭的印象。作为教师,我们应该关心和爱护每一位学生,耐心倾听,耐心工作,懂得启发,善于激励,唤醒每一位学生内心持久的成长动力!

(常州市田家炳初级中学 张　欣)

QQ 之王

那时,Q 君刚初一,微卷着头发,个高细瘦;向老师问好时,常弯腰鞠躬;平时总窝在座位,听到有趣处绷着身体,麻秆儿似的竖着,傻愣得可爱;在家亦是父慈子孝。怎么也没有想到后来接二连三的变故。

Q 君的至暗时刻

进入初二,Q 君要么带着倦意踩点进班,要么就迟到,作业也非常潦草,提醒批评略有好转,可一转眼就又恢复原样。当时我只当是学习的正常起伏。

11 月的一天,Q 君生病请假。午间忽然接到他母亲的电话。"老师,我有急事想和你面谈,电话不便,不知你是否……不,请您务必来家里一趟。"

我在小区楼下见到了这位母亲。一见面,她的泪水就如断了线的珠子。一问才知,孩子和他爸爸在家打了起来,孩子发疯似的还手,并且拿起锤子要砸掉整个家,逼着他爸爸告知手机所在和无线网密码。深秋的风瑟瑟,棉衣也掩不住她妈妈浑身的颤抖,眼泪滚落着:"孩子怎么变成这样子了?怎么变成这样子了!"原来,暑假过后,Q 君痴迷手游,晚上回来要先玩,早上五点钟起来再写作业,然后再匆忙出门上学。到这儿,我才知道孩子为什么迟到,为什么作业质量差,为什么有时课上睡觉……

我调整好情绪,正要敲门,只听 Q 君大吼说:"不许开门,今天谁也不准开门,你把手机和密码交出来。"

"是老师来了。"

里面突然沉默。门打开时,客厅一片狼藉。Q 君手里攥着锤子,双目圆睁。他的爸爸坐在沙发上用力抽着烟,沉默不语。我试着去拿下锤子,他刚想用力,瞬间又微抖着手松开了。我把他拉回了他的房间。

"没事,有话讲给老师听听,发生了什么?……你看你每次见到我都是鞠躬问好,生物、地理也学得很好。每个人都会有情绪,喜欢玩游戏,这很正常。"

"嗯。"他终于开口。随着与我的一问一答,他激动的情绪渐渐平复。我故意问他家里有没有水果,表示老师渴了。他端来水果,我与他边吃边聊,看到他床头躺着本《活着》,我们就聊书中的人物。

临走时,我对他说:"送送我吧。"Q君沉默着陪我下楼,麻秆儿似的身影被阳光一照贴在墙上,跟着我缓缓地移动。我突然提了一个要求:"以后你的手机和平板交给我来保管,好不好?你觉得每天可以玩多久?"

"每周四次,平时每次两小时,周末三小时。"他快速回答道。

"好。不过,你得准时完成作业,密码我来设,你爸妈也不知道,到点自动结束。再试着过一周减少一小时。"他犹豫了下,然而还是同意了。我说:"那你现在把手机和平板拿给我。"他照做了。

事情似乎有了转机,他玩游戏的情况得到了控制,亲子矛盾似乎缓和。不过,他依旧嗜睡,情绪低沉,时不时不愿上学。是的,该建议家长带孩子看医生了。

当天下午,他妈妈向我传来一个不好的消息——Q君患的是抑郁症。

我的分析没有错。网瘾、嗜睡、情绪低沉、专注度差,而且易怒,不愿与人交流,这些都是"抑郁症"的典型症状。

突破教育的重围

Q君是我遇到的第一个患有抑郁症的孩子。那天晚上,我不停问自己:能打赢这一仗吗?看书、查资料、研究心理学案例,我常常对着Q君空空的桌子就出了神。这些孩子其实就好像抱着坚冰漂流在茫茫的大海,他们的内心是昏沉的,意志是坍塌的。突破点在哪里?

Q君求知欲强,对生物、地理、历史等学科很感兴趣。我偷偷把他周围的同学叫过来,约定好每次看到Q君这些学科有进步时,要热情地肯定他。

"你竟然就错一个!""你怎么做的,可以考得这么好?""Q君,你怎么能记住这些内容!"我让周围同学在我办公室反复练习,只要看到优点,就"轰炸"他。

那次,他生物、地理得了班里难得的"双优",我说:"Q君是我们班最有科学家气质的学生,以后我们就叫他'QQ'。第一个Q代表他的名,第二个Q代表他有最强大脑。"自那以后,他就多了个全校人都知道的"QQ"绰号。

那段至暗时刻,我每周要给他写一封信,放学后陪他一起跑步,不断加强正面反馈。知道他喜欢篮球,大家轮流陪他打篮球。我作为观众,为他们喝彩,看他们一球灌下,如生双翼。

周末,就"布置"给他父母四个任务——陪他骑一小时自行车,外出吃一顿饭,一起看部电影,打一小时游戏。借此,我希望能帮助他重建家庭成长环境。

初二地理和生物的检测,他取得了近满分的优异成绩。初三时,Q君的游戏时间已降到每周两小时,成绩也渐至中上。最后的几场模拟考试,我对Q君有了另外的担忧。分数下来时,全班学生三五成团,或围或坐,慷慨时有,激越时有。我出现时,Q君往往被人热闹地围着。我喜欢站在后门静静看着他们。我对他们说:"教室就是我的能量场。"Q君伸出半个脑袋,细瘦的身子又挺直了,本来还木木的他忽地咧开嘴角怼我说:"老师,你放过我们吧,我们已经奄奄一息,没有能量救你了!"

那一刻,我差一点泪如雨下。

风景这边独好

时间缓缓地流着。学生们都进入高中,虽然学业压力很大,但他们如鱼得水,第一次期中考试,他们的地理、生物、化学、数学成绩都一马当先。

某天,Q爸发来消息:"看到Q的期中成绩,想到了您,没有您当初的帮助,也许他无法上高中。非常感激您。近来,我常回想起您写给孩子的话。小Q说,每逢放假,都要骑车来看你。因为您那有家的感觉。"

上个月,Q君在省科技比赛中获得了一等奖,他一个"笑脸"发来,说已在备战生物和化学奥赛。我照例为他欢呼,他却回复:"老师,还记得我们聊《活着》吗?您说得对,跟生活死磕到底,很弱小,但自由。我,要做真正的QQ之王。"

我又打开与Q爸的微信聊天记录,近一千条消息,我知道,这些可以删除了。每个孩子都需要一顶桂冠,而教育,应当引导孩子寻找生命的意义。

网络世界曾带给Q君成就感,让其流连忘返,但虚拟世界的规则与现实生活的复杂挑战不可同日而语。光影视听的全息轰炸,让他的感官时刻饱和,专注力被瓜分。一旦停下,烦躁、空虚乘虚而入,攻城略地。

问题是生命中的常态,失去了问题,人也就失去了对本能的超越。作为教师,我们应该和孩子站在一起,打败问题,而不是与问题站在一起打败孩子。

(苏州高新区第一初级中学校 韦碧莹)

不能说的秘密

"一只鸽子总觉得新窝住了没多久,就有一种浓烈的怪味,所以它一直搬家。这种状况让它很困扰,便向一只经验丰富的老鸽子诉苦。老鸽子说:'你搬家其实是没有用的,因为那种浓烈的怪味并不是从窝里发出来的,而是你自己身上的味道。'"我请学生们课后思考这个故事,没想到这竟然开启了我和小琪长达一年的"秘密之旅"。

小琪是一个与众不同的孩子,脸上没有明显的喜怒哀乐,但总是以身体不适为由请假,还以成绩下降为由向我表达换同桌的要求。课后,我趁机询问小琪如何看待鸽子搬家的故事,沉默了一会儿后,她支支吾吾地说:"如果不是窝的问题,那鸽子就要自我反思了。"我顺势表达想要帮助她,希望得知她要换同桌的理由。她像犯了错误的小鸽子一样低垂着头说:"老师,是我的问题,我不想要同桌,只想一个人坐。"随后,她便冲出了办公室。

我借机向她曾经的班主任了解情况,原来小琪爸爸常年在外,妈妈一个人带孩子,平时工作比较忙,对她的学习、生活疏于关心,家庭氛围不是很好。

我打算等小琪情绪稳定后再找她聊一聊,可就在我准备跟她谈心的那天早晨,小琪妈妈给我发来了一段孩子自伤的视频,虽然只有短短13秒,但是那画面却令我胆寒至今,颤抖的双手打不出一行完整的话。紧接着,小琪妈妈发来了语音:"老师,孩子可能心理有问题了,这可怎么办啊!"初为人母的我,从她哽咽的话语里听出了她的无助。我头脑中不断回放女儿出生至今的点点滴滴,暗下决心:一定要尽我所能帮助小琪!

我买了相关心理学的书籍,并私下向心理专家请教,面对小琪这种在家庭教育中缺少关爱的孩子,需要用老师和同学以多种形式的关爱来弥补。正所谓"教育无痕,花开有声",我认为最好的教育就是抓住合适的契机,不着痕迹地关爱她,保护她的自尊心。于是,我开始了我的"秘密行动"。我特别叮嘱其他任课教师,希望他们平时多给她一些关爱,有特别情况随时与我联系。

我还找到小琪周围能与她聊天的几个人,成立了一个"疏导小组"。为了保护小琪,我告诉小组成员,小琪等几位同学性格比较内向,可以利用休息时间主动找他们聊聊天,帮助他们快速融入我们这个大家庭。

我也不遗余力,主动出击,利用晚自习巡视学生自主订正的时间,轻轻走到小琪身边询问她近日的学习情况,她诧异与害羞的表情告诉我,她没想到我只是关心她而没有询问事情的缘由。随后,在晚自习下课前,我告诉孩子们,在旁边的休息室我专门设置了一个秘密武器——情绪"发泄桌",桌上有毛绒玩具、解压玩偶、糖果、小音箱等,当大家有不良情绪的时候,可以去释放一下。在同学们一阵呼声中,我用余光瞥见了小琪上扬的嘴角,我想她明白了我的良苦用心。果然,这些做法让小琪卸下了防备,放学后她走到我身边说:"老师,谢谢你!"这句话不仅是理解,更是信任,我怜爱地看着她,双手把她拥入怀中,小心翼翼地抚摸着她的头说:"相信我,一切都会好起来的!"我知道她需要在这样的怀抱中找回自我,我就这样静默地抱着她。半个小时过去了,被泪水浸湿的肩膀和她平静的心跳告诉我,她的情绪已经稳定了。

小琪主动向我倾诉,说自己每天都活在妈妈划定的圈子里,压力很大,每天晚上都焦虑、失眠,不想有同桌,怕自己没有他们优秀。据此,我判断小琪是被妈妈的"期望"困住而走不出来的孩子。我带着心中的理解和眼中的温情做一个全心全意的倾听者,我们聊到很晚,并进行了"秘密约定",如果上课有不适感,就举起左手,我会走到她身边,示意她去"发泄桌"释放一下自己的情绪。

"解铃还须系铃人",小琪的问题还需要从原生家庭入手。在征得家长同意后,我与她的妈妈进行了沟通。在我的引导下,妈妈吐露心声,承认自己总是以"爱"之名限制孩子的个性发展。我告诉她:"小琪现在就像是被驯象人拴在柱子上的小象,拼尽全力也无法挣脱你'期望的框架',越来越脆弱。爱孩子便'如他所是',而非'如你所愿'。要想帮助小琪,你需要首先改变自己。"小琪妈妈不停地点头。

针对小琪的情况,我做好了打持久战的准备。一天,我送给她一支录音笔,希望她有压力、想倾诉的时候可以随时说给我听。我默默关注着她每天的情绪变化,每周都录一段话,表扬她的点滴进步,并对她提出新的希望。不仅如此,她的成长日记本也变成我们秘密沟通的"树洞本",无声与有声交替

的对话,让我与小琪的关系更亲密了。

  一年的时光匆匆而过,虽然一路很波折,但是坚持下来的我们终于看见了胜利的曙光。录音笔录下小琪这样一段话后便光荣地完成了它的使命:"老师,谢谢您的爱与坚持,在我一次次被折磨得想要放弃生命的时候,能有您一路相伴,真好。您像朋友,像知心姐姐,更像妈妈,您就是我初中生涯里的一束光,我永远都不会忘记您!"听着小琪深情的话语,我不禁潸然泪下,此刻,我对"没有爱,就没有教育"这句话有了更深刻的感悟——是爱,让我虽苦仍然坚持;是爱,让我坚信再脆弱的生命也会重新绽放绚烂的光彩。每个人在成长中都会有秘密,我愿意用爱去陪孩子一起成长,用爱去守护我们这段"不能说的秘密"!

(高邮市汪曾祺学校 孙 靓)

那一朵盛开的蔷薇花

5月,学校北墙的蔷薇花又开了。一簇簇粉色的花朵深深浅浅、挤挤挨挨,坐卧于纤软的藤枝上,掩映着葳蕤的绿。学生们也都纷纷在花墙前拍照留念,珍藏那一段美丽芳华。这不禁让我想起那年春日,小慧也是在这样风和日丽的日子里,和同学们在蔷薇旁合影,她那浅浅的酒窝里流淌出来的幸福,就这样定格在蓝天白云下,定格在红花绿叶旁,定格在我的记忆里。

那年,我刚接手一个初二班级没多久,班上的小慧便引起了我的注意。课上,她总是趴着,大家只能看见她后脑勺上束着的马尾;下课铃一响,她便没了踪影;放学回家后也不做作业,很少能看见她交作业。

开学后没几天,隔壁班的班主任交给我一张字条,是小慧写给他们班男生的"情书"。放学后,我单独留下了小慧,准备跟她好好谈谈。刚准备开口,见她满脸的无所谓,我突然觉得自己准备好的一箩筐道理估计派不上用场了。我还在思索要怎么开口时,小慧直接来了句:"老师,我知道了,你别说了,我以后不会去找他了!"我愣怔了一会,帮她拢了拢额前的一缕头发,轻轻地说道:"老师相信你!你先回家吧。"小慧也一怔,脸上充满了疑惑。

她走后,我那颗吊着的心却始终放不下来,便拨通了小慧妈妈的电话。与小慧妈妈聊了一番后,我才得知小慧很小的时候就失去了爸爸,妈妈常年不在家,平时和外公一起生活。我突然就理解她为什么总是满脸的漫不经心与不以为然,淡漠的面具下藏着的其实是一颗渴望爱与温暖的心。

随后,我把班级所有任课老师召集在一起,跟他们讲了小慧的情况,我们共同商讨出一个对策——给小慧私人订制一份特殊的"偏爱",弥补她缺失的亲情。在之后的日子里,我们每天都会带点小零食给她;时不时给她准备一些小礼物;"特殊"时期,端给她一杯红糖水;节假日邀请她一起看电影,甚至带她回家一起吃饭;每门学科安排了一名同学,专门辅导她功课。渐渐地,小慧的脸上有了笑容,从那笑容中,我读出了淡淡的幸福的味道。

一天，英语老师给我发来消息："昨天小慧的笔记认真，今天我奖励了笔记本给她，她可高兴了。我还在笔记本上留了言：'Another new beginning.'"陆陆续续地，各科老师都给我反馈了好消息。我在班级日常管理中也发现，小慧见到老师会主动上前打招呼了，大课间跑操不偷懒了，班级值日特别认真……各方面的表现都有了可喜的变化。我想，这或许就是"爱"的力量。

我以为，小慧的幸福之路从此开启，我们的故事也会这样一直走向圆满。

可是好景不长，小慧日常的小错误还是层出不穷，让人头疼不已。每当犯了错误，她就会双手紧紧地绞在一起，眸子里写满了不安和自责，让我狠不下心来对她。这样的情况，我也难免沮丧，甚至生气的时候，也会不理睬她。可是，她依然会凑到我跟前，微笑着问好；她依然会在我喉咙沙哑时，送上含片；她依然会把在烘焙课上做的小点心，放到我桌上……这些"爱"的表达，常常会将我的心软化，让我一如既往地呵护她。可是，小慧啊，小慧，我究竟该如何"爱"你呢？

我们就这样一直上演着"相爱相杀"的戏码，不知不觉间走过了秋风冬雪，走过了春的柔情、夏的热烈。

有一天我看到小慧在读《绿山墙的安妮》。书中纯真善良、富于幻想的小安妮，自幼失去父母，颠沛流离，11岁时被绿山墙的马修和玛莉拉兄妹领养，凭借自己的刻苦勤奋，得到了领养人的喜爱，也赢得了老师的关心和同学的友谊。这不正是另一个小慧吗？第二天的班会课上，我邀请了小慧上台和大家分享这个故事，当她说出"我想像安妮一样，获得平等和尊重"时，我看到了她眼里的点点泪光。那一刻，我终于真正读懂了她：爱的施与让她的感情不再荒芜，心灵不再孤独，现在的她更需要精神上的平等和尊重。

那之后，故事里的我们，都悄然发生了缓慢的变化：小慧在一点一点地改变，小错误也在慢慢减少；而我渐渐学会了沉淀情绪，懂得了教育是"慢的艺术"，领悟到"爱"的真谛是平等与尊重。

寒假里，我怀孕了，因为学校教师的缺乏，我开学后仍担任着班主任和两个班的语文教学工作。于是，我会经常请小慧帮忙布置作业，教她管理晨读，手把手教她制作简单的课件……小慧渐渐成了我不可缺少的好帮手，她的脸上也逐渐生出灿烂的光芒，是自信的、快乐的光芒。

我们的故事又有了新的进展。

有一天，我请小慧去文印室取一份急用的讲义。当她捧着整个年级的讲义进来时，我发现她眼里闪烁着不一样的光彩。我伸出手，帮她拢了拢垂下来的一缕头发，夸奖道："有你真好！"那天，小慧给我看了她写的日记："今天，文印室的老师夸我：'这孩子真好！'回去后，班主任还帮我拢了拢垂下来的一缕头发，她看向我的眼神如阳光一般的明亮。当我把讲义逐一放在各位老师的办公桌上时，我仿佛看到老师们欣慰的笑脸。让更多的人因为我的存在而幸福，这样的感觉真好！"

这次捧讲义，竟让小慧体验到极大的成就感和幸福感，这是我没有想到的，原来她这么希望得到更多的人尊重和认可，一直努力寻求着更大的生命价值。后来，我推荐她加入了学校的志愿者队伍，还和她一起认领了留守儿童的"微心愿"，一起挑选了心愿礼物，写下了结对心语。我相信，她的善良、热心、自信、乐观，一定会给她一个充实而美好的未来！

那年5月，我把小慧带到蔷薇花下，轻轻地告诉她：在我心中，你和蔷薇一样美……

小慧顺利毕业了，一个又一个像小慧一样的学生来到我身边，我努力用自己的从容和智慧，为他们寻找幸福的密码，演绎一个又一个爱的故事。这些平凡的故事也逐渐在我的教育生涯里汇聚，汇聚成一条川流不息的长河，汇聚成一片生机盎然的花墙。

（南通市通州区育才中学　何佳晖）

解开心灵之锁

班里来了个转学生。这是我第一次带转学生,心里不由得有点儿期待,这是个什么样的孩子呢?在招生办公室见了一面,我对他的第一印象极好。他叫小陈,身高一米八二,五官端正,气质沉静,笑容腼腆,爱好是足球和信息技术,成绩也颇为优异。果然,他自习认真、课堂活跃,还是个体育健将,在一个月内迅速征服了我班全体师生,成了班里的风云人物。无论谁提起他来,都是赞不绝口。

一个要求

小陈什么都好,只有一点让人伤脑筋,那就是不写周末作业,而且是油盐不进。两三次之后,我终于无法忍受了,给他下了最后通牒。我是声色俱厉,他是沉默不语。令人尴尬的沉默持续了一会儿,我没有听到预期中的道歉和保证,反而听到了一个让我感觉匪夷所思的要求:"老师,我可不可以今后都不写周末作业?"一个学生,还是一个优等生,怎么可以理直气壮地提出这种要求?出于震惊,我决定听听他的理由。原来,小陈有个爱好,是钻研"网络信息安全"。他说,周一到周五学业实在繁忙,只有周末有时间看看,可是周末作业要花的时间太多了,他完全没办法兼顾。为了佐证,他从书包里翻出一本"天书"给我看,书本厚厚的,看起来就很深奥的样子,上面密密麻麻都是小陈的笔记。

我立马对钻研"天书"的小陈肃然起敬了。他一向是个头脑灵活的孩子,能够举一反三,对他来说,贵精不贵多。他在开拓自己的边界,做老师的又怎能让应试教育束缚了他的灵气?于是我也对他提出了一个要求:只要当周在校期间,你所有学科的老师都赞你表现优异,我就免掉你的周末作业。小陈一改垂头丧气的模样,飞快地点头同意了。接下来,我过上了被老师们的夸奖之词包围的日子,他们纷纷向我反映,说小陈最近表现可真不错。我暗笑:

"可不,我们小陈为了他的周末,也是很拼的啊!"

一场崩溃

本以为已经皆大欢喜,谁料到好景不长,我便迎来了小陈的一次崩溃。五月底的一个周三,小陈妈妈跟我请假,说孩子头疼,今天不来了。我嘘寒问暖了一番,也没当回事。然而,周四他还没有来,周五依然没有来。在我的再三追问下,家长终于吐露了实情:小陈根本不是什么头疼,他就是厌学,不想上课了。

这对我来说不亚于一个晴天霹雳,我那么大一个"宝藏男孩"呢?首先,孩子在校表现一切正常,很好地融入了新的班集体,深受老师和同学的喜爱,怎么就突然厌学了?第二,距离孩子突发情况已过了三天,可以说是已经错失了解决问题的黄金时间。于是我当机立断,跟家长讲好放学后去家访,了解一下情况。

问及原因,家长斩钉截铁地说:"都是电脑害人!之前还好,现在越来越控制不住自己,学都不想上了,只想钻研这个……我看这个孩子是没救了!"听到家长这么说,我赶紧安慰了她一番,然后决定找小陈好好聊聊。

我到宿舍时,并没有看到小陈的脸,因为他把自己蒙在被子里,卷成了个"蚕宝宝"。我能怎么办呢,还不是要坐下来好好跟他谈心。

我坐下来,开始跟他聊天,聊学校趣事,聊同学朋友,聊他在家都做了什么,就是不聊学习。我讲了得有一个小时的"单口相声",一边聊一边像哄小宝宝一样拍着他的被子卷,终于感觉到手底下这个"卷儿"放松了些。我小心翼翼地把他从被子卷里"剥"了出来,发现小陈一直在流泪。

他说:"我一直努力学习,努力表现,竭尽自己的全力,但好像总也达不到父母的要求,我感觉父母不是爱我,是爱我的成绩。他们从来没有真正为我考虑,只是在乎自己的面子。我太累了,我真的坚持不住了。我不想再照着他们的想法活着了!"

以爱为名的束缚与伤害,让这个大男孩的心灵缠上了重重的锁链。这把锁锁在他心上,又何尝不是锁在他父母的心上呢!我知道,要解决问题,必须解开他的心锁。

我先与他家长真诚地交流了一番。说实话,家长的心情我理解。一开始可能只是为孩子表现优异而高兴,接下来就是提出更高的要求,发现孩子还是轻松做到,于是一次又一次地提出更高的要求,孩子的弦儿绷得越来越紧,直到"啪"的一声,到了极限就断了。所以,我对他家长提出一个建议:请他们接下来不要过问任何关于孩子学习的事,完全给予他自由。家长迟疑地问我:"他不上学也不管吗?天天熬夜也不管吗?"我说:"不要管学习,而是要管生活,做他最坚实的后盾。在小陈心中,你对他学业的关注已经超过了对他本人的关注,这是很危险的讯号。学习成绩很重要,但真的那么重要吗?哪怕他不想上学,去钻研信息技术,未尝不是一条出路。放手,你会得到一个阳光健康的孩子;继续僵持,甚至可能会逼孩子走向极端。小陈心思细腻、内敛,情绪不外显,真有什么意外,你们到哪里去后悔!"

家长半信半疑地同意了。

一次成长

事情还没有结束。小陈还是没有来上学,但我一直与他家长和他本人保持联络。有时我会问问他在做什么。一开始,他总要过很久才回复,随手拍一张照片发我,最常出现的是学校附近的人工湖,他说他坐在那里,什么也不想。渐渐地,他会跟我聊一些关于父母的事,说父母不再强求他上学了,他最近每天都去踢足球,也有时间自己学习网络安全知识,轻松了很多。

随着小陈的变化,他父母的回信也从唉声叹气到心平气和。终于有一天,小陈爸爸说:"老师,我们彻底想开了,接受了。他这些天脸上也有笑容了,这样就挺好……孩子有他自己想走的路,我们支持他。"

小陈父母与孩子和解了,他们不再要求孩子必须优秀,必须高人一等,而是回归到最本质的期待,只希望他健康与快乐;孩子也在与自己和解,他不再时时想着与家长对抗,而是将目标转向充实自己上。

家长和孩子都在慢慢解开缠在自己心上的锁,是时候再走一步了。

我开始联系我能联系到的毕业生,询问是否有相关竞赛培训和机会;又通过我高中和大学的朋友,去了解小陈目标行业的现状,也粗略地通过网络,看一看这个专业需要哪些基础知识打底,国内是否有关于该领域的高校名师。果然不出我所料,浅学还可,想要深造,高等数学、线性代数、概率论与数理统计等基础学科的知识也必须有所涉猎,这些知识仅靠自学,难以攻克。

在与小陈的聊天中,我开始更多地引导他谈论这些,把我收集到的信息跟他分享。我相信小陈会明白,为了自己的未来,他必须蜕变。

某个很平常的晚上,我等来了这一天。那天,我接到了小陈的电话。他说:"老师,我想回去上学。"虽然我嘴上还装作若无其事的样子问他怎么想通了,但心里已经放起了庆祝烟花。他说:"我必须得考高中啊,我想考西安电子科技大学。这两天在家我已经开始自己补之前没听的课了,有点难,但我可以!"

我埋下的种子终于发了芽。

过高的学业压力,沉重的亲人期盼,迷失的自我认知;从一个要求,到一场崩溃,直至一次成长。我想,小陈终于解开了层层的心灵之锁,准备迎接属于他的美好人生。

教育的目的是让孩子实现更好的成长,而不是让孩子按家长想要的形状成长。开花的,就赞他花苞美丽;只是长得苍翠的,就欣赏他的绿荫。何必要每一棵树苗都繁花似锦,须知白杨树也自有礼赞!

(泰州市第一外国语学校 石 峰)

家校共育

> 我们常说"世界上最遥远的距离,就是心与心的距离",走上三尺讲台数年,我期待与生命中每一个相逢的孩子心灵相通,成为彼此生命中的"重要他人",也尝试与每一位相遇的家长携手前行,共同成为孩子成长路上的摆渡人。
>
> ——季晓梅(南通市通州区金郊初级中学)

"懂事"的背后

> 用笨拙的文字记录身边的教育小故事,以此纪念我中断已久的日记生涯。
> ——题记

一年前,当我第一次踏上三尺讲台,看着孩子们稚嫩的脸庞,心底突然萌发了一个想法:做心灵需要的教育。我郑重地在黑板上写下这几个大字,孩子们向我投来不解的目光……

"蔡老师!哎呀,你们班那个……那个谁……"电话里传来政治老师断断续续的声音,我心一紧,心想是不是哪个皮猴又犯事了,赶忙道:"别着急,慢慢说,出什么事了吗?"

"刚刚政治课上提到父母在我们的学习生活中扮演怎样的角色,别的孩子七嘴八舌地讨论,突然有个孩子哭了,就是坐在门口的那个男生,一直哭,怎么都哄不好,是不是父母给他的压力太大了,出现心理问题了?你课后赶紧找家长了解一下情况。"

这种问题我还是第一次遇到。

向政治老师道完谢后,我开始陷入沉思:这个男孩子名叫然然,说起话来软软的,做起事来慢条斯理的,课堂走神是家常便饭,为此没少挨我的训。想到这里,我心里一沉:是不是在家里父母对他在学习上管束太多,反而给他造成了严重的学习负担呢?对于这类心理方面有问题的学生,我不敢轻举妄动。

课后,我有意让他帮我把教具送到办公室,他略感意外,却仍然照做了。一路上低着头,即使我有意与他闲聊,他也只是木讷地听着,客套地回应着我的话。看来他是对我有所戒备,但我不死心。到了办公室,我把他的习题册翻出来,假装给他讲解题目,见他放下防备,瞅准机会,单刀直问:

"听政治老师说课上发生了一段小插曲跟你有关,你愿意跟我分享一下吗?"

刚刚松懈下来的他迅速把自己武装起来,嘴角颤抖几下,蹦出来几个字:"我……我不想说。"

"我们刚认识不久,你不愿意告诉我这些私密的事情我可以理解,但作为班主任,我得知道是不是你学习方面遇到什么困难了……"

他立刻反驳道:"不是的,老师。"

我别无他法,耐下心来说道:"我相信你可以在学习方面做得很好!但你知道吗,比起成绩,我更关心你的心情。我也刚踏出校园不久,我想,你们这帮孩子青春期的烦恼我是可以理解的,不要因为我是班主任,就把我想得过于死板哦。有什么难处都可以跟我分享的。"我放下老师的威严,如邻家大姐姐般同他交谈。

他仍然不为所动,沉思许久说道:"还是不用了吧,谢谢老师。"敏感孩子的内心就像罩着一层天然的保护膜,要耐心地、慢慢地撕开它。

随后,我寒暄了几句就让他回去了。临走时,我微笑着给了他一颗糖,告诉他没关系,我随时洗耳恭听。他强扯出一丝笑容,走了两步,折返回来红着眼说:"我有个弟弟……"便不再说下去了。

从那以后,"我有个弟弟"这几个字一直在我脑子里回荡。我决定来一次"家校交流"。我直接拨通了然然妈妈的电话,"嘟"了两声后,电话那头传来一阵温柔的女声,还夹杂着儿童吵闹的声音。

我简单介绍了事情的原委后,委婉地问道:"然然在家里表现怎么样?经常和弟弟闹矛盾吗?"

"没有没有,蔡老师,我们家然然可疼他弟弟了,什么吃的玩的都留给弟弟。到家就进屋写作业,从来不让我们操心……"她操着一口方言,快速地表达着然然是多么懂事的孩子,不知怎的,我听着却有些心疼。我想着没生弟弟之前他应该也是个爱表达会撒娇的男孩子吧。

"然然妈妈,然然在没有弟弟之前也是这样懂事吗?"我问道。电话那头好半晌没有声音,像是在思考。我紧接着说:"过于懂事也不是好事,尤其对于青春期的孩子来说,他们不愿意向家人倾诉,把自己的苦楚留在心里,对健康成长没有任何好处。什么导致他变得如此懂事呢?你要认真回想一下,有没有经常让他让着弟弟呢?有没有失衡的时候呢?"

"谢谢你蔡老师,也是我们家长做得不好,一直认为他长大了、懂事了,唉,是我们家长需要反思……"电话那边的声音变得低沉起来,像在思考着什么。

"孩子心中都有一杆秤,父母的爱就是秤上的砝码,偏袒二宝,这杆秤就会失衡。虽然大宝得懂得关心二宝,但家长自己也要注意不能偏心或减少对大宝的关注,而是得多采取积极措施来平衡老大老二之间的关系,让老大能够从心底去接受老二的存在。"我接着说道。

"我们做父母的确实在这方面欠缺。但是然然大了,慢慢不愿意跟我们交流了,我们做家长的也是干着急呀!"

"多关心,少说教;多交流学校生活,少聚焦学习成绩。每天试着交流五分钟,让然然感受到父母的关心,久而久之,交流便会成为一种习惯。"我给出了建议。

在然然妈的连声道谢中,我们结束了这次通话,我的心情舒展了不少,且看过几天然然会不会有所改变吧。父母也不是生下来就担任这样的角色,也都是第一次为人父母,他们也需要指引,需要纠错。静下心来慢慢疏导他们,也许会获得意想不到的效果。

几天过去了,然然还是没有主动找我交流。是我的方法有问题吗?我开始询问然然妈妈然然在家的表现。得到的反馈是他们一直遵照我的方法与然然交流,效果很好。我开始思考是不是他本身性格就是这样,不喜欢交谈。只有家长努力肯定也是不行的,我得赶紧想个办法。

一天,班里两位学生突然拳脚相向,我生气极了,妥善处理完这起打架事件后,我开始思考如何才能有效化解学生间的矛盾。突然,我"灵光乍现",能不能让然然在班里担任"纠纷调解员"呢?这样既能有效缓解同学间的矛盾,又可以充分利用然然懂事的性格,让他和同学们有深入交流的机会。我立刻向同学们宣布了这则消息,得到了大家的一致同意。

但是,然然面露难色,似乎有些为难。课后,他找到我,开始推辞。

我耐心地解释道:"然然,老师知道你有能力,同时我也非常需要你的帮助。这样吧,你先试做一周,一周后再做打算。"

听到我这样说,他不好拒绝,说道:"那我试试吧。"

事实证明,他做得很好。每调解成功一次,我便会在班上给予他一定的夸奖,渐渐地,他越来越喜欢微笑了,现在见到我不再像以前一样低着头,而

育人故事

是微笑问好了。这是好的开始。

有一天,我的办公桌上出现了一封信,说是一封信,不如说是一个迟到的回复:"蔡老师,谢谢你。之前你说有难处可以跟你分享,我一直记得。拖到了现在,请你不要怪我。我本来很喜欢弟弟的,但慢慢地,妈妈变了,她开始不分青红皂白地质问我,总是让我让着弟弟。我变得越来越不开心,越来越不愿意讲话,才会在政治课上哭出来。但妈妈这段时间变了,老是问东问西,我又有被关注的感觉了。再加上纠纷调解员的身份,我与同学间的交流多了起来,让我觉得在班里越来越被需要。我真的很高兴。谢谢你,蔡老师!"

合上信,我知道,然然的确是个懂事的孩子。

孩子本应是活泼开朗、偶尔会惹点小麻烦的,不要过于强求他们懂事,如果一个孩子开始变得过于懂事,教师要及时给予他们帮助。如何平衡二胎的爱,这本就是个艰难的问题。但愿每个父母都能正确引导孩子,对每个孩子都给予"偏爱",让每个孩子都自信、强大起来,拥有爱之后分享爱!

(宿迁市钟吾初级中学　蔡雨婷)

春天是一点一点化开的

我和点点的故事,要从 2020 年的秋天开始写起。

初一新生入学教育的第一天,我就发现了她的特别:她叫点点,动作总是慢半拍,但却特别认真。清亮的汗珠挂在发梢,我用面纸轻轻帮她擦拭,她却躲闪着不敢看我。

结束了一天的训练,收拾东西准备下班,手机响了,是点点的妈妈,说想和我交流孩子的情况。进来的是个和善的妈妈,我搬了张椅子,请她坐下。初次见面的寒暄后,她平静地告诉我:"王老师,我们家点点有些特殊情况,想跟你沟通一下。"我的心里"咯噔"一下,示意她继续说下去。顿了一会儿,她说:"去年一次体检,她查出了糖尿病,比较严重,我们看遍了大大小小的医院,但都没办法治疗,只能每天注射胰岛素。我感觉我的天塌了,多少个夜晚我一直哭到天亮,我情愿这病落在我身上。但在孩子面前,我不敢流一滴泪,我只能鼓起勇气告诉她,相信医学的发展,有一天能看好这病的……我们家点点很坚强,很懂事,懂事得让我心疼,她总说让我放心,她能照顾好自己……可从她离开我视线的那一刻,我的心就悬着:孩子课上低血糖了要吃东西怎么办?血糖高了要补药了怎么办?血糖检测仪突然响了孩子们会怎么看她?……"哽咽的妈妈再也说不下去了,身为母亲,我的泪再也止不住了,我站起来,左手递给她纸巾,右手轻轻搭在她的肩上,努力地搂住她,我理解她的无助,懂得她的心疼。我们不能让生命成为遥望的孤岛,一个生命只有在与另一个生命真诚相拥时,才能感受到春天的温暖。

我以一个母亲的身份向她保证,我爱我的学生,一如爱我自己的孩子。她止住了哭泣,和我说起孩子在校生活需要关照的点点滴滴,我用心地询问着、记录着,我知道我遇见的是一个需要被捧在手心里的小孩。那天晚上,我刷到了点点妈妈发的朋友圈,她写道:"起风的日子里,我们有时脆弱得像一枚落叶,飘零在湍急的河流,不堪一击;可是,一个温暖的拥抱,让我重新拥有

育人故事

了站起的勇气和力量,我相信,乌云毕竟遮不住太阳!"这世上没有相同的两片树叶,却有着无数个相似的母亲,怎样让这个掉入人生冬天的孩子感受到温暖?我愿用一个母亲的心陪她穿越寒冬,抵达春天。

入学培训到了汇报展示的那天,孩子们列队整齐,稚气的脸上斗志昂扬,体育老师再次提醒孩子们系好鞋带,小家伙们都忙活起来。这时我看到了点点不安的眼神,我快步走到她身边,一低头发现孩子的鞋带松了,突然想起她妈妈跟我说过孩子不方便下蹲。我蹲下身去,熟练地为点点打上一个蝴蝶结并扣紧,一抬头,孩子正看着我,那份理解的默契化成眼眸中荡漾的暖意,仿佛冰雪消融汇聚成汩汩的清流。从她感激的眼神中,我明白师者不仅要知爱,懂爱,还要会爱。

我将点点和她要好的朋友分在一个小组,每天中午吃饭前她都要补药,补完药好朋友陪着她一起追上队伍排在最后,一点也不觉得尴尬,那份同学间的相知相惜一定是美好的回忆。

秋季运动会即将开幕,孩子们都在为自己的运动项目投入准备,我邀请点点担任入场式的班级领队,看着她举着班牌自信地走过看台,我举起手机拍下她最美的身影分享给她妈妈,也分享着一个母亲的幸福。

那次测试,点点的语文成绩冲进班级前十,并列的孩子有三个,表扬时我把点点放在前面,聪慧的小姑娘竟然发现了这个细节,还跟妈妈分享被老师偏爱的喜悦。

体检、体测,我默默跟在女生队伍的最后,目光总是追随着那个小小的身影,我知道她是个坚强的孩子,她不愿申请免考,我就陪着她一起跑完800米。

上学期期末考试,点点没能如愿以偿实现自己的目标,第一次,她在我面前泪流满面,我张开双臂,轻轻将她拥在怀里,擦干眼泪,送她回家。第二天,我悄悄将一张卡片放在她的课本里,卡片上是我的鼓励和祝福:

点点,人生的路上,总是荆棘与鲜花同在,有晴空,也有冷雨,不过不要怕,不怕的人面前才会有路!坚定前行吧,相信在路的尽头总会有梦想挥手相迎的样子!

后来,点点妈妈发信息给我:"王老师,非常感谢您对孩子的关心和鼓励,您是好妈妈、好老师,我和点点永远喜欢您!"好的教育永远发生在人与人之间,互相信任,互相激励,并最终彼此成全。一张卡片也许能给孩子心灵的安慰,但孩子信心的建立还要绵绵用力。2020年的寒假,我经常与点点通话,我们聊阅读的书籍,聊一日三餐,聊云上学习小组的趣事。快开学了,我悄悄为孩子们准备了一份特别的礼物,当我和家长们为孩子送上新年寄语时,我看到了点点眼里的惊喜。

春季研学,我悄悄跟组长沟通,大家一致推荐点点代表小组参加"国旗下的讲话"。她说:"每一朵春天的花都曾是冬天的梦,诗在心中,而远方却在脚下,让我们以青春的名义汲取力量,在向往的春天里寻找诗和远方……"听着这段话,我知道点点由内而外站立起来了!

一年来,我陪着点点和她的妈妈一起跑过初中的第一个秋冬春夏,一个妈妈的脆弱被懂得,一个妈妈的担忧被安抚。点点看我的眼神从最初的躲闪到如今的信任和依赖,我从她的眼神里也读到了春天的姹紫嫣红、明媚温暖。春天是一点一点化开的,我是一个老师,一个母亲,做不了惊天动地的大事,只愿以母爱之心育人,用自己的爱和智慧一点一点温暖每一颗心灵。就像春风拂新绿,就像春阳暖冷雨,就像春雨润心田,择一事,终一生,亦无悔!

(江苏省南通中学附属实验学校　王美霞)

将"沼泽"变成"池塘"

小璐已经连续三个周末没有完成家庭作业了。和她进行过深入的交谈,也联系过她的母亲,但都收效甚微。奇怪的是,她的课堂作业一直完成得非常准时。究竟是什么原因让她的家庭作业完成得如此困难?我决定到她家里去看看。

周五傍晚,淅淅沥沥下着小雨。我和小璐说:"今天下雨,我送你回家。"小璐一脸紧张,扭扭捏捏上了我的车,半晌,涨红着脸对我说:"老师,您到我们家,能不能不要提我的外公?"我爽快地答应了。原来,她的外公在半年前过世了,每次想到外公,外婆都会伤心流泪,她不希望外婆难过。我的心底一软,多么可爱的孩子,老师家访,她首先担心的不是自己会不会被批评,而是外婆会不会难过,是怎样的家庭环境,才养育出这样善良的孩子?

没想到的是,行程过半,她又红着脸对我说:"老师,如果您到我们家,看到我的舅舅,请您不要感到奇怪……"舅舅?奇怪?我微笑着问她原因,她支吾了半天,才告诉我:"舅舅小时候生了一场病,后来生活就不能自理,一直和我们生活在一起。他整天坐在轮椅上,呜呜哇哇地喊,有时候发脾气,会撕纸、大叫……"她惶惑地望着我,眼里写满了不安和焦虑。"我一定会保密。"我郑重地承诺,她如释重负般舒了一口气,又沉寂下去。许久,她抬起眼,目光闪烁,几近哀求般呢喃:"老师,那,你在我外婆面前,也不要提起我的爸爸,好吗?"

我心头一怔,小璐家不是很正常的三口之家吗?只不过爸爸在外地上班,难道还有什么我不知道的吗?我虽然有很多疑问,但脸上却不敢表现出来,只笑着拍拍她的手:"好的,爸爸经常回家吗?妈妈说,爸爸很关心你啊。"她吸了吸鼻子,低下头:"爸爸周末回家,可是,外婆不喜欢他。每次回家,爸爸总要和外婆吵架,妈妈也没有办法,只能在旁边哭……"

望着她凝重的眼神,我突然明白她的家庭作业,尤其是双休日作业为什么不能完成了。一个十三四岁的女孩,一般还是躲在妈妈怀里撒娇的年龄,可小璐的心里却有着这么多的忧虑和烦恼！她在学校里是极其文静和内向的,她很少和老师交流,也很少和同学玩闹。我一直以为她是懂事,可也许,在她懂事的背后,是因为她害怕。她怕同学知道她生病的舅舅,怕因此成为别人的笑柄；她怕爸爸和外婆吵架,怕这样无情的争吵会伤害家庭的完整；她怕家人伤心难过,怕外婆和妈妈的啜泣让生活变得晦暗……

家庭是孩子成长的第一个摇篮。在学校、在班级,我们努力创设和谐、温暖的环境,增加教室的心理容量,给予孩子正面、积极的感染,可是,面对这样对孩子产生极大影响却又无法改变的家庭环境,我该怎么办呢？

走进小璐的家,我看到了墙壁上外公微笑的照片,看到了呆呆坐在椅子上的舅舅,看到了简单的晚餐、老旧的屋子、木讷的妈妈、哀伤的外婆。我没有看到小璐的爸爸,据说,他要到周六才回家。

家访结束了,可应对小璐所处环境的问题,才刚刚开始。

一个星期后,我专程找到小璐的妈妈,和她交流小璐内心的焦虑。她惊诧地望着我,一脸愧疚："我从来没有想过,孩子会想那么多。平时我比较忙,双休日也管不到她,我总觉得她不自觉、不听话,所以不能完成作业,没想到……"

我告诉小璐妈妈,外公的过世、舅舅的疾病并不是小璐最大的伤痛,她最害怕的,是家庭的争吵。由此带来的不安全感,会让一个女孩失去内心的平衡。"给孩子安全感,留一张安静的书桌。"我对小璐妈妈说,"良好的环境,可以助力孩子更好成长。"妈妈沉思良久,说要和爸爸、外婆好好商量。

也许,一个家庭的环境很难在短期内改变,但任何一个爱孩子的父母,都会愿意去做出改变。小璐的家庭环境并不完美,但是家庭环境的复杂也帮助她养成了善良平和、懂得感恩的品性。很多时候,"环境"是"育人"的外因,个体对环境的看法,才是更为重要的促使人成长的内因。我决定在小璐身上好好下功夫。

那次家访以后,小璐看我的眼神比以前温暖了许多,也愿意和我交流了,我便常常拉着她和她聊天。聊家庭,聊人际关系,聊烦恼,聊快乐。一天,她告诉我,外婆和爸爸又吵架了。我教她换一种眼光看他们的相处："也许,吵架就是他们表达关心和爱护的方式呢。"她看着我,终于笑了："老师,您说得也对,如果有一天他们不吵架了,我都会觉得不是他们了,随他们去吧……"

"任尔东西南北风,我自岿然不动。"我和她相视而笑。

看到小璐的坦然,我终于放下了我的心。但是,家人的相处方式、家庭的争吵环境会不会潜移默化地影响她的人际交往方式,成为她未来家庭生活的障碍呢?我不知道,我只是想,在可能的范围之内,我应该尽量去帮助她。

我帮她借了本《有效沟通技巧》,我告诉她:"你看了这本书之后,可以指导爸爸如何与外婆相处。"她认真读完,和我分析爸爸与外婆之间存在的问题,又指出哪些技巧可以借给爸爸用。"那你在家里可以做些什么呢?"我问她。她眨眨眼睛,一抹光亮出现在她的脸上:"有些事,我和妈妈都可以试着去改变。"对一个孩子来说,能客观地分析家庭环境存在的问题,找到改善家庭环境的方法,那也意味着,家庭环境对她的负面影响将是微乎其微,将来她重蹈覆辙的可能性就会相对减少,即使遇上类似的问题,她也可以用自己的方法尝试去改善。

《中小学德育工作指南》提出:要重视环境育人,要"使校园秩序良好、环境优美,校园文化积极向上、格调高雅,提高校园文明水平,让校园处处成为育人场所"。但作为班主任,除了重视校园环境、班级环境的育人功能,我们也需要关注对孩子产生重大影响的家庭环境、社区环境甚至社会环境。对于那些生长在并不十分温暖的家庭中的孩子,我们需要给予更多的尊重、理解和关爱。我们并不能改变他们的家庭,但是我们可以尽量弥补家庭环境的遗憾,尽量满足他们归属和爱的需求。

当孩子面对无法改变的生存环境时,我们试图干涉、改变他们的家庭环境,是不切实际的,但放任不管更是不负责任的行为。很多时候我们无法改变客观现实,但我们可以帮助孩子改变一些主观看法。如果孩子能以积极的心态看待环境,能从环境中找到积极的因素,就能发掘出战胜环境的潜能,从而超越环境,将"沼泽"变成"池塘",感受生命的芬芳。

指导孩子感受环境、理解环境、超越环境,应该站在学生终身发展的角度,以"用短短三年的时光影响他三十年"的态度和热情,帮助他们构建起科学的世界观、人生观、价值观,帮助孩子改造环境,创造环境。恩斯特·卡西尔认为,人只有在创造文化的活动中才成为真正意义上的人,也才能获得真正的"自由"。班主任所仰望的,不仅仅是"今天",还有学生的"明天"——学生全面发展的"明天"!

(启东折桂中学　胡春美)

一封信的距离

我们常说"世界上最遥远的距离,就是心与心的距离",走上三尺讲台数年,我期待与生命中每一个相逢的孩子心灵相通,成为彼此生命中的"重要他人",也尝试与每一位相遇的家长携手前行,共同成为孩子成长路上的摆渡人。

那年的6月12号,中考前三天,我接到了班上小风妈妈的电话:"老师,你说我家儿子能不能考上四星级高中?考不上的话,三星级高中应该肯定能去的吧?孩子要是真的考不上高中,怎么办呢?老师,你能不能告诉我,最后两天,我该怎样督促他复习?"

我一时语塞,不知道如何回答这样一连串没有答案的问题。稍作安慰后,我挂掉了电话,却心有不安。因为我清楚地感受到电话那头一个妈妈的不安和焦虑,或者说是一群妈妈甚至是数十个家庭的焦虑。我明白如果家长把这种情绪传染给孩子,那样的后果是谁都不愿意看到的。而这个时候,召开家长会,可能只会引起更大的波澜。我静心思考,整理思绪,想着如何解答他们的疑惑,如何让他们稳住情绪。片刻之后,我决定采用最原始的书信方式跟他们沟通。于是,我打开电脑,推敲思忖,努力用最清晰的语言阐明我的观点,用最准确的表达诠释道理,用最直白的文字与心共鸣,我开始了教书生涯中第一封给家长的信:

> 作为毕业班的班主任,我深知这一年大家走得都不容易,无数次深切的叮咛,无数个夜晚的陪伴,我们每个人都很努力。虽然说,读书不是唯一的出路,但是我们都还是不可免俗地希望我们的孩子能在读书这条路上走得更远,走得更稳,因为多读书可以让孩子更明事理,更会生活。孩子进入一所优秀的学校,也就意味着会跟更优秀的同学在一起,会有更大的机会赢得未来,所以我们担心,我们会焦虑。但是,请不要把这种情绪传染给孩子,他们处于敏感的青春期,能够非常迅速并准确地察觉

到我们的情绪变化。所以,请不要再盯着他们问:还有多少没有复习完?这次为什么考得不好?如果你考不上高中,怎么办?

  如果可以,考试那天,给孩子一个拥抱。很多孩子外表坚强,内心脆弱,其实他们比我们看到的更紧张。这时候,多一句鼓励,给一点微笑,来一个拥抱,让他感受到父母亲最真切的爱。

  如果孩子没有考好,那说明他还不够努力或者不够强大,让他通过这场考试更清楚地认识自己,找寻到今后努力的方向,未尝不是一件好事。我们尽力了,孩子也尽力了,如果结果依旧不能令人满意,也不必遗憾,生活原本就是如此。

晚上9点,我将这段文字上传至班级家长QQ群。没一会儿,小凤妈妈便发了一段信息给我:老师,读完你的信,我忍不住哭了,其实我已经好多天没有睡一个安稳觉了,就怕孩子考不好。现在,我想明白了,孩子该经历的,他总得自己去面对。谢谢您!

而此时,班级QQ群里,句句都是家长们的释然之言。一封信,触动一片心弦。回复完一些家长的私信,已经11点多了,深夜有些无眠,但是我想,那一晚很多家长应该可以睡得略微安稳一些吧。

而在那件事以后,我开始尝试在每个学期的各个阶段以书信的形式给家长们写一些文字,或公开的"告家长书",或私信,站在他们的角度去思考问题。开学了,提醒家长帮助孩子尽快适应新环境,适应新老师;放暑假了,提醒家长要求孩子不沉溺于手机游戏的同时,多抽一点时间陪伴孩子一起阅读,一起运动,一起看世界;有的孩子成绩有波动了,提醒家长和孩子一起找原因,这比责怪训斥更有意义;孩子学习内驱力不足,建议家长和孩子一起努力,在各自的岗位上做好自己,努力成为孩子最好的榜样;升入初二年级,孩子进入青春期,告诉父母"尊重理解比说教更有力量,逆反其实只是孩子宣泄不良情绪的方式";有的孩子偷偷地喜欢上了异性同学,我会悄悄地告诉家长"恭喜,你的孩子长大了,千万不要惊慌,正确引导才是我们该做的事,此事宜疏不宜堵";中考成绩要揭晓了,告诉家长们要相信孩子,要让孩子学会接受生活中的不完美,坦然面对生活中一切,经历过失败,孩子才能变得更强大、更自信……

文字是无声的,含蓄而又直击人心。一封封信,一段段文字,也许可以让彼此变得更柔软。

渐渐地,有的家长会把我的文字发至朋友圈,为我点赞;他们开始信赖我,成为我真正的朋友和教育路上的合伙人。我们用各自的方式支撑彼此,一路前行,尊重且相互信任。起初,我付出一缕春风只想收获一袭花香,未曾想,我的一缕清风却收获了整个春天。

仔细思量,我们之间的遇见本来就是爱与信任的邂逅。我和他们之间的距离其实就是那一封信的距离,感悟那一刻的心绪、洞察那一瞬的需要,跨过那一段段文字,彼此就站在了一起。而这一切,都源于俯身倾听,源于尊重理解,源于换位思考,源于"你的困惑我都懂"……

心与心之间的距离很远,但其实又很近,可以是一封封触及柔软之处的信件,可以是24小时都能接通的电话,可以是我们一起陪着孩子长大,也可以是很多很多……

(南通市通州区金郊初级中学　季晓梅)

与学生共成长

我国当代教育专家林格先生认为,在教育的过程中,关系大于教育。用主动、融通的态度去"读"孩子们,一定会读出其乐融融。让我们用这份其乐融融牵手岁月,在等待花开的季节守望成长,一起期待"我看青山多妩媚,料青山看我亦如是"的美好境界。

——刘菁(江阴市刘菁德育名师工作室)

笔尖记录的成长

笔尖,承载着一种力量,一种叫成长的力量……

——题记

午后,天空中下着绵绵的细雨。办公室的桌上躺着一个皱巴巴的纸团,打开一看,我的心猛地一沉。纸条没有署名,但我知道这是阳阳写的。满纸潦草的字迹以及被笔尖戳破的洞,仿佛狠狠地刺在了我的身上,"讨厌"二字就是它留下的烙印……

邂逅:可爱的插画

思绪翩跹,回到了那个盛夏。烈日当头,入学军训在没有树荫的操场上有序地进行着。不一会儿,我就注意到阳阳嘴唇发白,于是我立马把她扶到了荫凉处,用湿巾给她擦汗。她低着头,耳尖红红的,轻轻地对我说了声"谢谢"。那天她在军训心得中写道:"看着老师额头上的汗,感受着脸上湿巾的温度,仿佛一阵微风吹过,连太阳都躲进了云层。"纸张周围还配了非常可爱的插画。

开学后,班长想请阳阳帮忙出黑板报,又担心她一直独来独往,不肯答应,便向我求助。于是第二天趁着午饭后的活动时间,我找到阳阳,提议去操场散步。在操场上我向她秀了秀手机壁纸,正是她画的插画。她看到后,嘴角微微向上翘了翘。接着,我请她帮助班级出新一期的黑板报,她迟疑了一会后答应了。

在这周的周记中,阳阳写道:"开学报到那天,班里都是陌生的面孔,我好难过。还好因为出黑板报和班长熟悉了起来,而且她居然和我住同一个小区,真好!"我回复:"为你结交新友而开心!"渐渐地,阳阳也融入了这个大家庭。我们的邂逅从盛夏里的一幅插画开始,遗憾的是它并不总是如画般美

好。因为我的冲动,我们的关系出现了裂隙。

裂隙:破洞的纸团

期中考试后,阳阳妈妈给我发了条微信:老师,您好!最近阳阳的成绩一点起色都没有,我们真的是急死了,想给她停掉画画,让她专心学习。但她根本不听,昨天还和我们发脾气。您能不能帮我劝劝她啊?

我恰好在复盘期中试卷,看到她的英语作文,错误百出,恨铁不成钢的怒火不断在心中滋长。我立马把阳阳叫来询问,不知不觉提高了音量:"你看看你犯了多少幼稚的错误,肯定是把心思都花在画画上了。你真的一点都不为成绩着急吗?居然还敢和爸妈发脾气……"她全程低着头,一声不吭。

就在那天中午,我发现了故事开头的那个破洞的纸团。看着上面的"原以为你是最了解我的人,没想到你和我爸妈一样,只知道盯着成绩看,我画画怎么了!我讨厌你!"我的心里像打翻了五味瓶,真不是滋味儿。我意识到是我和她父母的双重质疑弱化了她的自我价值感。

悦纳:调皮的笑脸

雨过了,风停了,阳阳的笑脸能回来吗?我仔细查看各科试卷,发现她的问题主要在于审题。于是,我联系阳阳妈妈,安抚她的情绪后,分析了阳阳的情况。关于学画画的事,我建议她不要逼迫孩子,等过一段时间再说。阳阳妈妈沉默了一会,答应试一试。

第二天午后,阳阳独自坐在跑道旁的台阶上,我坐到她身边,和她聊天。她讲了学画五年来的酸甜苦辣。刚开始,老师要求画线条练基本功,但她觉得这样浪费时间,便直接开始临摹,因此经常被老师批评。后来发现反倒是坚持练线条的小朋友进步很大,还得到老师的好评,这才意识到是自己急于求成,又重练基本功。于是,我趁机引导她:学习和画画是相通的,动笔答题前的审题也非常重要。阳阳认识到了问题所在,并请我帮她改掉这个坏习惯。我欣然应允。

周一,我迫不及待地打开她的周记:"今天的数学作业,老师破天荒地给了我一个赞,真是罕见!"周记本上是工整的字迹,但少了往常的配图。我一笔一画写下"革命尚未成功,同志仍需努力"几个字,并配了个调皮的笑脸。

悦纳自我,才能做最好的自己!我似乎又看见阳阳嘴角上翘的弧度。

意远:心形的纸条

接下来的日子,阳阳的状态越来越好了,还在校艺术节上获得了一个一等奖。我跟阳阳妈妈反馈了近况。阳阳妈妈也表示女儿再也没有和他们闹过别扭。既然她的成绩有了起色,就先同意她继续画画。

第二天,在走廊里,远远地我看见阳阳一路小跑过来,悄悄塞给我一个爱心形状的纸条。我紧紧攥着它,回到办公室,小心翼翼地展开,上面是各种表情的简笔画,边上写道:"老师,您的那个笑脸画得都快变形了,以上表情作为我对您的报答,谢谢您!"我会心一笑,郑重地回道:"老师也要谢谢你!"

后来阳阳通过美术特长生考试,进入了心仪的高中,并将自己的周记本作为礼物送给了我。最后一页端正清秀的字迹:"是谁,敲醒了沉睡的心灵?是谁,温暖了我的整个寒冬?是她,她给的寒冬竟比春日还要温暖,就像一阵微风拂过我的心头。"在阳阳的心中,我是带领她从内向走向自信的那束光。殊不知,正是因为她一次次吐露的心声,让我意识到自己的"无情",险些伤害了欲振翅高飞的梦想,也正是她的点滴变化,让我的处事方式更加柔和。

而那个破洞的纸团,被我铺平了压在桌板下,紧挨着的是她寄给我的一幅画——两个女生,并肩坐在台阶上。我的眼前又浮现出那一个个和她牵手在操场散步的画面。三年来,我们用笔尖记录彼此的成长。未来的路上,我们一同比肩前行,向着远方,意远悠长……

(江阴实验中学 颜 璐)

守望学生成长

班主任的形象被无数人描绘过,班主任的品格被无数人赞美过,无论用什么样的形式,大家更多时候看到的是班主任在孩子成长道路上的指导、引领、帮助……但我始终觉得,教育的过程其实是班主任和孩子双向奔赴、共同成长的过程。

——题记

常常能听到青年班主任感叹教育中的无奈,不知道教育智慧从何而来,期待自己面对教育中的问题能够早日气定神闲地应对解决……每次听到,我都会不由得想到自己初上讲台时的种种"神威"表现:粉笔头在我的手中划出过抛物线,三角板在我的手下"阵亡"过,连水杯都未能幸免。然而,所有的这些都还曾经被我冠上了"爱"的名义。直到有一天,那样一群可爱的孩子用他们的行动触动了我的心灵,使我得到了成长。

那是一群特别乖巧的孩子,但过于乖巧的他们整体胆子都比较小,不善于交流,缺少主动探索的精神。于是,我们看到的就是这样的孩子:早读声音不响亮,遇到问题不敢问,老师跟他们谈话几乎全程低头、很少回应,体育课上都从来没有主动做示范练习……

于是,各科老师在我面前的抱怨越来越多。面对这些抱怨,我会下意识地将他们跟其他班的学生比较,也会用高八度的声音去训斥他们。而每每此时,我所面对的就是一室的沉寂。后来我才明白,教育者的全部奥秘其实在于如何爱护学生,如果并非真心爱护,那么教育还没有开始就已经结束了。所以可想而知,我的举动当时也并未能改变什么,甚至在学校时他们变得更加小心翼翼。

这不,那天数学课一结束,数学老师立刻气呼呼地回到办公室,我一看她的表情,马上意识到不对劲,赶紧问她发生了什么,数学老师说:"气死了,一堂课上得郁闷的,今天上课内容稍微难了点,全都闷着头,连看都不敢看我,更别说有什么反应了。"这话就像一把火,一下子把我点着了,我二话不说就往教室冲去,一路上心里想着:正好下雨,这个大课间不用出操,看我不好好教育你们,真是不争气。可是令我惊讶的是,全班除了一位当天有点发烧的孩子坐在座位上,其余的人都不见了。

"他们人呢?"我的语气里明显带着火药味。

那个孩子小心翼翼地告诉我:"数学老师发着火出去了,同学们自己到操场罚跑去了。"

罚跑?我从来没有用过这样的方式啊。

孩子接着告诉我:"老师,他们知道数学老师发火了你一定又会生气,大家都不想让你生气,但是又没有更好的解决办法,不知道谁提议了一下,于是大家就出去了。"

我怔住了,那一刻好像有什么东西一下子撞击着我的内心。外面还下着蒙蒙细雨,这群孩子……

我一路奔跑到操场,看到的一幕让我惊呆了:整齐的队伍,整齐的步伐,没有一个人讲话,甚至有的孩子已经憋红了脸,却依然努力跟着大部队的节奏。我的眼中只留下了细雨中那一个个触动我心灵的身影。我赶紧让他们停下,把他们带到操场旁边的长廊,他们那稚气的脸上已经被雨水打湿,可眼神中却分明还透着不安。我竟然什么都说不出来,只问了一句:"你们已经跑了几圈了?"他们说:"三圈。""好,你们在这里等着。"我转身冲进了细雨中,在他们的注视下认真地跑了起来。当我跑到第二圈的时候,那些孩子一个一个地跟在了我的身后,默默地陪着我。

我是他们的班主任,他们需要尊重、关心、理解、信任,可我没有做到。我只看到了他们的胆小、内向,却看不到他们的包容、细腻。一瞬间,感觉有什么流到了我的嘴里,咸咸的。

那天回到教室,我轻轻地帮他们一个个擦干了头发,然后给他们都倒上一杯水,轻轻地说了一声"谢谢"。教室里的气氛明显有了微妙的变化。

第二天一早,我在黑板上写了一段话给全班学生:"亲爱的同学们,谢谢你们,是你们让我思考了作为育人者的初心,是你们让我感受到了作为育人者的幸福,让我们一起与岁月牵手,守望我们共同的成长!"

从那之后,我开始思考如何做到第斯多惠说的"教育的艺术不在于传授本领,而在于激励、唤醒、鼓舞";从那之后,我开始摒弃"河东狮吼"式的语言模式,不断运用有温度的语言,不断追求简单、纯粹的教育;从那之后,我开始搭建各种平台让学生不断锻炼自己、发现自己,开始创设各种机会让各科老师与学生互相走近、走进,看见彼此,欣赏彼此。

于是,我看到了学生眼中越来越多的坚定和自信,他们不仅仅在学习表现上发生了变化,在学校各个舞台上也都有了身影。

我国当代教育专家林格先生认为,在教育的过程中,关系大于教育。用主动、融通的态度去"读"孩子们,一定会读出其乐融融。让我们用这份其乐融融牵手岁月,在等待花开的季节守望成长,一起期待"我看青山多妩媚,料青山看我亦如是"的美好境界。

(江阴市刘菁德育名师工作室 刘 菁)

被"打扰"的幸福

当你在认真做一件事情时,有人来打扰,你会不开心吗?每一个人都不希望被打扰,从前的我也是这样的感受。后来,我遇见了小小的她,一次难忘的经历,让我从此享受被"打扰"的幸福……

那是2017年,我接手新的初三毕业班。在众多女生中,小陈引起了我的注意。她胖胖的,个子不高,做事积极主动,喜欢与人交谈。初次与她相遇,她热情主动地向我问好,并且主动询问我是否需要进行班级卫生打扫。在我的安排下,她与其他同学一起把班级内外打扫得干干净净。

临近放学,小陈特意跑到我办公室,询问我:"老师,我看办公室今天有老师整理物品、打扫卫生,垃圾桶的垃圾特别多,您忙了一上午了,我帮您倒了吧!"看着这个既懂事又体贴的小姑娘,我的心里倍感温暖,也暗暗庆幸,这个班虽然是新接手的,但学生素质挺高,会为他人着想。办公室的其他老师都对这个积极、主动、乐观的姑娘大为称赞。就在我沾沾自喜时,有个从初一一直跟班上来的老师对我神秘地说道:"你是不是觉得这孩子挺懂事、挺热情的?后面你可要承受住哦!"同事的话让我不禁心生疑惑……

随着日子的推移,同事的话得到了印证,因为小陈的热情已经远远超出人的正常承受范围。每个课间,无论我是在批改作业还是在和学生谈心,或者是在专心备课,她都会主动到办公室与我交谈,从简单的问班级事务,再到问自己的学习情况,再到问任课教师的隐私;在路上碰到我,她会先非常礼貌地打招呼,然后开始和我天南海北地说各种事情;她会在放学铃声响起的那一刹那,出现在办公室,与我聊一会儿,打各种小报告,哪怕我提醒她要早点回家……

是的,除了上课外的其他任何在校休息时间,几乎每时每刻都有她的身影出现在我的面前,耳边不断回响的是"老师,你好!""老师,你今天有没有发现……""老师,我告诉你……"她的声音如同复读机一样一遍又一遍地重复,

育人故事

带给我的也不再是温暖而是无奈。于是，渐渐地，无论是我还是办公室的其他老师，开始下意识地躲避，与她保持距离。我们甚至提醒她，在没有老师同意的前提下不要随意进出教师办公室，但是她没有因此而感到生疏与拘谨，还是不停地"打扰"着我们……

就这样，在不断"被打扰"中，我度过了"无奈"的半学期。然而期中考试后一个周三的下午，天气大变，开始下雨，上完夕会课，叮嘱完班级学生让他们回家路上注意安全以后，我立马回办公室收拾东西，准备趁雨不大赶紧回家。刚下楼梯，熟悉的声音便传了过来："张老师……"果然是小陈，我下意识里告诉自己不要理她，不然聊个没完没了，今天准会淋成落汤鸡。我一边想一边不自觉地加快脚步，装作没有听见她的声音，径直快步往前走。

"张老师，等等我……"她在我身后继续喊道。我埋着头继续往前走。"张老师……"这次的声音更大了。"烦死了！"我在心里暗暗嘀咕。但是，心里另一个声音提醒自己：平时不是常常教育学生要尊重他人、礼貌待人，不理她，那岂不是说一套做一套了？想到这里，我停下了脚步。不一会儿，她追了上来。我以严肃又略带生气的口吻说道："什么事？下雨了，我们都得赶紧回家。"她气喘吁吁地说："老师，你没带伞吧，我今天在办公室时无意中听到的。下雨了，我来送你到停车场！"她边说边把伞举到了我的头顶。那一瞬间，羞愧、内疚、自责立马涌上心头，望着因为快跑而满脸通红的她，我不好意思地说："谢谢你。"就这样，她和我并行到停车场。路不长，可今天却感觉格外的远。上了车，望着她独自撑伞远去的背影，虽越行越远，却似乎越来越高大……

回到家，我满脑子都是刚才那一幕，我为自己刚才的一系列举动感到自责与羞愧。在这件事情上，谁又敢说这种"打扰"不是一种幸福呢！我想我们平时的交流中应该还有很多幸福的瞬间，只是焦躁的心情蒙蔽了我发现幸福的眼睛……

电影《寻梦环游记》告诉我们：生的对立面不是死亡，而是被遗忘。我们能够时常被人记挂，是一件多么幸运的事情。因为牵挂所以会留意细节，因为记得所以选择再次"打扰"。如果她不热情"打扰"，又怎会留意到我没有带伞的处境？也正是她不顾冷眼的热情"打扰"，才有了今天的故事。

反观自己，一直以来看到的都是她的不足、毛病，却没有好好地想想她这种过度的热情到底是归属感不强还是自我价值感低,抑或是班级接纳度不够。如果从学生的视角切入,那么留给我的终将不是问题,而是对于班级管理、学生教育的自我反思与警示。摘下有色眼镜,用一颗包容、平等、友善的心去留心、去看待每一个孩子的行为,不难发现,他们每一个身上都蕴含着真善美……

从那以后,我享受着被学生"打扰"的时光,因为我坚信,被"打扰"也是一种幸福;我更相信,在他们身上还有许多可爱之处、独特之处、闪光之处有待我不断发现、学习。在成长的道路上,我们终将成就更好的彼此……

(南京市江宁区麒麟初级中学　张丹凤)

▪ 专家点评 ▪

用爱讲好育人故事

颜　莹

读完老师们写的故事,感觉自己被浓浓的爱意包裹着,一时间,竟有些难以走出来。

世界上的爱有很多种,除了血缘之爱以外,有人说,只有老师是和父母一样,是最希望看见你好的那个人。班主任老师因为长期和学生朝夕相处,从思想、生活、学业各方面深度关注学生,与他们深度沟通,是除了父母以外,真正全方位介入了学生成长的那个人。在陪伴学生成长的过程中,班主任老师和学生之间产生、积淀起了一种特殊而又珍贵的情感。这种情感是师爱,又比师爱更为浓烈。正如爱尔兰诗人罗伊·克里夫特说的,"我爱你,不光因为你的样子,还因为和你在一起时我的样子"。

对于班主任来说,其实日常所有的工作方法和技巧也都是建立在这样一种特殊的"爱"的基础上的。从老师们讲述的故事中,我看到:

这样的爱是坚守与陪伴。王美霞老师带领全班同学把对患病学生的关爱工作做到实处:从情感陪伴到心理辅导,为点点的成长保驾护航。亲情般的呵护,她脚踏实地地做着最平凡最真实最温暖的教育!

这样的爱是平等与尊重。何佳晖老师原以为对一些"特殊"学生施以"偏爱"是教育的良方。可在与学生交往和交流的过程中,她逐渐明白:教育是"慢的艺术",施舍之爱是爱的误区,学生需要的"爱"是平等与尊重,这是"爱的真谛",也是教育的良方。

这样的爱是"双向奔赴"的自我成长。正如张丹凤老师所说,"我坚信,被'打扰'也是一种幸福;我更相信,在他们身上还有许多可爱之处、独特之处、闪光之处有待我不断发现、学习"。在人生的长河中,孩子们与班主任就是彼此最美的"摆渡人"。

班主任老师们用自己的从容和智慧,为学生们寻找着幸福的密码,演绎了一个又一个爱的故事。这些平凡但包蕴着浓浓爱意的教育故事温暖了你我,也汇聚成教师闪亮的教育生涯。

那么,如何才能讲好这些"爱的故事",让这些故事给他人带来更多的思考与借鉴,使其发挥更大的价值呢?老师们在讲述时可以特别注意以下一些写作要点。

第一,寻找对自己产生深层触动的故事,让故事蕴含真挚的个人情感和思考。

从本书老师们选择的故事素材来看,这些故事都来自他们的亲身经历,蕴含了他们的深切体验,因而对他们产生了深层的触动,引发了他们的深层思考。正因为如此,老师们的叙述才显得特别真挚,让读者仿佛"身临其境、亲历其事",被故事中蕴含的情感所深深打动。

写作育人故事的专业意义不是为了单纯的记录,也不是为了表决心、讲道理,而是要在叙述中流淌出自己在故事情境中的独特感受和真切感悟,以带给他人更多的启示。因此,教师在故事的讲述中要融入自己的思考和情感,把自己"摆进去";要有勇气和胆识敞开自我,直面自身存在的问题,不仅讲述自己的成功,而且能将自己的失误与遗憾勇敢地显现出来,让读者在这样的讲述中被打动、被感染,从而让故事产生"拨动人心"的效果。

第二,对故事进行创造性解读,使读者获得多重新鲜而深刻的启示。

好的故事是"创造"出来的,这里的"创造"不是指编撰,而是指教师要运用自身敏锐的教育洞察力,创造性地对某些看似平常的教育事件进行发现和解读,从而使自己讲述的故事具有"陌生化"的效果,给读者带来眼前一亮的新意。

一个好的育人故事,不仅是教师真实心路历程的反映,也是其他老师借以反思、对照、学习的镜子。育人故事的价值不在于讲述故事本身,而在于作者是否能对自己在事件中的教育行为进行解释,对教育生活做出有意义的梳理与提炼,在讲述中传递出自己对教育的思考和理解,从而让读者获得另一种方式的专业引领。因此,在写作育人故事的过程中,我们不仅要把鲜活的故事讲述出来,还要尽可能地挖掘故事的多重意蕴,让故事如同一面多棱镜,引发读者更多元、更深远的思考,这样才能让我们的育人故事显得意蕴深刻、耐人寻味,如同一杯好茶,让人喝完之后,还想再次品味。

特别要注意的是,这样的解读必须是适切的,作者首先要想明白这个故事背后的意蕴究竟是什么,故事背后蕴含的道理不要"含糊不清",更不能"张冠李戴"。如果讲述的故事与作者揭示的"道理或感悟"不匹配,那么就会让读者产生一头雾水、不知所云的感觉。

第三,故事的叙述手法要灵活多样,引人入胜。

在讲述整个故事的过程中,作者切忌平铺直叙,不妨大胆一些,可以像一位真正的作家,运用时空交错、前后对比、欲扬先抑、前后呼应等多种写作手法,使得故事层层深入、扣人心弦,发人深省;又可以借鉴电影导演的拍摄手法,尝试运用倒叙、插叙、夹叙夹议等多种叙事方式,将这个打动了自己的故事生动地描述出来,牵动读者的情绪与思考,让读者在不知不觉中受到启发和感染。

育人故事不仅是教师自己教育生活的一部分,也会给他人带来启迪。因此,讲述真实的育人故事,发现故事背后的意义,无论对学生、教师、教育研究者来说,还是对社会来说,都具有深远的意义。尤其是班主任老师所讲述的那些饱含对生命成长热爱的故事,会让我们更加敬畏生命、尊重灵魂,奠定我们对教育工作崇高的信仰,真正走向"大先生"的境界。

这也正是我们写好育人故事的意义所在。

Senior High School 高中篇

导　语

　　根据班主任育人故事的主题和内容,我们将"高中篇"分为"个别教育""集体教育""青春期教育""家校共育""与学生共成长"五个部分。

　　高中生处于人生发展的一个重大转折期,高考升学的压力、人生道路的选择,在很大程度上考验着高中生的意志力、耐挫力和自控力。面对学业压力引发的身体疾病、心理焦虑等身心障碍,班主任更多扮演着学生学习生活的关心者、陪伴者,人际关系的协调者,以及家校关系的指导者等多重角色。高中班主任老师在对学生进行学业指导的同时,更是把关注的重点放在学生的生活指导,通过开展丰富的班级活动,如体育、艺术、演讲、模拟联合国、社会实践活动等,为不同的学生创设不同的展示舞台,让高中生的青春活力在活动中绽放。当有的同学面对突发的家庭变故以及亲人离世带来的伤痛难以承受时,班主任老师则为其提供一个温暖的港湾,给予他们无微不至的关心与支持,与他们一起共渡难关,成为学生人生的"摆渡人"。

　　高中阶段是人生观、世界观、价值观形成的关键期,班主任作为学生生命成长中的"重要他人",其作用和影响尤为凸显。面对追求时尚的高中生,面对"网红"、汉服、网络小说、"追剧"等时尚元素,班主任老师不是一味地打压,而是试图站在学生立场上,在与学生共情的同时,采用高中生喜闻乐见的方式,如辩论赛、心理剧、体验活动、班级文化建设等,适时进行中华优秀传统文化及社会主义核心价值观的引领。班主任老师不仅关注当下,更加关注学生的未来,带领学生走出校门,在生活中开展教育,做原本在生活中应该做的事情,将师生关系演化为学生生命历程中的一段"目送"。而班主任老师在与学生相伴成长的过程中,也在不断修炼自己的内心。而所谓的教育不过是一场爱与被爱的修行,只有起点,没有终点。

个别教育

> 对于全体儿童进行个别观察时，需要有特别敏锐与关怀的态度，以便在集体生活与全班工作的条件之下，促进教学工作的最大效率，促进每个学生的全部力量和才能的发展。
>
> ——凯洛夫

好样的俊逸

随着高一第一学期末的选科分班,俊逸来到我的班上。正如他的名字那般,俊逸是个俊秀内敛的大男孩。俊逸的学习也不错,在班级的排名比较靠前,因为在之前的班级担任劳动委员一职,我便推荐他担任新班级的临时劳动委员,他欣然接受。

对于自己的工作,俊逸认真负责。他排好卫生值日表,每天确认不同职责岗位的同学是否到位,合理调度集体大扫除等。偶尔做得不到位的时候,我也会提醒他,每当这时,俊逸总是腼腆一笑,甚是可爱。因为文科班男生着实不多,俊逸被我安排在了最后一排座位。

事情的转折大约有二。

有段时间,俊逸的学习成绩有所下降,我也注意到俊逸听课的时候,稍显慵懒,有时喜欢较长时间靠在后墙上。我跟俊逸商量,想将他的座位往前调一调,通过改变环境,改变一下他的学习状态。但是俊逸并不太愿意,表示已经习惯坐在后面了。

大概是同时间段,我所带的班级接受了一项任务——在学校宣传片中出镜,因此,我们需要配合一些场景的拍摄,如教室、宿舍。俊逸爸爸在拍摄当天早晨发信息给我,帮俊逸请假,原因却没有说得很明白。

俊逸休息了一天,第二天便来学校正常上课了。关于座位的调整,俊逸也同意往前调两个座位,但是表示自己的学习状态有所回升后,还希望能回到原来的座位,我同意了。

时光如水,俊逸还是一如往常,喜欢浅浅地笑。在上次请假一天之后,俊逸没有再缺席过,只是学习上依旧没有太大起色。

俊逸不算是一个不好沟通的孩子,但是,目前的接触似乎不足以让我全面深入地了解俊逸。我决定以上次的突然"请假"为切入口,主动接触俊逸的爸爸,当然也是因为在班级群里,一般都是俊逸爸爸回复信息。

原来,他是个不一样的俊逸。

俊逸爸爸感受到我的诚意,直言不讳,跟我说了俊逸的情况。俊逸因为患有比较顽固的皮肤病,面部有一些色素沉淀。其实问题并不严重,俊逸爸爸带着俊逸看过很多医生,医生们都表示没有太大问题,对健康没有任何影响,通过涂抹药物,在外观上也会有很大改善。其实,我是有一些诧异的,接触这么长时间,我从未留意过俊逸面部那一块不大的色素沉淀,正如我之前所说的,俊逸真的是一个俊美的大男孩。

但是,俊逸不是一般的纠结。他不断搜寻各种信息,央求父母带他去求医问诊。父母有时只好以疫情防控期间不方便出行为由,采用"拖延战术"。俊逸是真的喜欢教室里最后的那个位置,因为他不想获得更多的关注。他更加无法接受要在镜头里出现,只能以身体不适为由请假休课。这样的烦恼大约从初二开始,没错,从进入青春期开始,他越来越在意,越在意越不适。时至今日,俊逸已经出现了失眠的状况,没有办法专注于高中阶段更加紧张的学习。

我决定帮助俊逸,但是我不知道,对于俊逸,我可以帮到哪里。

碰巧的是,我先生也是个皮肤病患者,跟俊逸的情况有点类似,这是我跟俊逸交谈的切入口。俊逸惊讶于我对此类问题的了解。我告诉俊逸,他的痛苦,只有他自己感受最深,父母、师长都没有办法替他承受,俊逸点点头。我也深深明白,俊逸跟我先生不同,俊逸还是个孩子,不能要求他像成人一样有着强大的内心。我给了俊逸一个建议:先找学校专业的心理咨询老师聊一聊。俊逸思索片刻后答应了。我想,这应该是个不错的信号。

在这之前,俊逸以及俊逸的父母,从没有,或许是没有意识到,要跳出"皮肤问题"本身来看待俊逸的问题。

三个多小时的交流中,俊逸流泪了,他宣泄了很多,也得到心理老师一些专业的建议。临近学期末,不出所料,俊逸的成绩继续下滑。暑假开始,我决定家访。

俊逸的父母关系和睦,家庭条件不错,俊逸是家中唯一的孩子。俊逸爸爸告诉我,俊逸在与心理老师交谈之后,纠缠父母的频率没有那么高了,但是失眠的情况没有得到太大的改善。交谈中,我能感受到俊逸的父母因为孩子的执拗而伤心。

其实,最难受的还是俊逸,他的痛苦,任何一个人都不能体会得更深;成年人认为很简单的道理和常识,俊逸却无法理解,因为他还是孩子,他没有办法控制自己的执拗。所以,俊逸不是不善良,不是不孝顺,俊逸是没有办法控制自己的行为。听我一番解释,俊逸的父母宽慰了很多。是的,我们都相信,俊逸是个善良的孩子。

除了父母、老师的帮助外,俊逸需要更加专业的指导,这是俊逸父母需要明白的。这次,不再是俊逸缠着父母去专业的皮肤病医院了,而是俊逸父母带着俊逸去专业的精神科医院,而俊逸也意识到自己的问题了,欣然接受。俊逸开始服药了,每周去开药,随着病情改善,药量逐渐递减……

地理老师告诉我,俊逸晚自修结束后回家,还会发信息问问题;俊逸的数学有了起色,有一次还位列班级第一;俊逸不再跟我提调整座位的事情了;这学期期末,我们都相信俊逸的成绩会有极大提升,只是,因为突然侵袭的"诺如病毒",俊逸最后一场考试未能参加,略有遗憾,但这并不重要。还有一件事是我后来才知道的:俊逸的同桌,是个开朗的女生,临近期末,突然生病住院了。放假之前,俊逸认真收拾同桌的学习资料、寒假作业等,然后和妈妈一起把资料送到了医院,还带了一束花……

教育是缓慢的艺术。教育不是浮光掠影,只有触碰到学生的心灵,去感受他的感受,去理解他的想法,才有可能帮助他铲除内心的杂草;教育也不会立竿见影,而是需要小火慢炖,用"牵着蜗牛散步"的心境,陪伴学生成长。

最后,我想送给俊逸一句话:生命中可能会刮风下雨,但我们可以在心中拥有自己的一缕阳光。

(南通大学附属中学　黄　颖)

用爱照亮"被遗忘的角落"

我不会弹奏任何乐曲,但我对吉他却情有独钟,而这一切缘于一名学生——小凯。

去年9月,我任教高一,班上有个男生小凯,个子较高,坐在最后一排的角落里。几次课后,我发现他很沉默,从不主动回答问题,课后也默默坐在一旁,几乎不与同学聊天;中午去食堂,总是独来独往。与同学也没有共同话题,加上他曾做过气胸手术,无法参加剧烈运动,男生们喜欢的篮球、足球等运动他都得避而远之。因此,在开学一段时日后,他依旧没能融入班级群体,形单影只,分外孤独,仿佛是一个被遗忘的角落。我看在眼里,急在心里,多么希望自己成为一束光,温暖那个角落!

我开始留意他各方面的表现,询问其他任课老师,向班委了解情况。我也曾尝试在课上,关注他的听课状态,"故意"寻找各种机会请他回答问题……但收效甚微。

直到有一次,我正开着电脑整理文档,突然怎么都无法操作"复制粘贴"任务,多次失败后,我想到了小凯。于是,我将小凯叫了过来,借机向他请教。他看了我一眼,随口说了一句:"重装一下文档系统。"看我茫然的样子,他便主动打开桌面上的软件管家,找到办公软件,点击"重新安装"。安装完毕后,点击"重启",果然,一切都能正常使用了。我故作惊喜,连连问他是怎么知道的,小凯笑了笑,说他家里也有一台老式电脑,运行内存不够,隔一阵子就得重装才行。趁此机会,我又赶紧向他讨教了一些操作问题,只见他说得头头是道。于是,我便趁机征询他的意见,今后遇到这类问题能不能向他求助,他微微点了点头,算是答应了。

从这以后,他渐渐打开了话匣子,每次面批完作业后还会主动与我多说几句,感慨一下最近发生的事情,聊聊他的想法。我请他回答问题时,他也变得更加主动了。当我提出想请他担任小组长,负责每天收取本组同学的作业

育人故事

时,他也不再拒绝。慢慢地,那个曾经"被遗忘的角落"不再寒冷。

小凯的父母都在外地做生意,平时小凯放学后都是一个人在家,有时父母得空赶回来也已是深夜,无暇顾及他的学习生活。

我决定进行一次家访。我和小凯妈妈约在了一个周末的午后。我与她分享了小凯的情况,她显得有些自责,更多的是无奈。由于工作原因,平时陪伴小凯的时间有限,与小凯沟通的时间更是微乎其微。我表扬了小凯独立生活的能力,也希望家长每周能抽一点时间陪陪小凯,多创造一些沟通的机会,听听孩子的想法,慰藉孩子孤寂的心灵。

来到小凯的书房,我发现角落里有一把吉他。于是,我惊喜地询问小凯能否来一段吉他弹奏,小凯红着脸,点了点头。他的吉他弹得很不错,看得出,他很享受这个弹奏的过程。他说,这是在初三放暑假时学的,平时晚上回家后,心情郁闷时还会自己弹一阵。我告诉他,这是我听过的最动听的旋律,他腼腆地笑了。当我的眼神落在小凯的书桌上,上面摆放着他初中时参加机器人编程夏令营的证书,听小凯妈妈说,因为孩子比较喜欢编程,主动报名参加了夏令营活动。我用赞许的目光看着小凯,小凯似乎读懂了我的眼神,此时的微笑中多了些许自信。

在接下来的主题班会上,我邀请小凯上台给全班同学来了一段吉他弹奏,那一曲旋律一下子抓住了所有人的心。同学们沉浸其中,惊呼平时很少说话的小凯居然把吉他弹得这么好,纷纷送上了发自内心的掌声!下课后,大家都围着小凯问这问那,向他讨教学习吉他的经验,交流应该如何调音,小凯羞涩地微笑着,一一回答了大家的问题。

正巧学校开展机器人社团活动,我便鼓励小凯积极报名参加。他凭着初中时的学习基础,顺利通过了学校的筛选考试,正式参加训练。从区级初赛,到市级选拔,再到省级比赛,每一轮赛前,我都带领全班同学为他鼓气加油,并及时将他的喜报传递给他的父母,他也渐渐自信起来。过关斩将,小凯最终获得了省级二等奖。当他被邀请上台领奖时,我看到他笑了,那笑容明媚如春,那个曾经"被遗忘的角落"不再黑暗。

在临近期末的一个周末,小凯突然身体不适需要住院进行治疗。在他住院期间,同学们一起为他写贺卡,班级代表去医院给他带去小礼物。一周后,小凯出院了,当他走进熟悉的教室,同学们向他招手、微笑甚至拥抱……小凯感动得红了眼圈。落了一个星期的课,老师们利用大课间帮他梳理知识点;学习委员帮他勾选重点题型……这一切都让小凯感到无比温暖。现在每当我看到小凯上课专注的神情,课后向同学请教、与同学有说有笑的场景,看着他渐渐融入大集体,找到"家"的归属感,我的内心无比喜悦,我高兴那个曾经"被遗忘的角落"变得如此温暖。

我相信每一个生命都是独特的个体,但教育方法一定存在某种普适性。在教育过程中,最关键的是发现学生的心理需求,进而去满足他的实际需要。爱的缺失导致小凯脱离群体,但当他发现自己被关注、被肯定、被需要、被爱后,逐渐找到了自我价值感和归属感,那个被遗忘的角落不再被遗忘,正和班集体一起描绘美好的未来。

看,这是我专门为小凯制作的"成长日记",等他高中毕业后亲手交到他的手里,愿他的未来充满阳光!

(吴江中学　贺姣妮)

枫叶是自己红起来的

每个人都不该忘记,人生夜行路上,我们自己才是真正点亮心灯的人!

——题记

静谧的午后,难得闲暇。我翻阅着一张张祝福卡,沉浸在和孩子们曾经同甘共苦的快乐时光里:那一年我们军训、那一次我们野炊、那一天你们十八岁……不经意间,一片红干了的枫叶映入我的眼帘,手掌一样的叶片安然躺在一张卡片里。我小心翼翼捏起它,久久地端详,忆起三年前的点点滴滴。

春愁——眼角的泪

春雨绵绵,潮湿了心情。夜,悄悄地掩盖了校园一整天的喧嚣,晚自习已经开始了。"咚咚咚!"一阵急促的敲门声打乱了我的思绪。打开办公室的门,班长插着腰上气不接下气地说:"老师,小彭……直到现在还没回来……上晚自习。同学们说……今天也没看到他来饭堂吃晚饭……"

我拿起伞边走边交代班长:"走,咱们分头找。"小彭平时喜欢打篮球,也许在球场。于是,我打着伞,匆匆往球场赶。下了楼梯,穿过长廊,只见灰蒙蒙的天空下,小彭坐在篮球场的角落里,任小雨淋湿他的头发,一人一球在空旷的球场上,显得如此寂寥。

我收起伞,快步走到他的身旁。也许是听到了脚步声,他抬起头,眼角湿湿的,分不清是雨还是泪。"这是怎么了?"我心里咯噔一下。一时不知说什么的我俯身拿起篮球,走到篮筐下投了一球,然后问道:"来一局?还是一起去吃饭?"小彭看着我,欲言又止。这一次,我看清楚了,他的泪水悄无声息地滚出眼眶,和着雨水潸然而下。

我放下篮球,坐在他身旁,细雨打在我们身上,只有沙沙的声音。许久之后,"老师……我太没用了,什么都做不好。班干部没选上,演讲比赛也没得奖,这一次,连我最擅长的英语也考砸了……"他说话时表情痛苦,沮丧地望着被风雨打落在地的几片枫叶。我没有立即接话,却分明感受到一颗受伤心灵释放出的莫大愁苦。

夏忙——青春的汗

"世界以痛吻我,我却回报以歌。"每个人的心灵深处都会有愁苦,但同时每个人的心灵深处也都开启着一扇通往快乐的友善之门。从哪里跌倒就要从哪里爬起来!

带着这样的思考,我开始忙碌起来。班会课上,小彭站在讲台前,显得有些局促,额头有点微微冒汗。在我的一声令下,同学们开始把写好的"糖弹"扔向小彭,那是一颗颗裹着"甜言蜜语"的纸团。"每天在教室都能看到小彭搬水的身影。我为他点个赞。""小彭英语特别棒,一直是我们学习的榜样。""小彭是我的好哥们,篮球打得特别棒。"当我将一粒粒"糖弹"拆开念出来时,小彭脸涨得通红。那一周的周记中小彭这样写道:"没想到在我眼中一无是处的自己,在大家心目中居然有这么多的优点。感动之余我也反思了下自己,不能因为一时的失败就否定了自己的全部。"

接下来的日子,他和我一起"忙"了起来。五月的"爱心义卖会",会场上能听到他的吆喝声;六月的"科技节",橱窗里展示了他的小模型;七月高一新生报到,他成为迎新志愿者。每周两次,我拉住他找到英语老师强化练习……整个夏天,班级里、校园中常常看到他忙碌的身影。有那么几次,在篮球场上遇到他,阳光透过翠绿的枫叶洒在他的脸上,青春裹挟着汗水在阳光下熠熠生辉。

秋收——心里的光

秋意渐浓!转眼间,新的学期开始了。

我站在篮球场边,看着这一群心情低落的孩子——他们刚刚输掉了篮球决赛。我想走上前去安慰几句,但被突然传入耳际的声音拦住了脚步。只见小彭站在队员们中间,挥了一下紧握的拳头,眼神刚毅地说:"不就一场比赛吗?下次赢回来就行了!没什么大不了的,我相信我们永远是最棒的!"我向他投去肯定的目光,笑了。

球场上的人渐渐散去。小彭还在整理球场上的空水瓶。我走到他的身旁,拍拍他的肩膀:"刚才干得漂亮!"他不好意思地抬起手,挠了挠自己的脑袋。我指着球场边的枫树,注视着他,问道:"你有没有注意到球场边那棵枫树?"小彭的双眸一亮,因为他和我一样,都发现原本绿色的叶子不知何时变红了,满目的红铺了一小片天空。

"你知道枫叶为什么会变红吗?"我打趣地问。

"应该是气温变低导致色素由绿转红。"他很得意。

"你说的是书上写的,而我要说的是生活给予的答案——枫叶是自己红起来的!"

我话音刚落,他马上敛其得意,陷入沉思,几秒钟后对我笑一笑就离开了。笑容中的目光是那么坚定,没有一丝犹豫和迷茫。那一刻,我知道,他将来的收获远远不止这一个秋天。

冬藏——甜蜜的梦

寒假前一天,小彭临走时找到我,神秘兮兮地塞给我一张卡片就溜了。直到处理好手头工作我才坐下来,打开卡片的刹那,我的眼睛湿润了……

那是一片红色的干枫叶,手掌一样的叶片,安然躺在卡片里。卡片背后写了一段话:"黄老师,如果我是一片枫叶,那你就是秋风,把我从绿色、青涩吹成了红色、成熟。感谢在我的学生生涯里遇见您!"

李镇西老师说过:"让人们因我的存在而感到幸福。"看着小彭一点点地转变,我倍感欣慰,眼前仿佛出现了他精心挑选枫叶的画面。

春愁—夏忙—秋收—冬藏,四季轮回中我相信他早已明白了"微笑是苦痛之后的温柔云朵"的道理,而那"枫叶是自己红起来的"真谛应该也永远会留在他青春的梦里。

后　记

人在路上,有些坎坷,只有自己迈过,才会遇见精彩;路在心中,有些无奈,只有自己释怀,才会走出迷途;爱在心中,有些情感,只有自己体验,才会乐享幸福。行走在教育世界里,我愿历经春、夏、秋、冬,见证枫叶自己一点点红起来。

(江苏省无锡市堰桥高级中学　黄澎清)

人生的惊喜

我国近代教育家夏丏尊曾说过:"教育没有情感,没有爱,如同池塘没有水一样。没有水,就不能称其为池塘没有情感,没有爱,就没有教育。"

小时候,我就有个梦想,那就是做一名老师。随着我慢慢长大,读了高中,在那里遇到了一位令我难忘一生的班主任,她待我们如师如母,我很想成为像她一样的人。后来我的两个梦想都实现了,因为我遇到了他们——我亲爱的学生们。

他们是一群既普通又独特,既调皮又可爱的孩子。给我印象最为深刻的是去年带的一个男生 A,高一刚进校没多久就听到带过他的老师"吐槽"他的种种"传奇"故事。每每听到这个不折不扣的"坏孩子"事迹,我都会对着愁眉苦脸的同事调侃上一句:"做老师一定要学会坚强啊!"结果人算不如天算,高二选科分班之后,还没等我拿到班级学生名单,微信里便有热情的同事送来"问候",纷纷调笑道:"胡老师,你们班来了一个'核弹型选手'!做好心理准备啊!"隐约的不安开始弥漫,直到开学那一天,我看见他留着盖到眼睛的长发,穿着令人咋舌的鲜艳服装,大摇大摆地走进教室,我心中的警铃大作,不禁感叹真是"风水轮流转",班级里有这样一个"刺头"存在,可真是给班级管理带来不小难度!

带着这样的初始印象,我尝试着主动与这个孩子接触,班级课堂巡查时我会默默关注他的课堂情况,在他出现违规违纪的情况时做出适当的提醒,课后休息时主动上前和他交谈……经过一段时间的了解,我发现这个孩子热衷篮球,几乎是一有空就抱着球跑去操场;还很喜欢唱歌,可以大方地在同学们的调侃下站起来唱上一段。但他的坏习惯也确实明显,上课不听讲,爱睡觉,有时还爱和老师唱反调,课后不写作业,两次月考成绩稳定在班级倒数三名。纪律上更不用说,隔三岔五地迟到,不穿校服,自习课缺课,带手机进校园,等等。为此,我又去他原来的班主任那儿进一步了解一番,发现这孩子最

 育人故事

大的问题就是明知故犯,屡教不改!

面对这样的学生,单纯批评教育、采取惩罚措施是解决不了问题的,那又该如何去处理呢?高中阶段的孩子已经慢慢形成一套自己的人生观和价值观,想要对他进行纠正与改变,就得先走进他的内心,做他的朋友,站在与他对等的位置进行交流,让他尊重你、认可你,在他的心目中树立威信,这样他才会打心底真诚地去接受你的劝导和建议,而不是那种表面上的应付。

为此,在日常的班级生活中,我尽量包容他犯的各种小错误,尝试着从他的兴趣爱好入手,发自内心地尊重并且支持他的爱好。在课余时间放手让他去篮球场奔跑,而不是以高中阶段时间紧、打篮球影响学习为由约束他。特别是年级篮球赛的时候,我力排众议任命他为班级篮球队的队长,郑重地委托他带领同学为班级荣誉而战。在决赛前夕,他向我申请自习课时间带领班级同学训练,其他老师纷纷反对,认为他其实就是想找个机会逃避学习,年级主任更是反复提醒我:不上自习课,极容易让学生们在学习上松懈,非常影响班级班风学风建设!

我思前想后,最后还是决定相信他,鼓励与支持他的选择,同时也对他表达了我对于此举可能会带来不良后果的担忧与忐忑。我清楚地记得当时他低着头沉默了一会,抬起头时眼眶有些湿润,但眼神却坚定:"老师,谢谢你!篮球赛一定不会让你失望!"在正式比赛时间,只要没课,班级的每场比赛我都会准备矿泉水到现场为学生们加油。决赛那天,我特批了全班学生一节自习课一起去篮球场给为班级荣誉拼搏的同学鼓劲助威。最后,他们不负众望,在参加高二年级篮球赛的 22 个班级中夺得了第二名的好成绩,仅次于高手如林的体育班。在周一升旗仪式后的颁奖典礼上,我特地安排他上去领奖,并在当天晚读的时间开了一个简短的班会,在全班同学面前着重表扬了他带领班级同学迎难而上的担当精神与责任感。

篮球赛后,我发现他对我似乎和善了不少,课间看到我不会再低头无视,有时甚至还会主动凑上来打声招呼;上课睡觉被我提醒时,不会再翻着不耐烦的白眼,有时甚至还会露出内疚的表情;偶尔尝试交一些作业,虽然错误连篇,但是一笔一画写得很是工整。看着他细微的变化,我慢慢感觉到这个孩子可能并不是"坏孩子",更像是个缺乏认可,没有自信,固执地通过强烈的逆反举动而博关注的孩子。

不久后,又发生了一件让他发生很大变化的事——校园十佳歌手大赛。从和他的交流中,我了解到从初中起他的父母就非常反对他唱歌,认为这是一件影响学习、不伦不类的坏事,对此他一直耿耿于怀。后来学校举办十佳歌手大赛活动,参赛对象主要是高一新生,但我在得到活动消息后还是第一时间想到了他,于是立刻通知他准备报名参赛。他十分惊讶,瞠目结舌地看着我,结结巴巴地说:"老师,这都高二了,你竟然会支持我去参加这种影响学习的活动?"我有些诧异,没想到他居然会认为唱歌影响学习。我进一步询问,才了解到他在高二选科时曾想选择艺术,但他爸爸狠狠打击了他,并且训斥他为了逃避学习放弃前途,再加上初中时父母就对他唱歌这一爱好的强烈打压,这一系列举动彻底让他消沉下去,完全失去了对学习的兴趣,甚至厌恶上学。

了解到孩子如此反常的根源之后,我特地在他决赛的那天打电话邀请他的父母到学校为他加油。孩子的父母看着舞台上的儿子颇为动容,我趁热打铁与他的父亲沟通了孩子的想法。交流中,孩子的父亲慢慢意识到在孩子的成长过程中,自己的过分打压给孩子造成了伤害。比赛结束,孩子走到后台,看见自己的父母捧着鲜花为他祝贺那一刻,闪烁的泪花让我为之动容。

校园十佳歌手大赛之后,虽然他还是小毛病不断,但我慢慢发现校服日的时候他能规规矩矩地把校服穿上身,上课瞌睡的情况越来越少了,在自习课上被班干部提醒后能停止讲话了,甚至还会对影响他人的同学出言制止,隔三岔五还能听到任课老师诧异地告诉我:"这孩子今天上课居然记笔记了!""这孩子今天居然交作业给我,还写得挺好!""你们班的那位'核弹选手'进步很大啊!"

高二下学期的最后一天,我和这些孩子告别,回到家微信便突然亮了起来,打开一看居然是他发来的消息:"胡老师,谢谢您让我知道这个世界上真的有可以像姐姐一样理解我、认可我的老师……谢谢您这一年来对我的包容和鼓励,谢谢这段缘分,谢谢您的一切,您是我人生旅途中最值得惊喜的惊喜。"

感动、惊讶、欣喜……看完的那一刻我百感交集,久久不能平静。孩子,感谢你的到来,感谢我们的相遇,其实,你才是老师人生的惊喜!

(宿迁市马陵中学　胡誉元)

"网红"风波

"老班,老班,快看抖音,我们班出了个大'网红'!"周一一大早,一群学生便叽叽喳喳地围在我身边,让我打开手机看视频。我仔细一看,咦,这不是咱班的小敏嘛!她在教别人唱歌,视频点击量已经上万。我还没来得及发表任何意见,手机铃声突然响起,是小敏的妈妈。妈妈在电话里跟我抱怨:前阵子,小敏偶然做了一次直播,结果意外收获了大量粉丝,收入可观。此后她一有时间就化好妆躲到房间做直播、拍视频。昨天晚上,她忍无可忍,冲进小敏的房间拔下电源,小敏喊道:"凭什么阻拦我?你现在的工作挣得还没我多!我以后就靠直播挣钱,你别再蔑视我的劳动成果了,再这样我就不上学啦!"说完"砰"的一声关上房门,拒绝和家人交流。

"老师,现在都已经高二了,她不想着好好学习,成天想着挣钱,这不是自毁前途吗?老师,我已经没有办法和她沟通了,他爸也无能为力,只能靠您了!"

小敏一直以来就是年级的文艺骨干,主持、唱歌、跳舞样样拿手,就是脾气有点倔,不太愿意接受别人的建议。高一时,她曾经想走艺术生方向,被家人制止,一直耿耿于怀。放下手机,我看见手边一张"毕业生奖学金颁奖典礼"的流程安排表,顿时有了主意。

中午,我把小敏喊到了办公室。"小敏,我昨天刷抖音,看见一个女生和你特别像,唱歌也好听,你看!"我把手机递给她。

"老班,没想到您也刷抖音啊!……这不叫'像',这就是我啊!我最近觉得做直播真不错,不仅能挣钱,还能攒人气,没准我不上艺术院校也能成为明星呢!老班,您觉得我拍得怎么样?"小敏笑眯眯地看着我。

"你很上镜,而且视频拍得也不错,能看出来是下了不少功夫的。但是,我觉得几条视频都大同小异,内涵上也欠缺了点,看多了也就那么回事。你有没有想过,为什么有的主播如昙花一现,有的就可以深受粉丝多年的喜爱?

如果你真的要长期做主播,怎么才能留住你的粉丝呢?"

"说实话,这个我还真没想过。老班,您对直播都有研究,太牛啦!不像我妈,我做什么她都反对,昨晚还和她吵了一架!您能教教我接下来该怎么做吗?"看着她急切的眼神,我知道铺垫已完成。

"这可是门学问,三两句话说不清楚,后面我慢慢来教你。今天找你来是有件事要你帮忙,学校马上要举行毕业生奖学金颁奖典礼,我推荐你做主持人,你愿意吗?"

"当然愿意,谢谢老班!"

"不过,这次的任务很有挑战性,因为要进行'云直播',所以主持人要用双语。等会我把主持流程发给你,你不仅要准备中文主持稿,还要将其翻译成英文。时间紧任务重,最近得把直播的事儿先放一放了,没问题吧?"小敏面露难色,但看见我期待的眼神,她还是点头答应了。

接下来的一周,我默默地观察她的课余活动,同时联系了她的妈妈。在安抚了妈妈的情绪后,给她布置了个小任务——观察小敏在家的动态。除了正常的学习安排,课余时间她都在认真地写稿、翻译,不会的地方也在努力查词典,在家也没有再花时间进行直播和录视频。

颁奖典礼前一周,小敏跑来找我,一脸无奈,平时灵动的一双大眼睛也失去了光彩:"老班,我觉得我胜任不了,主持词还有些磕磕绊绊,而且据说现场还有很多临场翻译,翻错了多丢人啊!"

见此情景,我顺势说道:"所以啊,做主持人并不是件容易的事情。要想成为一名优秀的主持人,光有语言基本功、读稿子是远远不够的。语言功底、临场反应、人文素养、综合素质等都决定了一个主持人未来的方向。你看那些优秀的女主持,哪一个不是博学多才、才华横溢的呢?"

"那我该怎么办?"小敏沮丧地问我。

看着她焦急的表情,我拍了拍她的肩膀,安慰道:"没事,有什么问题,老师和你一起解决!"当天晚上,我陪着她把所有的主持词中英文版都重新梳理和修改了一遍,这才让她放下心来。

颁奖典礼上,小敏的表现出人意料地精彩,老师和同学们都赞不绝口,她自己也信心倍增。看见时机已到,典礼结束后,我又一次和小敏进行交流。让我意外的是,她竟然自己先开口了。她告诉我,她从小的梦想就是做一名

育人故事

主持人,自从父母不支持她学艺术后,她就一直想找机会证明自己在文艺方面的特长,希望能够让父母"回心转意"。当主播、录视频也是想告诉父母,她可以用自己的艺术特长养活自己。但是,这次的经历让她懂得了没有知识的积淀,做什么事情都只能浮于表面,做不成自己想要成为的人。

"老班,我知道这次主持机会是您好不容易为我争取的,我也知道我妈因为直播的事情找了您。这段时间,您一直在帮助我,同时也在用行动告诉我什么才是对自己、对社会更有价值的事情。"

"小敏,还记得上次我们的谈话吗?在抖音上,你会发现一些看似流量千万、年轻貌美却没有真才实学的'网红'最终都相继消失,而那些长盛不衰的,谁不是有着才华和学识的?只有用知识、学识来武装自己,才不会在直播的洪潮退去之后变得一无所有,而这些都需要你现在开始积累。以后,不论你想做什么,目前的才学和眼界还无法成就将来的你。基础知识的铺垫才能让你未来的路越走越稳、越走越宽。"

"以前,当主持人只是我遥不可及的一个梦想,而现在它却在我面前清晰了起来,我知道我该做什么了,老班,谢谢您!"

小敏红了眼眶,站起来,走到我面前,重重地点了点头,给了我一个大大的拥抱。那一刻,我真实地感受到了做班主任的意义。

(南京田家炳高级中学　瞿　雯)

"育"见花开

"小江在你们班呀！有你烦神的了！这孩子高一时，可是出了名的'大魔王'！"开学前两天，当我拿到班级学生的个人信息后，一位同事打趣地和我说道。

同事这话无疑加重了我的思想负担，同时小江这个名字在我脑海里留下了深刻的印记。于是，我便走访他高一的班主任和任课老师，老师们一个劲地摇头说没法管，难相处，教不了。

过了两天，学校正式开学。我见到了小江。他斜挎着包，衣领歪向一边，头发没有修剪，晃悠悠地走进教室。

没过多久，小江就暴露了各种问题：思想上不思进取，课堂上睡觉，课后不写作业，逃避班级值日劳动，甚至会因为小事和同学打架……

于是，我和他来了一次"正面交锋"。

这次对话是在我的办公室进行的，不知是不是办公室的氛围给了他压力，抑或是我们的对话并不是平等的沟通，所以这次的对话以小江的"非暴力不合作"告终。

谈话结束后，我望着窗外，天空灰蒙蒙的，一如我的心情。

可我总相信，每个学生都有自己的闪光点，都有向上的心！我总觉得这可能不是他的真实面目，表象异常的背后一定另有原因！

于是，我利用周末时间，来到了小江的家，开门的是小江的奶奶。奶奶大约七十多岁，穿着朴素，头发花白，不高不矮的个子。饱经风霜的脸上，刻着一道道深深的皱纹，粗糙得像老松树皮的手上磨出了几个厚厚的老茧。

在和奶奶的交流中，我才知道在小江小的时候母亲就去世了，父亲常年在外地打工，只是定期向家里汇生活费，逢年过节也很少回来。他从小跟着爷爷奶奶长大，前几年爷爷去世了，现在和奶奶相依为命。受文化水平的影响，奶奶只能让他吃饱穿暖，很少和他交谈。

育人故事

小江的遭遇让我深感同情,没有父母之爱的孩子是何等痛苦?没有父母陪伴的成长又是何等孤独?十六七岁的身躯里又藏着一颗何等脆弱的心?他的心灵缺乏爱的阳光,只有打开心门让阳光照进去,他才能迎来春天。可如何才能打开他的心门呢?

音乐老师曲老师的话,让我找到了突破口。

一节音乐课后,曲老师激动地告诉我:"小江的二胡演奏很有天赋啊!"小江,怎么会是他呢?我有些难以置信。忽然间脑海里灵光一闪:音乐表现的是一个人的灵魂呀!现在正可借助音乐,正面接触他呀!

当天下午的班会课上,我提着一把二胡来到教室,明知故问道:"听说咱们班出了个二胡演奏奇才,究竟是谁呀?"

"小江,小江!来一曲,来一曲!"学生们喊起来。一声声热情的邀请让一向冷漠的小江居然有些羞涩。他站起身走过来,接过二胡开始演奏。标准的坐姿,流利的调音试音手法已然让我刮目相看,随着音乐响起,我更是佩服。一曲《二泉映月》,被他演绎得时而深沉,时而激昂,时而悲壮,时而哀怨,如泣如诉!在这首曲中,我听出了他内心世界的呐喊:他无力改变自己的身世,却又有着诸多不甘;他渴求理解、渴求释放、渴求像花儿一样绽放!这一幕深深地打动了我。

过了半个月,学校开始组织歌咏大赛。我心想:机会来了,要趁热打铁。

我找了个合适的机会把小江叫到操场——他酷爱篮球,经常在操场打篮球。心理学表明,熟悉的环境更有利于个体敞开心扉。在交流中,我了解到,小江的二胡是跟爷爷学的,他的歌唱水平也很高。我再次称赞了他的音乐天赋,并重点沟通了这次让他参加歌咏大赛的想法,我对小江说:"这次大赛,由你全权负责。此外,这次我们班不用伴奏带了,由你组织班上会民族乐器的同学组团伴奏!"我至今记得当时他那受宠若惊的眼神。

在随后一个月的筹备过程中,我暗地里关注着小江的行动,创造条件帮助他开展工作。小江和同学的沟通越来越多,同学们也逐渐开始欣赏这个音乐"天才"。得到大家的肯定与信任,曾经"桀骜不驯"的小江变了,查资料、选曲子、挑乐器、选服装、定队形……到处是他忙碌的身影!在全班同学的共同努力下,我们班在歌咏大赛中一举夺魁,小江成为全校的焦点!

在那之后,这个曾经一度放弃了自己的孩子,发生了些许变化:课堂上可以看到他充满求知欲的眼睛,课后他也和同学们交流起来。一切都在悄然变化着。

但我总觉得,对小江的帮助,不该止步于此。

又是一个周末,我约小江出来,见面地点在当地的音乐学院。小江来的时候依旧是斜挎着包,衣领歪向一边。当我告诉他,我和曲老师特意请了音乐学院的教授来指点他的二胡时,小江很惊讶,显得有些局促。在见老师前他特意整了整衣领。当教授肯定了他的演奏,并告诉他,只要文化成绩达线,肯钻研专业,很有希望考取211院校时,我感受到了他的情绪波动。

可是紧接着,小江却陷入了沉默。因为他知道,又是一笔不菲的开支。我告诉他:"游戏别打了,代打虽然能赚一点钱,但你现在处在关键时期。费用不用担心,音乐学院会帮你减免一部分,而且我也会帮你争取学校的贫困生补贴。"这时我看到他眼中的光亮。

小江不知道的是,他打游戏赚钱贴补家用的事早就被一位同学透露给我;他也不知道,曲老师和我费了多少心力才请到了教授来给他指点二胡。

经过一年多的专业训练,小江的二胡演奏水平已经得到了很大的提升,他也将在今年年底,正式迎来他的专业省统考;同时,他在文化课科目上的努力也得到了任课老师的认可。他的未来正在闪闪发光!

回顾我和小江的故事,我很庆幸,自己抓住了稍纵即逝的机会;我很欣慰,坚守了自己为人师的初心,用爱心和智慧改变了他没有航向的人生。教师如同花匠,在教书育人的这条路上,需要守着一份宁静、一份淡泊,静心再静心,思考再思考,微笑再微笑。只要我们用心呵护,巧妙培植,最终迎接我们的将是无比灿烂的花开之季!

(江苏省清江中学　仝晶晶)

一根弦的吉他

录音棚里,小甄闭着双眼,专注地完成了班歌录制的最后一个转音。我走上前对他竖起大拇指,他羞涩得红了脸。这时我才注意到,他那磨出了老茧的手指不停摩挲着的,居然还是那把斑驳了漆、只剩一根弦的吉他,那把再也不能奏响的吉他。

至今我还清晰地记得那晚的触目惊心:吉他被猛地砸在地上,砰然碎裂,手指被撕扯硬勒出了血痕,还有重重的摔门声在楼道久久回响……

第一次见到小甄,就给我留下了深刻的印象:油光水滑的大背头,一顶倒扣的鸭舌帽,宽大松垮的衣着,貌似"潮流",却不精神,一进教室就喜欢趴在角落的位子上,有时还会偷偷插着耳机,凝视窗外发呆,就算是上课也总喜欢走神。接下来的日子更是状况连连,上课瞌睡、作业不做,为这些事儿,我没少找他。小甄性子倒也温顺,从不顶嘴,但也不见改过。这不,没多久,连他妈妈也打电话来告状,说是发现他半夜偷偷躲在房间里玩电乐。难怪白天学习没精神了,原来症结在这儿啊!不行,我得去家访,和家长好好沟通一下孩子玩音乐和学习的平衡问题。

约好时间,按时前往,倒也凑巧,一直在外忙生意的小甄爸爸也回到家,说来,我还是第一次见小甄爸爸。小甄爸爸对我这个班主任的到来很是热情,忙问孩子在学校的表现。我刚提起小甄玩音乐的话头,他爸二话不说,立马冲到房里把小甄连人带吉他拽了出来:"让你好好学习,你居然成天给我忙这些!"说着,他爸作势去抢小甄怀里的吉他。昏黄的灯光映照着小甄涨红的脸,他双手颤抖,可还是紧紧护着吉他。他爸一气之下,硬把吉他夺过来猛地往地上一砸,吉他应声裂开。小甄连忙扑上去抱起吉他,慢慢地抚摸着,泪珠一颗一颗滴在地上。小甄站起来,含着泪望望我们,沙哑地低吼:"既然你们都恨它,那我就不玩了!"说着,他突然用右手疯狂地撕扯着琴弦,我赶忙上去阻止,可已经来不及了,崩裂的碎片,迸出的血珠,扎痛了我的眼。小甄避开我,往门外跑去,只留下重重的摔门声。

一时间,屋子里我们三个大人愣在原地。等我反应过来,赶紧让小甄妈妈出去追孩子。而此时,小甄爸爸瘫坐在沙发上,重重地叹息。看得出,他是恨铁不成钢。交流之后,我才知道,原来这吉他是小甄考上高中时爸爸送他的礼物。而他爸观点坚定,进高中就是不能弹吉他:"我是粗人,不会管教,他妈又惯着他。孩子不争气啊,老师您要好好修理他!让他知道,进高中就是要吃苦,才能考个好大学。"我并不同意这个说法,但也不能直接辩驳,只能劝他:"人生充满着期待,梦想连接着未来,但未来的道路不是只有大学这一条。"小甄爸爸疑虑地望着我,我接着说:"小甄那么伤心,是因为这把吉他是您亲手许给他的梦想。他爱您,也爱他的梦想啊!不能为了未来而牺牲当下!"他似乎有些动摇。我继续道:"吉他碎了,孩子的心不能碎啊!"小甄爸爸此时陷入了沉思。

后来,小甄妈妈把孩子找回来,这场风波暂时过去了。

我坚信,炽热的追求,是一个孩子最宝贵的财富,孩子们在心田盛满美,才能带着热爱走向远方。我必须要捍卫孩子的这份灵性,守护这份热爱。

周日的傍晚,得到小甄父母的同意,我带小甄去了一个神秘的地方。路上,经过闹市区的街头,喧闹中隐隐传来音乐声,小甄望向那边。我一看,是个街边乞讨歌手,头发凌乱,衣衫褴褛,脚边破旧的音响喇叭喧闹着,路人匆匆而过,几乎无人驻足。我转头看小甄,留意到他轻轻摇了摇头,我什么也没说,继续载着他,来到富丽堂皇的建筑跟前,小提琴的海报分外耀眼。小甄不明白,我笑着揭秘:"走,给你的耳朵来场真正的享受!"走进剧场,坐在我身边的小甄先是非常局促,背直挺着,随着音乐响起才慢慢放松下来,我侧过头看他,小家伙一直目不转睛地看着演奏者。"真是个小乐痴!"我暗想着。

回家的路上,小甄特别兴奋,难得打开了话匣子。我抓住他不停比画的手问:"手指上的伤怎么样了?"小甄一时语塞。我拍拍他肩膀,笑着说:"音乐家得爱护自己的手!"小甄抬头注视着我,不可置信地说:"您觉得我能当音乐家?""为什么不能呢?但是,想当音乐家确实要付出很多……"聪明的小甄立马领会了我的意思,笑着说:"别和我说学习,学习上我没辙。""别怕,老班我会陪你慢慢来!"小甄抓耳挠腮,才勉强道:"那我也就跟着您慢慢来吧!"我满意地笑了笑。

育人故事

后来的日子,小甄格外努力,一切都在慢慢变好。更让人高兴的是,小甄性格越来越活泼,能开始积极参与班级活动了,这不,班歌视频主唱的机会就是他自己争取来的。

班歌视频要在班会上"首映"。唯美的镜头在悠扬的歌声里缓缓展开,阳光灵气、神采奕奕的小甄一开口,那歌声就让全班同学一振,许多人还是第一次知道小甄唱歌这么好听。小甄瞬间被赞美声包围,那神情别提多得意了。而更大的惊喜还在后面,我为他请来了位神秘嘉宾。看着儿子,小甄爸爸从身后拿出一把崭新的吉他,而此时,一切已在不言中。

幸好,一根弦,也能奏出最美妙的高音。

(江苏省扬州中学　江　虹)

爱，是要用爱来点燃的

英国心理学家西尔维亚曾说："这个世界上所有的爱都以聚合为最终目的，只有一种爱以分离为目的，那就是父母对孩子的爱。"在我看来，这样的话语同样适用于教师对学生的爱。因为爱，所以恩慈；因为爱，才能无怨无悔地成为灵魂的"摆渡人"。爱学生更要教他们感受爱、学会爱，这样他们才能积聚足够的能量，离开我们后也能幸福地生活着。

那天是8月30日，大家都忙着开学。你爷爷给我打电话说你情绪很激动，恳求我去救救你。我的心中就像被泼了一盆冰水，又像在油锅上煎熬。我知道你是一个沉默的孩子，但不知道到底发生了什么事，让小小年纪的你如此想不开。我一边赶路，一边自责不已。

我是在楼顶看到你的：正午气温很高，你却佝偻着身子在楼顶边缘缩成一团，拒绝任何人靠近。那一刻，我的眼泪忍不住涌出了眼眶。我小心翼翼地走近你，却不知道应该怎么来劝你，只能把我的伞遮在你头顶上。我真的是一筹莫展，因为我知道，那时的你太脆弱了。强烈的阳光刺得我眼睛都睁不开，你好不容易抬眼看了一下我，你眼睛里闪出的那束光，我一辈子也不会忘记，因为那是来自于心底的最无助的光。

那天下午，我和你在一起。你不停地哭着，向我诉说着一个孩子本不应该有的经历：父母在你初二那年发生激烈冲突，你受到巨大的惊吓，留下了难以抚平的心理创伤。家庭的破碎成为你不能承受的生命之重，断绝了你对生活的美好憧憬。母亲不再与你时刻相伴，你失去了一个孩子最需要的慈爱。你时常觉得，身边的伙伴都在嘲笑你，就连老师看向你的眼神中都带着怜悯与同情。而这些，你不想看到。你的诉说把我惊呆了，因为这些我从来都没有听你说过。我一直认为，你成绩优秀、自律守纪，却没想到你的内心时时刻刻都在遭受着痛苦和折磨，甚至想在这阖家团圆的时候用终结生命的方式来报复家人。

屋外骄阳似火,但我的内心却寒风凛冽,如刀割一样难受。孩子,我能真切地读懂你内心的痛苦,此时此刻,我的任何安慰都显得苍白和无力。我只能紧紧地握住你的手,看着你孤苦的眼神。我是一个母亲的孩子,也是一个孩子的母亲,我想用这种方式为你传替一个母亲的温暖。

当晚,我主动添加你为 QQ 好友,看着你的头像从班级群转移到了我的好友列表,却不知道该从何说起。那个秋天格外漫长,我总是关注着你的喜怒哀乐,常常找你谈心,试图走进你的内心,我们从人生谈到青春,从梦想谈到现实。

2020 年春天,新冠疫情让寒假格外漫长,我们的谈心转到了线上。我希望用这种方式来走近你,读懂你,帮助你。为了避免再次触碰到你心底的伤疤,我总是和你聊起疫情防控期间那些平民英雄,聊起在生命遇到危险时的正确选择。你时常无法理解所看到的、听到的这一切,总是埋怨这个世界的不公,埋怨着命运对你的不公,你甚至不能认同那些平民英雄的无私奉献。那时的我真是心疼。到底是遭受了怎样的煎熬,才让你封闭内心、与爱隔绝?我真切地感受到,一个失去了爱的人,他的内心该有多么的寒冷和孤寂!我是老师,只能陪伴你走过人生的一段历程,我多么希望你能感受到生活中有那么多的温暖,你周围的每一个人都在用不同的方式关心你、爱护你。我努力地尝试用自己能想到的种种方式去唤醒你,希望能再次点亮你心底的那一束光:幼年时的睡前故事、晚安吻;被爸爸举过头顶的幸福感;被妈妈抱在怀中的亲密感……爸爸妈妈虽然不在一起了,但是爱并没有消失,只是换了种方式延续。

和你相处的那段时间,我再次做了一回虔诚的学生。在大量的资料中,我努力和专业人士对话,以此寻觅到打开你心结的那一个良方。苏霍姆林斯基启发了我:"假如一个人处处感到和知道别人是在教育他,他的自我认识与自我完善的能力就会迟钝起来……"我努力避开对敏感而脆弱的你进行说教,邀请你加入筹备小组,一起准备一堂别样的线上生命教育班会课——"心底无私,点亮生命底色",期待你和其他同学一起体悟生命的可贵,体会国家不惜一切代价挽救每一个病患的生命,因为我们永远奉行"生命至上"的真理。

相比同学们的积极踊跃,你依然有些被动和沉默。那一次,当我发现你搜集了第二个板块"悟生命之美"所需的图片,甚至还找到婴儿第一声啼哭的音频,与我一起把它剪辑到《生命的起源》视频的末尾时,我知道,你即将走出心底的阴霾。"悟生命之美"的主题班会课上得很成功,很多同学感动得哭了起来。你虽然什么都没有说,但是到了第二次班会课"勇担责任、云端战'疫'"时,你已经能熟练地帮我联系同学拍小视频了,我知道,你已经解开了心中的结。渐渐地,你不再抱怨自己的不幸,开始主动和我谈论疫情发展,开始对疫情面前的生命表示担忧。

在征得你的同意后,我把你和身处武汉的女同学小薇结成互助小组,利用学科优势,帮小薇解决作业中的难题。听到小薇向你描述了武汉的疫情状况后,特别是那些对生命充满渴望的凡人故事后,你告诉我,你的心里很不是滋味。这个时候,我却感到一丝欣慰,因为你开始关注别人的感受了,已经知道了生命的可贵。后来,我想了各种办法终于联系到你的母亲。她告诉我,她一直在关注你,只是因为你之前的情绪爆发把她推得远远的,她不敢轻易接近你。我告诉她,你已经开始改变了。她喜极而泣,决定下个学期来学校附近租房,陪你度过高中的下半场。

疫情终于不再肆虐。那天,教室门口,我终于迎来了你暖暖的一笑。你告诉我,疫情即将过去,你的心里也春暖花开了。昨天,你在第一时间把被大学录取的消息告诉了我,并附上一句话:"老师,我要去山东上学了,我也要做你那样的老师!"

这一刻,我潸然泪下!作为一名班主任,我知道,爱,是要用爱来点燃的!

(江苏省平潮高级中学　朱倩倩)

一碗鱼汤

最近工作忙,吃饭都在食堂解决,感觉胃口不好,特别想喝一碗鲜美的汤。上班时发现办公桌上放了一只保温罐,里面是热乎乎的鱼汤。送汤的人没有留下姓名,但是我知道,这是今年刚入职的新教师——小王送的,因为,一碗鱼汤是我和她之间的秘密。

小王曾经是我们学校宏志班的学生,当时我正是她的班主任。每次接手新班级,我都会对每一个学生进行家访。小王是一个安静乖巧的女孩,在班级里不引人注目,因此我一直没有安排对她的家访。但是进入高三以来,她的学习成绩严重下滑,上课经常打瞌睡,甚至在自习课偷偷玩手机。班上的同学悄悄告诉我,小王迷恋网上聊天,经常和网友聊天到深夜。我决心要去她家拜访一次,好好治治这个女孩的"网瘾"。

深冬季节,傍晚时分更觉寒风刺骨,在迷宫似的老城区小巷里寻觅了半天,我才看到小王奶奶站在巷子口的身影。原来老人家担心我找不到,已经等待了许久。一进门,小王奶奶就端来一碗鱼汤,不好意思地说:"我们家从来没有老师来家访过,不知道该准备点什么。平时在菜场帮忙杀鱼,所以我特意选了一条大鲫鱼做了汤。老师,你趁热喝呢!"

鱼汤很烫,我端在手里,打量着这个贫寒的家庭,很奇怪没有看到小王的父母,连小王也没露面。老奶奶可能看出了我的疑惑,絮絮叨叨地述说:"她爸妈一起出了车祸,早就不在了。孩子从6岁起一直跟着我,我不容易,孩子也不容易啊!汤要冷了,老师你赶快喝吧!我家小王没给你添麻烦吧?"我一时间说不出话来,赶紧喝了口汤掩饰自己的情绪。

鱼汤很鲜美,喝一口,冰凉的身体都暖和起来。这时小王突然从里屋跑出来,对奶奶大声嚷着:"不要见人就让人家喝鱼汤,好吗?丢人不丢人啊?我受够鱼汤了!"一直沉默的女孩,突然爆发出强烈的情绪,她几乎是怒吼着对我说:"老师,我知道你今天为什么来家访,实话告诉你,我的确是不想参加高考了。我不聪明，我家也上不起课外培训班，上学还不如出去打工赚钱。反正我在班里是可有可无的存在，你还是多关心关心其他同学吧。"我不知道如何回应这个女孩连珠炮似的语言，任何辩解都显得苍白无力。手里的鱼汤似乎变得非常烫，有些端不住了，我只能匆匆结束了家访。

第二天，还没等我考虑好怎么跟小王进一步交流，就传来了她离家出走的消息。小王奶奶哭着说，孩子一直很听话，没想到她会因为一碗鱼汤，闹得这么大。幸好，在警察的帮助下，小王及时被找到了，但是她回家后就拒绝回校上课。无论大家怎么劝说，她就是不为所动，每天从早到晚抱着手机，奶奶也着急得病倒了。

在这种情况下，我认为当务之急是要帮助小王认识到自己的责任。我又一次去了小王家，郑重地告诉她："如果你坚持放弃学业，那么学校会尊重你的决定，但老师还是想给你一个缓冲期。目前奶奶病倒了，每个月几百块钱的低保是不能满足家庭生活需要的，你正好到外面工作历练一下。由于你只有初中毕业，只能从事一些体力劳动，我已经联系了奶奶工作的鱼摊老板，你可以先去菜场接替杀鱼的工作。如果你能把这份工作坚持下来，我会给你办好退学手续。"

就这样，小王开始上班了。

我不放心，每天早晨上班前，陪她一起去菜场。第一天上班路上，她一言不发，一路沉默。晚上我给鱼摊老板打电话了解情况，才知道她动作慢，被顾客抱怨，还不小心割破了手。第二天早晨，我带去了创可贴，小王默默接过。第三天上班，小王手上又多了一道伤口，身上也多了一些鱼腥味。走了许久，她轻轻地说了一句话："我过去认为自己是世界上最不幸的人，现在才知道自己太幼稚了。"第四天上班路上，小王主动说："老师，我错了！"第五天、第六天，我们可以正常地聊聊天了，我告诉她班级的近况，她也会向我抱怨某个难缠的顾客。第七天的上班路上，小王一直欲言又止，进菜场前，她终于诚恳地问我："老师，我现在想努力学习，还来得及吗？"这次她终于主动袒露心扉，"因为奶奶工作的原因，我最讨厌鱼汤。上次老师来家访，奶奶又端出鱼汤，我觉得再也没有脸回学校了。这段时间在菜场工作，我终于理解奶奶把我抚养长大是多么艰辛。虽然在菜场工作并不丢人，但是我不想自己的人生永远留在菜场，不想永远带着鱼腥味生活。对于我们这样的家庭，只有努力学习，

才能改变自己的命运和家庭的命运。"

小王又回到学校了,但她一直忐忑不安,担心同学会排斥她,担心会跟不上学习进度。恰好小王的生日快到了,我和班委商量,一起给她办场生日会。我准备了一张生日贺卡,里面是全班同学和任课老师一起写下的祝福。当天的晚自习,同学们拿出了秘密准备的蛋糕,一起唱起了生日歌。我还专门请食堂做了一碗鱼汤面。小王接过汤碗时,晶莹的泪水滴入了雪白的鱼汤里……

在大家的帮助下,再加上小王自己的不懈努力,她终于克服了对手机的依赖,成绩稳步提升,性格也逐渐变得阳光起来。高考复习阶段,我叮嘱她加强营养,她微笑着说:"每天放学回家,奶奶都会给我喝一碗鱼汤,我现在已经不讨厌啦!"

高考成绩公布后,小王的成绩超过了本一线。她没有选择热门专业,而是报考了师范专业。拿到录取通知书后,小王和奶奶又给我送来了一罐鱼汤和一封信。信中写道:"老师,我作为一个孤儿,因为有学校和国家的帮助,才能进入大学继续学习。从来没有对您说过一声'谢谢',因为我想用行动把您给予的温暖,传递给更多需要的孩子,相信这是对您最好的感谢。"

现在的小王,也成了一名宏志班的班主任,我相信她作为一名曾经的"宏志生",一定能够更好地理解这个岗位的意义和价值。

近年来,由于国家和社会在教育扶贫方面的大力支持,宏志班孩子的基本生活和学习都能够得到保障,但是,这些孩子的成长并没有像大家所期待的那样顺畅。家庭的不幸不仅仅意味着物质的匮乏,更重要的是家庭教育的缺失,导致这些孩子出现了种种心理问题和行为偏差。习近平总书记用四个"引路人"的概念,对教师提出了更高要求,我愿以此为目标,不仅要做学生学习知识的引路人,更要成为学生锤炼品格的引路人,以自己的光来照亮宏志班孩子"不一样"的青春。

(扬州市第一中学　孙　伟)

把爱种进学生心田

那天,我整理书房时发现一摞不太整齐的书搁在书橱一层的边角,于是把它们归整起来准备架起来。里面有个本子,与其他书尺寸不合。我抽出一看,鹅黄色的绒布面,左上角一个椰树的图案,封面的正中是一艘帆船。

翻开第一页,赫然出现在眼前的是"老师,我想对您说"几个字,署名"高三(17)班全体同学"。我情不自禁地往下翻,首先映入眼帘的是一行龙飞凤舞的草书:"老师,最喜欢你了!"我想起来了,是他,小晨,那个帅气的大男孩。

我的思绪一下子被带到两年前。记得刚接手这个班时就有同事提醒我说:"今年你可能会头疼的,你班有几个'刺头',在整个年级都是出名的。"我一听到这话,心里"咯噔"一下:看来这一年要打一场硬仗啊。

果然,没过多久就有任课老师向我反映:"你班出了个'睡神',上课睡觉,把他叫醒,他还不耐烦地斜视我,他什么态度啊!"经过了解,我知道说的原来是小晨。小晨板寸发型清爽利索,周正的脸型清新俊秀,两只大眼睛透澈明亮,看上去就阳光帅气。他平时见到我也很有礼貌,怎么会这样呢?是不是发生了什么事情?那时,我心里想的不是怎样教训惩罚他,而是担心他遇到了什么困难,而自己又没找到办法解决。

第二天,我把小晨叫到办公室。他非常不情愿、懒懒散散地拖着脚步来了,语气很冲地问了句:"老师,什么事啊,你快说!趁着下课,我要睡会儿呢。"

我微笑着拿了个凳子让他坐下,倒了杯水给他,然后说:"小晨,看起来,你的脸色不是很好啊,早饭吃了吗?"显然,他很惊讶,等待他的居然不是暴风骤雨。但他没有改变脸色,还是回答:"没有。"

后来我说:"你先喝点热水,再吃点饼干,我这还有个鸡蛋。你正是长身体的时候,可不能把胃饿坏了。"他抬头看了看我,没有再怼我。我看到了他的眼睛有点红,我知道他被触动了,只是还佯装坚强。

"小晨,为什么没有吃饭?最近身体不舒服吗?"我摸了摸他的头。

"好不好,还不就那样吗?谁在乎呢?"他浑不在意地说道。

果然,这孩子还是有心事的。"有什么我可以帮到你的吗?"

"无所谓的,老师,告诉您也无妨,反正还有最后一年,我就再碍不着他们的眼了。"

原来,最近小晨父母的感情出了问题:爸爸不回家,妈妈把所有精力都花在他弟弟身上了。心情不好时,她就拿小晨撒气,挖苦讽刺他没用;要么,就让他滚出家门,跟他爸挣钱去,别碍她的眼。

原来如此!我可以感受到小晨内心的痛苦!他觉得自己没人疼爱,在家里是多余的,甚至觉得没人在乎他的死活。看着小晨那一双迷茫的眼睛,我很心酸,孩子一不小心就成为父母感情破裂的牺牲品,家长情感上的失落造成了孩子心灵上的创伤。其实,这个孩子身体条件特别好,他是学体育的,文化成绩能上来的话,考大学没有问题。

我递给他一张纸巾,他摆摆手,梗着脖子。我没有再多说,就坐在旁边守着他,等他心情平复。

看到他的眼睛里有了些光彩,我拍拍他的肩膀说:"小伙子,每天认真吃饭,认真训练,我会检查的哦!认真完成的话奖励你鸡腿。"他笑笑说我把他当小孩子。那天,我只字未提上课睡觉的事情。

以后的每天我都会抽时间去操场看看他的训练。两个多星期后,他主动来我办公室说:"老师,不能再给我吃鸡腿了啊,都胖了,再吃我就白训练了,您放心,以后,我一定好好的!"

我没有强求他整节课一点都不能走神,我说:"咱们慢慢来,每天争取多坚持3到5分钟。至于单词嘛,咱们来个约定,你每天背上10个单词,我每天去操场跑3圈,咱们比赛,看谁坚持到最后。"

就这样,我们不知不觉坚持了快一个月,他几乎是天天跑我办公室,开始是为了背单词,后来背完单词还会聊几句,我知道他其实就是想跟我说说他家里的事情。每次我都不会打断他,只做一名忠实的听众。

因为他的进步,我在课堂上多次表扬,而他总是不好意思地抓抓头。任课老师也反映,上课的时候他还会打瞌睡,但是只要有人提醒,他会立刻抖擞精神……

快高考时,他按照我讲的作文模板写了几句他自己能背上来的话,让我改改。高考那天,我在他考试的那个学校送考,左等右等不见他,正要打电话,就见他一个人跑来,满头是汗,满脸通红。我只是抱了他一下,拍了拍他的背:"进去考试吧,老师一直在外面。"

直到现在,我还记得出成绩那天,他打电话给我,激动地说:"老师,谢谢您的拥抱,带给了我好运,我从来没想过我英语能考到75分,老师,我真想再抱抱您,真的,太谢谢您!"那一刻,我特别欣慰。

"老师,记得多喝水哦,一定要注意身体哦!""老师,青春永驻哈!""老师,等着我请您喝喜酒哈!"……翻着这特别的毕业留言本,一张张、一页页都是孩子们的真情流露,他们青春的笑脸又浮现在我的眼前。

学生都是有血有肉的,教师的尊重与关爱,可以让更多的学生更有信心地成长。我努力把爱种进学生心田,送他们一路繁花!

(江苏省郑梁梅高级中学　甄　清)

集体教育

陶行知说:"教育要通过生活才能发出力量而成为真正的教育。"我们总以为教育是多么轰轰烈烈的事情,激发一个人的心灵得下多么大的力气,但其实教育很平常,就是带他们回到生活里,做原本在生活里就应该做的事情。

——昌晶(南京师范大学附属中学)

素衣锦袍，少年犹在

小琳是一位喜欢传统文化的女生，平时喜欢收藏一些古风小物件，这让我很欣赏。可当有一天她穿着一身襦裙式汉服出现在升旗仪式上时，我感觉她放了一个大招，之后的十几分钟，我恍惚觉得升旗仪式演讲的话筒里喊的一直都是："同学，这是升旗，你怎么能穿汉服？"憋着火的我，当时觉得她穿的就是奇装异服，必须制止她！升旗仪式之后我便找到了她，她给我的理由是："我喜欢传统文化，尤其汉服，而且我想出一份力，推广汉服文化！"这个回答前半部分在我意料之中，后半部分在我意料之外，我没招架得住，我的回应正确而无力："喜欢并想推广优秀的传统文化无可厚非，但要注意场合和规定，也要考虑其他同学的接受程度，你再去学习一下'仪式之礼'的相关内容。"那一年，是江苏省开展"八礼四仪"教育的第一年。

一天晚上值班前，我去学校对面的超市买晚饭，远远地就看到了一个熟悉但疲惫的身影，定睛一看，是小琳！她手里的一大袋生活用品，仿佛是一块大石头，将她的小身板儿向右拽弯了30度。

"吃晚饭了没？怎么买这么多东西？""没吃呢，我妈工作忙，管不到家里，家里生活用品一般都我买，搞到现在，也没时间吃晚饭了。"那一瞬间，我忽然想到了之前升旗仪式时她穿着汉服时的轻盈和从容，怎么也没想到她默默地为家庭出了一份力。我当即请她吃了碗馄饨，但我却怎么都开心不起来了。事先我是知道小琳的父母离婚了，但我没想到她还得为生活奔波。而在这样的情况下，她还能在内心保有一个空间给自己的兴趣喜好，多么难能可贵。后来在校园里，她确实没再穿过汉服，但我总觉得这样的结局少了些什么。我本可以通过更好的处理方式开始一段美妙的过程，而不是像原先那样，终结了不该终结的。我很自责……

高二她去了理科班，意味着和我不会再有多少交集，但我在文科班的一次公开课上又想起了她。公开课的题目是"文化创新的途径"，左思右想想不到备课的素材。但当我顺着"传统文化在当下得到创新性发展、创造性转化"这一方向思考的时候,一下摸清楚了学生关于国潮的几个兴趣点。我内心坚定地锁定了两个词:小琳和汉服。于是,我找到了小琳,咨询她有关汉服创新方面的建议。她首先跟我讲的就是款式,当初因为违反了升旗仪式规范而被我否定的衣服款式。她告诉我当时她也进行了反思,如果是在当代服饰中融入汉服元素就不会有当初的问题,所以建议我可以从这一方向进行考虑。

回到班级,我便请学生结合现代人的生活习惯和审美特点进行创作,然后我们用海报纸制作了一件既保有传统汉服神韵又符合现代生活方式的纸汉服。学生小心翼翼地穿上,在数十位师生面前走了一段秀,简单的形式背后不失汉服带给学生的能量。后来,我把这件纸汉服送给小琳,并内疚地说道:"本来,我也可以给你一场汉服秀的……"小琳却说:"老师,我喜欢汉服,这比汉服本身更重要,您让我为汉服创新出谋划策,这就够了!"

时隔一年,在一次朗诵比赛活动前,有学生提议让领诵的同学穿汉服,因为我们班的稿子是学生原创的古风诗词,穿汉服更能烘托出朗诵的韵味,我立即采纳。可挑选什么样的汉服让我们犯了难。求助小琳!我丝毫没有迟疑。她给我的建议是采用曲裾式长衣汉服。比赛现场,美妙的诗词、精准的节奏、饱满的情感、高级的舞美,还有华丽的汉服,使同学们的精彩演绎散发着无穷的魅力。我们班最终获得了年级第二的成绩。我把现场视频发给小琳,跟她分享这个喜讯。小琳说:"老师,你成功还了我一场汉服秀!"

这,就是我的育人故事,看似是我在教育小琳,但其实我也被"教育"了一番。一手校服,一手汉服,只想着取舍,表明的是教育立场;若想着兼顾,考验的则是教育智慧。教育,不仅在于"对错"之"教",更在于"成人"之"育"。教育首先应该告诉学生什么可以做、什么不可以做,但除了传达规则之外,教育更应该发现一个学生想要做好一件事情的本意,更应该教会他怎样把一件事情做得更好,更应该为学生做好一件事情创造有利的时空条件。教育在管教的基础之上,应该用正确的原则加以引导,用博大的气度给予平台,用巧妙的智慧施以启迪,使得学生能够在道德体悟和抉择中形成正确的价值追求和积极的行动担当。素衣锦袍,少年犹在,教育的契机值得等待,只要我们倾注热爱,就可以收获意想不到的花开。

(江苏省常州高级中学 唐 涛)

我与"秦明"斗智斗勇的那些年

秦明这个人,我是在妻子的强烈推荐下了解的。《法医秦明》这部剧中的秦明机智果断,心细如发,着实让我印象深刻。我本对他并无太多了解,只是知道他写的书很多。我本以为,我与秦明这个人的"交情"仅此而已。可最近,秦明这个名字却越来越频繁地出现在我面前,我甚至还同秦明这个人结了仇。他令我的学生手不释卷、废寝忘食、无心学习。

"李老师,你可得管管他们!"数学老师一张白净的面庞涨红了:"数学课时我在上面讲得热血沸腾,他们在下面开小差也开得酣畅淋漓!我让他们讨论极值点,他们给我讨论什么心理侧写、第十一根手指,真是不像话!"

"就是,你看他们默写默成什么样子。format(格式),他们默成 forensic(法庭的,法医的);analysis(分析),他们默成 anatomy(解剖学)。一个人也就算了,居然好多人都这么写,我看他们是被那些杂书'洗脑'了!"英语老师愤怒地将一叠默写本拍在我面前,颇为不满地指来划去,在上面印出一道道裹挟怒火的指甲印。

家长们也纷纷诉苦:"家里孩子看杂书看得废寝忘食,日夜颠倒,晚上不睡早上不起。"都是一副愁眉苦脸的样子。

就连向来好脾气的物理、地理老师也纷纷向我投诉最近学生们上课的清醒程度明显下降,想必是被别的事占据了本应用来休息的时间。

我痛心疾首,本以为这群孩子愈发明显的黑眼圈是因为他们熬夜苦读,没想到苦读的竟是"闲杂小说"!近日生出的怜爱被我团团塞回心里,取而代之的是我喷涌待发的怒火——法医秦明,就是你害得我的学生学无定心、习无静气,我必要你付出代价!

匆匆安慰了家长几句,我以"班级警察"的身份踏进班级,试图寻找"嫌犯"。果不其然,几个"嫌犯"被我当场抓获,"赃物"代为保管。

当时的我意识到孩子花费了太多时间在"杂书"上面,便找了个机会对这几个"嫌疑人"进行了深刻的教育,与他们"约法三章",约定的主要内容就是"在什么时间做什么事"。我强调了三点,一是课堂上要认真听讲,不做与课堂无关的事;二是控制读"杂书"的时间,在作业完成后可适当读一会,但不能占用日常休息时间;三是书要让老师或者家长保管,未经允许不能通过其他途径借阅此类书籍。违此约定,以后不得再看此类书籍。

经过一番批评与教育,最终,几个"嫌疑人"算是不情不愿地签订了此约定,垂头丧气地离开了。我将视线落在搜刮出来的"赃物"上。作者栏的四个字吸引了我的注意力——法医秦明。联想到妻子看过的网剧,我对秦明这个名字有了些许埋怨:书中你是追查疑案的人,没想到现在你成了影响我学生的坏人,成了被我严厉打击的"杂书"作者。这样的身份扭转,实在是让人哭笑不得。

但是,无论如何,这一轮交锋,我"大获全胜"。

本以为"秦明"的影响到此为止,却不料没过几天,例行值班的我竟无意中听到了一番议论——几个男生在宿舍里谈论各种作案手法和罪犯们的畸形心理,讨论时手舞足蹈、面红耳赤。"那是在出租屋里被发现的一具女尸。死者胸部上似乎有某种痕迹的残留。这痕迹,居然是秦明留下的。地沟油中的谜样'鸡爪'、监控录像里举止诡异的女孩、五官几乎消失的男人……14个发生在你我身边的凶案,每一案,都让人无法入睡。碎尸块中发现第十一根手指,拼出人性最阴暗的欲念。""太刺激了,真过瘾。手法真高明。"……这让站在门外的我很是吃惊,脑中浮现出马加爵、药家鑫等孩子的模样,不禁后背发凉。之前我对他们的教育如耳旁风,这宣告着我的第一局已经失败。

一开始,我只是以为"秦明"吞噬的是孩子们的休息时间,现在我才看到了问题的严重性,"秦明"直接关系到一个孩子的身心健康。《中小学德育工作指南》要求高中阶段要开展心理健康教育,开展认识自我、尊重生命教育,培养学生健全的人格、积极的心态和良好的个性心理品质,初步形成正确的世界观、人生观和价值观。这次意外让我清醒地知道,最初用"堵"的方式去控制他们读的时间,是治标不治本的,我必须得想个法子"正本清源",好好与"秦明"斗一斗!

我攒着不服输的劲儿,翻开了《第十一根手指》《无声的证词》《守夜者》系列,开始了解法医这个职业的特殊性,了解刑侦,了解那些我们并不熟悉的暗色视角。也是在那一刻,我开始思考,此书真的是无用的吗?

随着阅读的深入,我发现法医秦明其实是一个坚韧、专业、敬业、机智又博爱的人。他曾经因长期工作在尸菌聚集的空间,患上了角膜溃疡;也曾用自己专业的知识为破案提供了重要线索;秦明还是会抽出时间通过博客、微博与网友进行沟通和交流,网友们会亲切地叫他"老秦"。除此以外,秦明还会在网络上更新小说,这些小说的特别之处在于,它们不仅仅是为满足读者的好奇心,而是试图普及一些法医学的知识,诸如尸斑是怎么形成的,钝挫伤的刀口是什么样的。秦明就像一位导师,告诉读者在日常生活之外,还有另一种真实。

"同样的书,为什么我看到的'风景'与孩子们的不一样呢?"趴在书桌前的我陷入了深深的思考。我想起了自己小时候的事。小时候,我特别喜欢表演,电视上演什么我就模仿什么。可妈妈总是和我说,你要演好人,因为她希望我长大后也能成为好人。是啊,我的成长路上不是没有坏人出现,而是妈妈引着我向好人学习,我才慢慢知道了善良的可贵、诚实的重要……我看了一眼桌上的书,想着,这些书里也是一样,里面有好的,有不好的,孩子还未形成正确的价值观,所以难免有时会迷惑,但他们也是高中生了,有一定的是非判断能力,我只要带着他们看一看我看到的风景,说不定他们就会"迷途知返"。

我不再限制他们看这个系列的书,而是想和他们分享我从书中看到的"风景",引导他们形成正确的价值观。于是,接下来我在学生的周记里读到了他们读"秦明"的感受,他们会因为看到秦明身上的闪光点而把他作为偶像,会因为这些书对法医、刑警等职业有所憧憬。我在他们的字里行间似乎感受到他们的改变,变得更加有规则意识,知道什么该做什么不该做。

再战大捷!

你以为我和"秦明"的故事就这样结束了吗?不,这还不是终点。当我复盘整个事情的时候,我好像渐渐看清了"本"与"源"究竟在哪里。书籍对学生的影响是潜移默化的,我想借此事让学生思考我们该读什么样的书。说干就干,我组织了一次"青年该读什么书"主题班会。先听学生的心声,再以辩论的形式让他们看到利弊,最后我来推荐好书。

经典书籍在新时代仍然焕发着新的生机,只是少有人捧起它们,只是社会节奏太快容不下这份来自心灵的"漫步",只是快餐文化似乎更符合孩子们的胃口。可那种经典的味道,一旦品尝,就会被深深地吸引。他们与经典的距离可能就是一个我,而我非常愿意成为这个引路人。班会结束时,我看着学生们越发明亮坚定的眼睛,好似看见了漫山遍野迎着烈日而开的花,比一切美酒都要芬芳,比一切烈火都要滚烫。

家长会上,我告诉家长,一味打压、禁止只会适得其反。与其这样,不如与孩子们一同规划,亲子阅读往往可以取得事半功倍的效果。我们可以适当增加孩子阅读经典书籍的时间,但也应该给予孩子阅读自己所爱书籍的自由。久而久之,不仅亲子关系更近一步,还可以培养孩子更优秀的文学欣赏能力和自我管理能力,家校合作才能获得更好的效果。

就此,我与"秦明"斗智斗勇的故事告一段落,但我跟学生们的故事还在继续。

(常州市北郊高级中学　李国伟)

目　送

有一种幸福叫目送，说的是父母或老师看着孩子的背影渐渐远去，虽然孩子很少回头看我们一眼，但我们要明白放手是一种艺术。作为一名国际班的班主任，我经常陷入这样的幸福与失落之中。

这个七月，我在朋友圈里看着一位位毕业的同学独自前往异国他乡，开启新的征程。一个男生在班级群直播了他的大学报到路线，详细告诉同学们怎样转机、怎样填海关文件、怎样兑换现金……他不但把自己的一切安排得井井有条，而且还想着提醒同学。可是，三年前，他居然写下了这样一篇周记，他沾沾自喜地记录了一件在我看来很不起眼的事——回家之路。因为这是他生平第一次没有提前规划好路线，没有和妈妈事先踩点，没有打到车，完完全全靠自己看着导航回的家，所以，他一定要写下来告诉我。如果不是亲眼所见，我真不敢相信一个高高大大的男孩子在人生的前16年里一直过着被家人安排好的生活，甚至都没有自己找过回家的路。这样的孩子，当下也许不止他一个。等他们长大了，怎样面对外面的世界呢？更何况他们都是三年后就要孤身一人远赴异国他乡求学的孩子。自己找路回家这件再平常不过的事情，对他们来说其实应该是人生的必修课。凭着一个教育者的觉察和敏感，我觉得这不是一件可以一笑而过的事，而应该成为学校教育的日常。于是，我开启了自己的生活教育实验。

有一次课上学诗歌，我带他们去校园里寻找诗意。下课的时候，学生们反响热烈，纷纷表示在外面上课比坐在教室里有趣多了。我决定趁机开始自己的小实验。提前一周，我通知他们做好准备——下周班会课我们一起去学校附近的小桃园走走。那是距离我们学校一公里的一个小公园，过几个路口，穿过一个城门就到了。大家欢呼雀跃，一起盼着班会课的到来。周末，我一直在翻地图、查资料，为我的"小实验"准备详细的行动方案，就等着那一天的到来。

育人故事

当天,在校门口集合完毕后,我站在队尾一声令下:"出发!"然而,队伍一动不动。最前面的两个学生喊道:"老师,往左还是往右啊?"竟然还有人问道:"老师,我们去哪儿啊?"这两个问题让我意识到这次实验真的不能再等了。"不知道啊。"我看着他们认真地说道,"你们天天喊着要到小桃园上课,今天我听你们的。"不少学生傻了眼,也有机灵的学生跑去找门卫问路,有的学生凭着印象开始指路。"大家搞清楚了再走,我们的时间不多,选条近路走。"我提示大家。这时,有学生向我借了手机,打开了导航,确定了路线,终于出发了。经过这通"折腾",我想他们以后出门前应该会知道要查好路线,做好计划了。

路上,我们边走边聊。"既然是你们要出门的,那你们就是导游啊,来,给老师介绍下,我们现在走的这条路叫什么路?"我问起了写周记的那个男生。

"这条路的名字我不太清楚,我都管它叫'学校门口那条路'。"男生不好意思地回答。

我详细地介绍了这条路的历史,还给他们讲了这条路几十年来的变迁,周末准备的资料派上了用场,学生们频频点头。

"原来历史上的故事就在我们眼前啊!"学生们大吃一惊,既感叹这个城市历史的厚重,也为自己的熟视无睹而羞愧。

走着走着,前面出现了一个城门。"这是什么门啊,我的导游?"我问道。

"老师,这次我知道了,我查过。"跟我走在一起的女生抢着回答。

"你很主动,值得表扬,但你知道为什么其他的城门都是三个字,只有这座城门是四个字吗?"我追问道。熟记路名、城门名是浅层次的了解,探究历史和城市变迁才是深度学习。

"这……"女生答不上来了。

我故弄玄虚地说道:"我也不知道,你是导游,自己去找答案吧。"这次,我没有再告诉他们答案,因为我知道真正主动、有效的学习都应该是指向自主探究的学习,我要做的只是激发他们的好奇心。

一路上,学生们领着我,欣赏着身边的风景。到了目的地,有心细的女生主动招呼大家坐下休息一会儿,有男生去给大家买了矿泉水。他们坐在草坪上,微风吹过他们的脸颊,他们不再等着被安排,不再埋头于所谓该做的事情,而是自己去计划和行动,为自己安排,关心他人,关注身边的风景,这才是少年该有的模样。

回去的路上,学生们纷纷来问我:"老师,这样的活动以后还有吗?""这不是由我决定的,你们主动组织就可以有。"后来,他们真的自己主动做了很多事,在外地进行社会实践时,他们自己联系参观场所;上网课时,他们主动教我使用腾讯会议室;还有人独立完成了国外大学的申请……在毕业典礼上,有学生说道:"高中三年是一段奇妙的旅途:它创造出一个开阔而自由的空间。"我想,最重要的是这一切开阔了他们的心灵。

出门前做好计划,认识经过的路名,熟悉身边的风景,这些在生活中本应该经常发生的事情,为什么却让学生们觉得新鲜?因为学生没有时间去做,老师和家长全权代办,"反常"反而成了日常。长此以往,孩子丧失了自主意识和自立能力。教育是为了不再教育,而放手的前提是给他们机会去规划自己、管理自己。这个七月,我的幸福源于目送,更源于他们懂了我目送之前的放手,懂了我放手背后的深意。

陶行知说:"教育要通过生活才能发出力量而成为真正的教育。"我们总以为教育是多么轰轰烈烈的事情,激发一个人的心灵得下多么大的力气,但其实教育很平常,就是带他们回到生活里,做原本在生活里就应该做的事情。

(南京师范大学附属中学　昌　晶)

一起飞过高山

"叮——"微信上传来一张照片——五个孩子满脸通红、大汗淋漓,手比胜利的姿势,灿烂的笑脸在阳光下熠熠生辉。"张老师,看!我们爬上紫金山啦!感谢你,因为你,我们才能来这'钟山龙蟠,石城虎踞'的'金陵毓秀'之地!"看着这几张熟悉的面孔,我的思绪被拉回到了2018年的秋天。

"什么?你去做体艺班班主任?这……"

"对付这帮'混世魔王',你这一年得脱层皮喽!"

…………

同事们欲言又止的表情、同情慨叹的声音冲击着我的大脑。我拖着沉重的脚步,离开办公室,准备进教室看看。听到我的脚步声,教室里面从桌子板凳的碰撞声、嬉笑打骂的尖叫声慢慢变成窸窸窣窣的议论声。推门进去,男生烫发染发一脸不羁,女生浓妆艳抹漫不经心,看着他们,孤军作战的我像被浇了一盆冷水。几十双眼睛里有不屑,有狐疑,有试探,有挑衅……而我顿时下了决心——道阻且长,行必将至!

解决问题,关系先行。于是我决定,中秋节回校,"贿赂"这帮孩子,和他们套套近乎,顺便摸摸底牌。

上午,我打电话给小秦、小陈等美术生,夸赞他们专业精进,希望能贡献一幅得意之作来装点教室,他们羞涩又自得地答应了;中午,我约体育生小夏、小李等人打球,然后假装体力不支而认输,他们义气地让我回办公室休息并揽下了教室的布置工作;下午,我去音乐教室和音乐生、传媒生聊天,表示自己没有艺术细胞,五音不全非常遗憾,他们拍胸脯保证,晚上中秋班会的节目由他们来负责。

这晚热闹非凡、精彩纷呈。我趁热打铁,拿出准备好的月饼,对所有人表达了肯定和感谢,这帮可爱纯真的孩子马上被"收买"了。于是,第一次,班主任和学生,在教室里,边吃月饼边交心。

一个女生红着眼说:"我刚进校时文化成绩还不错,但渐渐数学跟不上了,我妈只会骂我不认真,哎!"

"我也是,一直被我爸妈打击自信心,到了高二听说可以选艺术,所以就自暴自弃了。"另一个女生抢着说。

一个男生激动地说:"我就是喜爱体育,但始终感觉学体育被人看不起,那我索性就不学了!"

又有一个嬉笑着说:"我不想有太大压力,所以选了体艺。反正体艺对文化成绩要求不高,所以,不玩白不玩。"

…………

看着一张张写满委屈、自嘲的脸,我默默地听着,以点头和微笑给他们鼓励和安慰。在孩子们毫无保留的倾诉和抱怨中,我深深地被触动了——这是一群受冷落、被漠视的学生,他们需要被理解、被关爱,更需要有人在高三这关键的一年里让他们重拾信心,克服"惧压畏难"的心理。这个难关,将由我带他们过!

一周后,恰逢国庆长假,我在向学校报备及征询了家长的意见后,向全班发起了动员:"同学们,我听说了一个比较时髦的词,叫'团建'。它既能让我们挥洒个性、施展能力,还能培养我们的服务精神、协作精神及大局意识,从而有效促进我们之间的沟通、信任,加强我们的凝聚力……"话音未落,全班都沸腾了。孩子们兴奋地你一言我一语,七嘴八舌地讨论着,就像小学生获知了春游的喜讯。

"别忘了,我们是高三学生,可不是幼儿园的小朋友。所以,我们不能只是在平地上玩玩游戏吃吃零食。但是,我就担心你们做不到……"我故弄玄虚、假装为难地盯着他们。

激将法果然奏效,在没有任何异议的情况下,我们异常顺利地达成约定:10月1日早上6点,全班集合,共攀砂山!

平时爱唱反调的同学不抬杠了;做操都要逃避的同学不借故请假了;特立独行的同学也融入了集体。这个说:"女生不要带水了,太重,我们男生来背。"那个喊:"我来给大家准备干粮!"这个提醒:"所有人记得穿运动鞋。"那个提议:"每人带个垃圾袋。"……此刻,我悬着的心渐渐放下了。

10月1日早上6点,当我来到山脚时,班长已经把全班集合起来并点完

名了,甚至由体育委员带领着做起了准备运动。几个调皮的学生喊道:"老班,一起啊!你尤其要做准备运动。"大家放声大笑。

起初,秋风不燥、山路平缓,孩子们走得轻松、谈笑风生。音乐生们兴致高昂地唱起了山歌,语文课代表打趣道:"遥襟甫畅,逸兴遄飞。爽籁发而清风生,纤歌凝而白云遏。"引得全班叫好。

慢慢地,太阳出来,气温升高了,山路也变陡了。树枝槎桠,前面的提醒后面的要低头;石路崎岖,前面的提醒后面的小心脚下。再慢慢地,除了小声的提醒,就只有间或一两下登爬时喉间用力的声音和大家越来越深重的喘息声了。说实话,我也累了。

来到一处相对平坦的树荫下,班长提议大家停下稍作休息,于是大家三三两两找能坐的地方。我担心地观察着他们,怕有人争抢、怕有人抱怨……但出乎意料的是,大家默默地喝水,互相谦让关心、小声鼓劲,没有人说泄气的话,更没人打退堂鼓。

休息后,大家继续攀登,遇见岔路一起商量决定,碰到陡路你拉我扶。就算背包压沉了肩膀,汗水浸湿了头发,也没人退缩、没人掉队,每个人都笑着咬牙坚持、一路高歌……孩子们用实际行动让我感动,令我坚信他们定能以全新的姿态飞过高三这座高山!

之后,"不惧压、不畏难"成了我们班的口号,"相互照亮、扶持共进"成了我们班的默契。孩子们带着自信、揣着梦想拼过了专业统考、校考。在高考前一天,班长偷偷塞了张纸条给我,上面有全班学生的签名及短短的一句话:"去年我们不畏峥嵘山势,今日我们定能绝顶成虹,请老师放心。"

每个孩子身上都有闪光点,唤醒内驱力,才能改变现状、拨云见日。给孩子们插上信心与机会的翅膀,才能让他们飞过一座座高山,飞向更广阔的天地。

(江阴市华士高级中学　张　彪)

虫儿飞

"戚老师,您有咱们班在教室里拍的那张照片的原图吗?我这边要做聚会海报,我们商量了,打算用那张照片做背景。"一天,班上一个毕业了两年的学生联系我。

"那张呀……"我一边把照片找出来传给他,一边问,"怎么想到用那张?""因为那张照片,是我们再也没办法复制的高三啊……"

我打开照片,那是高三百日冲刺那会儿,天气已经有些热了,高清像素的画面里,爱出汗的孩子们还有发丝黏在脸上。

我正看着,一边来交作业的学生探头过来:"戚老师,这是你很久以前的学生吗?"我否认:"也没很久啊,刚毕业没多久。"学生嘿嘿一笑:"看上去,教室很有历史感啊。"这话说得很有艺术,其实就是想说:教室看上去很老旧。

是啊,照片中的孩子们是老校区的最后一届学生,而照片里的教室,已经不在了。怎么会拍那张照片的呢?我的思绪,随着照片回到了两年前……

那段时间,学生经常向我反映:自从高三搬到顶楼,教室里飞进了各种奇怪的虫子。

"简直没法上课,高三的时间如此宝贵,全被这些该死的虫子毁了!"

"我们真倒霉,搬新学校的时候我们都毕业了,真该让学弟学妹们尝尝这个破学校的滋味!"

周记里,学生表达着自己的愤怒,我抬头看看漏水的办公室,心有戚戚然,无奈地一遍遍安抚、解释,直到这样一段文字映入眼帘:

> 窗外的天渐渐变成深蓝色,街边的灯亮了起来,我想起了小时候在老家,昏黄的光晕里,外婆用蒲扇帮我赶虫子,那看上去像蜈蚣的虫子其实叫蚰蜒……我还捉了一只独角仙,这一切真令人怀念!原来,我们离乡间、稻田,离大自然已经那么久那么远了……

这是一段多么美好的文字呀,我被带进了久违的记忆——那时月光明亮,有蛙声,有蚊子,还有内心的宁静。

进入百日倒计时,有种奇怪的情绪,好像所有的一切都应当为高考让路——最优先的作息时间,最优待的常规检查,最安静的教室分配,是高三理所当然的"特权";而在家里,家长们小心翼翼、察言观色,就怕有什么影响了孩子的学习。

可不是,空调声音太响了影响学习,电扇风吹得头疼影响学习,不开太热了影响学习。有时候自习课,会有人突然把草稿纸揉成一团,猛抓头发,一脸抓狂,而其他同学见怪不怪,或互相安慰一下。

我知道,"特权"其实是无形的压力,孩子们的焦躁不安需要借口来发泄,所以有时候,我纵着他们,但……似乎,我想起了一些孩子字里行间的戾气,而我也和那些气急败坏的控诉一样,失去了对生活的容忍和耐心——其实,我的压力也很大吧?可能,无形中,我已经影响了学生吧?我不安起来,似乎,得做点什么?

黄昏走进教室的时候,头天晚上杀虫剂的味道仿佛还未散去。

"老师,你看!"学生指着不知名的小虫子,七嘴八舌的声音里充满了委屈。

"我总结了大家提供的杀虫技能一百零八招……"我一开口就磨刀霍霍。打开幻灯片,杀虫剂的海报背景上有只四脚朝天的蟑螂,字幕上打着学生周记上的必杀技:书本扑之,餐巾纸闷之,刀片切之,开水烫之……学生们笑了起来,跃跃欲试。

"说起来,大家的杀虫热情让我想起了历史上的一场运动。"我展开手里影印的海报。"啊?!"学生的注意力被吸引了。"是20世纪50年代的'除四害'运动。"我从"爱卫生,讲文明"的初衷,说到"天上鸟飞绝"的生态恶果,"老太三年消灭了220万只苍蝇""少年两天消灭了77000只麻雀",在这些匪夷所思的报道中,学生从最初的嬉笑到渐渐沉默,我刻意在"上天无路,下地无门""片甲不留"的口号上逗留了一会儿,不知会不会让他们想起自己那些杀气腾腾的话语。

"我知道,其实,在做不出题的时候,你们只是需要一只'替罪虫'发泄一下情绪罢了,这些虫子前仆后继地来做你们的出气包,真让人感动啊……"我开玩笑似地说着,看到不少学生在点头。

最后一张幻灯片,是夏夜的田野,教室里响起了配乐:"黑黑的天空低垂,亮亮的繁星相随,虫儿飞,虫儿飞,你在思念谁……"

"你们说,学弟学妹们,还会有这样听着虫鸣上课的机会吗?"歌声中,我轻轻地问。

"这可是一群有文化的虫子!"一个学生调侃道。

"他们也没有在老校区上课的机会呀……"

"对,他们能摸到 20 世纪 80 年代的墙壁吗?"

"还有 90 年代的铝合金窗!"

"那些'年轻人'哪知道我们和老校舍不得不说的故事哟……"

"他们的毕业照上,还会是这个学校吗?"有个声音说,"到时候,学校就是一片废墟了……"教室里忽然陷入一片寂静。

"老师,给我们在教室里合个影吧,还有这些虫子们……"班长提议道。灯光下,53 张面孔还未褪去惆怅,带着光,带着敞亮,定格在画面里。多年以后,虫子们早已不见踪迹,也许,只有我们会记得那曾经的奋斗和青春。

(浙江省诸暨市海亮实验中学　戚逍逍)

青春期教育

人性中最深切的需要,是被人赏识的渴望。

——詹姆斯

教学生怎样对待爱情,这是教育工作的最细腻的一面,它要求教师有真知灼见,把教育技巧与教育艺术结合起来。

——苏霍姆林斯基

用赞扬燃心中之火

"陈老师你快来,你班上有个叫小田的同学不肯理发,现在正和祁主任杠着呢!"电话那头传来同事紧急的催促声。虽然才见过两面,但我对小田印象深刻,他是一个皮肤黝黑、身形消瘦的男生,前额的头发斜搭着遮挡了一只眼睛。此时是新生军训入营第一天,整理仪表是入营的第一项要求。"刚入校就想破规矩,这还得了!"我心里暗暗地想给这个"刺头"一个下马威。

我一路小跑着赶往学生宿舍,远远地看见小田独自徘徊在花坛旁,不远处德育主任正有序组织其他学生理发,不时有同学朝着小田观望。我走过去,轻轻拍了拍小田肩膀,说道:"走,我们聊聊。"

"为什么不肯理发?"我开门见山地问。

"我喜欢长发,我不理发。"他不假思索地回答。

"短发是军训明文规定的要求,由不得你喜欢不喜欢!"我严肃地要求。

"我又不是军人!"他快速回应。

…………

任凭我苦口婆心,他自岿然不动。

"你的头发确实很长了,都遮住眼睛了。"我开始急躁地批评起来。

"又不影响我视线,怎么着?"他挑衅地回击我,并向我投来轻蔑的眼光。

那一刻我的愤怒似乎要被点燃,我用一道犀利的目光射向他,但是他丝毫没有避让。以前从来没有学生敢这样跟我对视,但我知道愤怒解决不了问题。我在脑海里飞速地寻求解决办法,很明显他是一个有着较重社会习气的孩子,心直口快、毫不避讳,根据经验判断,这类学生往往比较重义气,于是我立即调整沟通策略。

"你知道我是谁吗?"我严厉地说。

"班主任呗!"他轻蔑地回答。

"我是咱们班的老大哥,你要是认我这个老大哥,今天就给我一个面子,

把头发剃了。"听了这话他微微一怔,那敌视的眼神慢慢收敛起来。

"今天我知道你喜欢长头发,而且也给我面子了,有些事咱们以后再深入交流。"我趁势把他带到教官身旁,他竟然默不作声地配合了。

虽然一句话暂时震慑了他,但教育是引导,是激发,而不是威慑;班主任工作靠的是爱心和智慧,而不是江湖义气。解决小田的根本问题还需要另寻他法,趁着他理发的时间我抓紧思考。美国教育家詹姆斯说:"人性中最深切的需要,是被人赏识的渴望。"带班中常常遇到一类被称为"顺毛抹"的孩子,更适合多表扬少批评的教育方式。既然批评教育对小田的效果不佳,何不采用赞扬的方式呢?

理完发的小田显得很精神,我再次把他叫到身边,真诚地对他说:"现在才发现你还真像一个兵,身材精瘦、皮肤黝黑,头发短有精神,都符合军人气质。"听了这话,原本怒气未消的小田表情放松了一些。当天晚上我又当众表扬了小田形象好,像军人,那一刻他快速扫过我期待的眼睛,然后低下了头。接下来的军训,小田很认真,甚至在休息时,他还独自比画着基本动作。几天后,小田顺理成章地被教官选为护旗手和训练标兵,我肯定这是一个教育的契机,于是休息时我走进连队和学生们聊天。走到小田旁边时,我特地大声赞扬说:"不错嘛,小伙子,都被选为训练标兵了!"周围的同学都向小田投来佩服的眼神,小田更是惊喜地看着我,不好意思地挠了挠头说:"你不是说我像军人嘛!""教官选你做护旗手和标兵,是对你训练态度和效果的肯定,而不是因为我说你像军人。也许教官和我看法相同,你真的有军人品质。继续加油,小伙子!"当着同学的面他更害羞了,微笑着冲我点点头。

原本看似蛮横的人也有这样上进的一面,我很庆幸当初没有采用简单粗暴的方式强硬要求他理发。但我知道教育绝不是一蹴而就的,只有了解小田的秉性,才能更好地对他进行引导教育。通过多次家校沟通,我得知小田是留守儿童,跟着爷爷奶奶生活,父母都在外地打工,老人家除了照顾他衣食住行,其他方面管不了,他父母难得回家,也只能尽量满足他的各种要求。这是一个被"哄"大的孩子,养成了喜欢"顺毛抹"的性格,带班中这类孩子并不少见。

小田的文化成绩很差,遇到作业不会写他就不交,但是他从没有抄袭过作业,于是我表扬他很诚实,告诫他在社会上诚实比成绩更重要,并鼓励他不会的问题要主动问老师。艺术节时班级节目演员不足,我鼓励小田去参加,激励他说"男子汉不能认怂",他欣然接受并表演得很成功。经过多次不失时机的鼓励和赞扬,小田渐渐消除了对我的戒备,我们相处得越来越融洽,他对我的教育要求都能认真执行。

高二分班时,小田坚定不移地留在我班里。小高考复习阶段,小田多次模拟成绩不过关,渐渐地表现出信心不足的状态。了解到他的想法,我赶紧给他打气:"小田,我相信你能过关。有三点理由:一是你不笨,每次班级活动你都能做好,说明你能力强;二是小高考属于过关性考试,很基础、很简单;三是陈老师带过的班一直都百分百过关,你也不会打破我的记录。只要你肯下功夫,一定没问题!"听了我的这番话,他那原本黯淡的眼神又重新明亮了起来。

接下来的日子,我连续几天发现午休时间班里总是不见小田。旁边的学生告诉我:"小田最近每天中午到午休时间就出门了,不知道他干吗去了。""估计是问老师问题去了。"我一边猜测一边开始寻找小田,当我走遍所有任课教师的办公室,都没能看到小田求教的身影,我有些失望了。

"莫非出去玩去了?"渐渐地,我有些怀疑,于是我又走遍了校内所有运动场馆,还是没找到人。一股恨铁不成钢的怨气开始在我内心升腾,正当我胡思乱想的时候,隐约听到小竹林里传来读书声。我循着声音走去,远远看见疏影横斜处正是小田。我轻轻地走过去一探究竟,他竟然没有发现我,而是专心地背诵,旁边的石桌上还摆放着厚厚的复习资料。我掏出手机及时拍摄下这励志的画面,"咔嚓"的声音打断了他。见我到来,他显得很不好意思。

"你怎么不去午睡啊?"我关心地问。小田急忙答道:"我感觉自己再不努力就真的来不及了。"我开心地走过去拍拍他的肩膀,肯定地对他说:"你有这份努力,为时不晚,一定会过关的,而且你的这份刻苦精神是我们班级的榜样,但是学习得注意方法,劳逸结合才能学得更好。"小高考成绩揭晓,小田各科都以较高的成绩通过。

苏霍姆林斯基说:"只有集体和教师首先看到学生优点,学生才能产生上进心。"教育不是注满一桶水,而是点燃一把火。我很开心在多个场合下用赞扬之语帮小田点燃了内心的进取之火。赞扬可以打开一个人的心门,可以激发一个人的能量,作为班主任,不吝赞扬是育人的艺术,会带来意想不到的收获。

(镇江市实验高级中学 陈宗亭)

带"刺"的鲜花一样美丽

一直以来,我都认为班主任工作是一门极富艺术性的工作,所以总会结合工作经验追求技巧,用高度的教育智慧春风化雨般化解学生身上一个又一个的教育难题,有时甚至会为自己取得的一点点成就而沾沾自喜,但直到认识了小泽以后,我才发现所谓技巧只是"术"而不是"道"。

2019年,我任高二(8)班班主任,那是一个特殊的班级,一个意外连连的班级,是一个在新高考的未知下充满了不确定性的班级。很多人望而却步,但是既然轮到我头上,我也就只能带着所谓的经验与技巧,硬着头皮上阵了。

刚分完班没多久,班上的"刺头"便冒出来了,他叫小泽,头脑聪明,思维敏捷,但很叛逆,几乎聚集了所有这个年龄段叛逆学生的特征:在学校和同学打架斗殴、上课无视课堂纪律,在家里跟父母吵架、顶撞父母,在外面沉迷网络、整日与游戏做伴,还隔三岔五地离家出走。我知道,对于这样的学生,优缺点都很明显,恰似玉石,不雕琢,不成器,需要精心打磨。而我顾虑到这个班级曾经的一些事情,也有点投鼠忌器,便想,来硬的肯定不行,甚至会起到反作用,而略施小计兴许奏效。

一个晚上,我碰巧遇到了晚自习早退的他。想到之前心中所想,我便顺势截住了他,邀请他一起吃晚饭。一方面,我想通过师生沟通和他拉近距离;另一方面,我想创造机会,拖延时间,制造悬念,让他知道爸爸妈妈一直关心着他。我动之以情,晓之以理,心想这样或许能够感化他,因为他们这个年龄的孩子,其实心里都是很在乎、心疼父母的。

可现实总是事与愿违,直到晚上十点,我们都没有接到他父母的电话,更没见到本应该担心他的家人。我实在忍不住向他询问了家里的事,原来,他的父母早已习惯了他的叛逆,并且大多数时候选择无视放任,而他也习惯了父母的无奈以及漠然。所谓的什么计策,在这一刻,完全落空。

后来,他依旧我行我素,一切就像什么都没发生过。

真正的改变源自一次偶然的机遇。那是一个星期天的午后,我路过沿河路,偶然发现他坐在一家建材店门口。上前一问才知道,原来那是他家的店。他的父母见了我,和我打了招呼过后,便匆匆忙忙地去卸刚刚到店的水泥。我和小泽站在一旁看着,当沉重的水泥压在他父亲肩膀上的那一刻,我可以清楚地看到他父亲的腰瞬间佝偻了下来。我看向小泽,果不其然,我清晰地看到他欲言又止的神情,看到他微微伸出又猛地缩回的手掌。远远地,似乎要上前帮上一把,可最终化成了空。这突然让我确定了他是一个在乎父母的孩子,于是便悄悄地对他说:"我们一起帮帮他们吧。"他看向我,目光里带有些许心动和犹豫。我知道是父母的操劳,让他感动了,可是碍于和父母的关系,他却又无从下手。这一次,我看到了真正的他。最终,我们一起帮助他的父母工作。一阵忙碌之后,水泥卸完了。在街道的喧嚣中,我们看着满身灰尘的彼此,相视一笑。这一次,我好像真正理解了他,一个叛逆却拥有一颗细腻温暖内心的大男孩。

从那时起,一切都悄无声息地变化着。我不再从同学们耳中听到"小泽又……"之类的言语,不再看到上课睡觉或讲话的他。相反地,我看到了一个努力上进的他,从其他老师耳中听到了一句句对他的赞许之声……

也许是亲情的濡染,也许是劳动的顿悟,也许是师生的默契,从那以后,我们再次相逢时,他总会投之以会心的微笑,我也报之以鼓励的目光,那是一种只可意会不可言传的信赖与亲近。我们也总会在私下里交流、讨论很多东西,不局限于学习问题,还有和家人、老师、同学的相处之道,甚至会探讨未来的目标与追求。终于,一个所谓的"刺头"学生,转变成一个能够和我心心相印、息息相通的知心朋友。

每一个孩子都是一本需要仔细阅读的书,他们的内心世界是那么的多姿多彩,或许一时会误入歧途,但教师要用一颗关怀、宽容、真诚的心对待他们,这才是教育的上上策。

时至今日,我对"不是槌的打击,乃是水的载歌载舞,使鹅卵石臻于完美"这句话有了更深层次的理解。最好的教育不仅在于使用一些技巧,更在于以一颗热情的心,把无微不至的关爱时时送到每个学生的身边,以真挚的情感走进学生的心灵世界。

冰心说过:"没有一朵鲜花不美丽,没有一个孩子不可爱。"只要有真诚的

行动去濡染学生的纯真,用教育的细节去改变学生的行为,就不存在任何问题学生。我想,这才是师生沟通的应有之义吧;我想,这才是作为教育者的最大的幸福吧!

我一直认为,所谓师生一场,不只是老师教授知识给学生这么简单。我们的关系是对等的,两年的陪伴是为了让彼此成为更好的自己。我在与孩子们的相处中,看到了他们在比赛中认真的样子,为了梦想不断拼搏的样子,跌倒了含着泪继续站起来前进的样子……这一切的一切,也激励着我,成为更优秀的老师!我知道,在他们的人生道路上,我只能陪伴一程,但若是在有限的时间里,我能给予他们更多,他们能够收获更多,成为对社会有用的人,那就是为人师最大的光荣与快乐!

(盐城市第一中学　颜正月)

老师，我向她表白了

高中是一个人一生中的关键期。高考的巨大压力，不仅考验学生的意志力，也考验着学生的情感力。关注异性交往是高中班主任的一门必修课。一篇文章中也写道："大量的长期的历史事实证明，社会与情感能力（social and emotional skills）对一个人的事业成功和人生幸福才具有决定性意义。"这段话让人深思。如何满足高中生的情感需求？又如何培养他们的情感能力呢？我一直在探索。

"老师，我向她表白了！谢谢您！"看着刚上大一的小张在QQ里的留言，我的思绪瞬间被拉回到几年前，一幕幕场景再一次呈现在我的眼前。

可能因为年轻，我和学生间的关系一直非常好。很多学生经常到办公室找我聊天，小张就是其中一位。小张是一个活泼开朗、品学兼优的男生，平日里总是笑嘻嘻的。一天，他跑到我的办公室，扭扭捏捏地说："老师，我跟你说个事，我喜欢那个小苏了！""眼光不错啊，她可是咱班的才女。"我暗自庆幸他能跟我吐露心声。但是，一种为师者的本能还是让我迅速思考怎样打消他的念头，把心思全部放在学习上。还没等我开口，小张就迫不及待地说："老师，我想请你帮个忙，帮我了解一下小苏对我的印象，看看我有没有机会。""好啊！"我爽快地答应了。真是得来全不费功夫啊，正好可以借机打消他的念头。

第二天，我找来了小张，开始了我的规劝之举。毕竟，青涩的果子不好吃，我担心这样的同学之恋会把两个高才生给毁了！我开门见山："小张，我跟小苏聊过了。我想问你，你真的喜欢小苏吗？"小张郑重地向我点点头。"那好，我以老师和朋友的身份给你提个建议，等她三年！等你们高考结束了，拿到录取通知书了，再向她表白也不迟。我想她是不会拒绝像你这么优秀的男生的。"不知是我的真诚，还是我"忽悠"人的本事很强，小张竟答应了。

花季的情感是一种最美好的情感，高中生恋爱的基本动机是情感交流的需要，"堵"是没有用的，必须创造机会，搭建一个"疏"的渠道，让情感在体验

中得以释放,得以升华。

机会来了!我关注到,学校读书节有一个话剧展演的活动,话剧《罗密欧与朱丽叶》正在招募角色,我鼓励小张报名参加。起初小张并不愿意,觉得在大家面前表演爱情戏有点尴尬。但是,架不住我的鼓动,他报了名,而且在我"努力"与话剧指导老师的沟通之下,他不仅顺利进入剧组,还担任了男主角——罗密欧。这个机会太难得了!我经常去看他排练,还经常与他交流表演的感悟与心得,借此了解他的思想动态。从开始的羞怯到逐渐入戏,话剧展演非常成功!当小张大方地牵起女主角的手时,台下响起了同学们的叫好声与掌声。

席慕蓉曾说,戏子是"在别人的故事里,流着自己的泪"。这次表演经历让小张在别人的爱情故事里收获了自己的情感体验。表演结束后,他对我说:"老师,痛快!"我让小张好好总结一下感受和经验,并邀请他在接下来的"爱情大家谈"的主题班会上谈谈自己对爱情的理解和体悟。小张若有所思,点了点头。

在"爱情大家谈"主题班会上,大家各抒己见,将平常羞于启齿的爱情谈得头头是道。在朗诵爱情诗歌的活动环节,同学们一个个夸张地读起了"爱情诚可贵""情不知所起,一往而深""两情若是久长时,又岂在朝朝暮暮"等经典句子,仿佛个个都是情圣。"特邀嘉宾"小张说:"扮演罗密欧,让我明白,爱情的力量是伟大的,伟大之处在于它能让一个人甘愿摒弃自己的占有欲,敢于做出牺牲。爱情,真的不仅仅是一句情话,更应该是一种谨慎的思考和负责任的态度。如果我在高中遇到自己所爱之人,我愿意将这份情感珍藏三年,等待成熟那一刻的到来。"那一刻,如潮的掌声是对他这段话的肯定!我知道,小张已经从一次次的话剧表演中体验了爱情,升华了情感,走向了成熟,我相信,他绝不会跌进"美丽的陷阱"而自毁真爱的前程。

毕业后,小张给我发来一则信息:"老师,我发现我还是喜欢她。"我没有惊讶,鼓励他说:"大胆表白吧,是时候了!"

高中生在面对和处理自己的情感需求时,其实也是他们的社会和情感能力快速成长的时候。马斯洛的需求层次理论告诉我们:人人都有爱与归属的需要。作为班主任,"为了高考"有意压抑学生的恋爱需求,往往适得其反。不如主动出击,让学生在戏剧与诗歌的体验中获得深刻的认识,感悟爱情的真谛,升华自己的情感。

(南京宇通实验学校　赵　健)

我没有监护人

2021年我留任高三班主任。这次不同以往,班级集聚了年级大多数后进生。迟到、上课吃东西、作业长期不做,各种问题屡见不鲜。

进班第三天,英语老师一下课就来到我办公室,气急败坏地说道:"陈老师,还是要管一管小李,上课看杂志,竟然还跟我说,'你不要再跟我废话了,会浪费其他同学的学习时间'……"我赶紧安抚英语老师,并承诺道:"我这就去管管他……"

本着先了解情况的目的,我转身就去了教室。

"小李,是不是打算英语不参加高考了?如果是这样,那就喊监护人来学校签字。"

"我没有监护人!"

"那你住校,总有紧急联系人吧。"

"紧急联系人是我自己。还有,我是死是活重要吗?"话还没说完,小李泪如雨下,泣不成声。原来,做物流卡车司机的父亲好不容易送走先后生病的爷爷、奶奶,家里一夜因病返贫,回到了债台高筑的旧日子。在小李四年级时,母亲又离家出走,从此没有任何音信。父亲先是住在卡车驾驶室里,最近几年寄居在杭州未婚妻的一居室里。而小李从小学开始就一直住校,靠学校助学金生活。高二寒假结束,小李口袋里只揣了200块钱从杭州出发,这其中包括到南京的车票钱,到今天6个多月过去了,一次也没回过杭州。

这明显是一个缺乏爱的孩子。简单的经济救助和帮扶,事实上是不能疗愈他的。

"小李,学费和生活费虽然不是问题,但你想过没有,还有一年你就要独立生活了,明年你打算进入一所怎样的大学?"

"老师,我没有资格谈论一年后的生活。谢谢你的关心,我保证以后在所有的课堂上都不破坏秩序了。"

沟通的大门就此关上。我默不作声地回到了办公室。我跟小李的父亲联系了一下，证实了以上情况，但是没有告诉他，孩子在英语课上发生的事情。

一周后，小李同宿舍的同学告诉我，他最近晚上一直在宿舍哭，因为向原来初中的一位女同学表白被拒。大家各种劝解和安慰都无效，因为他觉得自己是被爱遗忘的一个人。班长还告诉我，前任班主任发动全班同学秘密地写过"我心目中的小李"寄语，在班会课上交给他，他也只是淡然一笑；生活老师每逢过节都喊小李在办公室过节，还有一次专程带他出去吃"大餐"，他也只是淡淡地说了一句"谢谢"；小李用省下的助学金买了一个二手尼康胶片照相机，为此三个多月没有吃早饭……

生活中家长缺位，而老师的关心已经没有办法打动小李了，因为他总是从一所学校到另一所学校，每一所学校的老师都只在自己的岗位上给予他阶段性的关爱，他得不到最长情的陪伴。

但是，他有热爱的东西，心仪的女孩子，心仪的照相机……当我在脑海中找到这样一个答案的时候，既激动又心酸。

第二天，我找到小李，问他能否给我看看那个拒绝他的女孩子长什么样。基于我向来"表现良好"，没有"棒打鸳鸯"、硬拆过学生情侣等"恶劣行径"，他很坦然地告诉我，他把所有有关她的照片都删了。后来，他在同学的QQ空间里找到了一张初中秋游集体照，上面有他心仪的那个女孩的模糊侧影。尽管模糊，我还是略带夸张地夸赞了小姑娘，一并夸赞了他很有眼光。

气氛稍微宽松了一些。

"小李，我问你一个问题。换位思考一下，你要是这个小姑娘，会拒绝来自现在的你的爱吗？"

"会，一定会。"

"为什么？"

"我一无所有，毫无希望。"

"她的判断对吗？"

"她不了解我。我是我们初中唯一考上四星级高中的同学。我现在虽然排名年级后50，但是，我知道，我可以到年级中游，然后……老师，还是算了。"

"我不在公共场合说脏话，我不嫌弃我的家庭，我不透支信用胡乱借钱，我尊重一切有知识的人……我跟她身边的人不一样……她跟我身边的人也不一样,她不怕自我牺牲,她心里更多地装着家人、朋友而不仅仅只有自己……"

"小李,我觉得你们俩很像,仅剩的一点点爱都给了别人。我知道你的卡片机是用来拍她的。"

"是。"小李又一次泪如雨下。

"可是,她比你现实,早早去了职业学校,学技术过生活。她比你更知道,两个苦命人不能捆绑在一起。你得给自己希望,给她希望。"

"……"

"跟她还有联系吗?微信、QQ还是好友吗?"

"我俩都没删对方,但一直都处于静默状态,谁也不说话。"

"我给你出个主意。每天在QQ空间和微信朋友圈发短文,主要记当日流水账,以学习计划执行情况为主,并且一句话总结收获,一句话总结需要调整的方面。给自己看,也给她看。"

小李抬起低了很久的头,悻悻地说道:"我估计我没有那么强的毅力。"

我瞬间接过了话茬:"你也可以加我好友,我来具体指导你。顺便跟你讲一下,这么些年来,只有毕业之后,学生才能加我好友的哦!"

小李轻轻地"嗯"了一声。我知道,这一声"嗯"里,有些事情成了。没想到的是,他竟然有两个手机,其中一个花费了半年的早餐钱,是专门用来打游戏的,他还让我帮忙保管到高考结束。

一切都会过去,一切也都不会过去。半年以来,小李按时作息、认真锻炼,不再每天起床猛灌速溶咖啡,所有学科最高成绩都达到过年级均分,虽然还有些起伏不定,但前路看起来似乎更宽阔了。他与父亲的关系,也缓和下来,甚至主动打过去电话"嘘寒问暖"。

"看来你对自己的监护,还挺负责的哟!"我笑着对小李说。他依旧沉默,而脸上泛起的是自信的笑容。

(南京师范大学附属中学　陈蓓蓓)

家校共育

　　每个孩子都是种子,只不过每个人的花期不同。有的花,一开始就灿烂绽放;有的花,需要漫长的等待。不要看着别人怒放了,自己的那棵还没有动静就着急,相信是花都有自己的花期,细心地呵护自己的花,慢慢地看着它长大,陪着它沐浴阳光风雨,这何尝不是一种幸福。

　　　　　　　　　　　　——徐蕾(江苏省姜堰第二中学)

陪着你，在疼痛中成长

教师节当天，我收到一张特别的贺卡，上面是上一届高一（1）班全体学生像彩虹一样五彩缤纷的签名祝福。牵头发起签名的，是圆圆——一个曾面对母亲突然离世张皇无措，最终懂得生命意义，开始微笑生活的女孩。

有一种支持叫"我一直在"

一个周三的早上，我突然接到圆圆爸爸的电话，他哽咽地告诉我，圆圆的妈妈昨天半夜突发心梗去世了，现在他已到校门口，准备接了住校的女儿一起回家。

一想到那个柔柔弱弱的女孩就这样一夜间失去了母亲，我决定邀请她爸爸先到我的办公室来，花几分钟和他商定一下接下去的事。这是个常年在外跑生意、和孩子沟通很少的爸爸，平时和我进行沟通的一直是圆圆的妈妈——一个说话温婉的中年女人。见面后，圆圆爸爸向我简述了这场突如其来的变故，看得出，这个满脸憔悴的男人，还处在惊魂未定之中。我倒了杯水给他，表达安慰后郑重提了三个建议：一是圆圆听到消息后，希望他能抱抱女儿，这对听到噩耗的孩子很重要；二是这段日子再忙，也要多陪陪女儿，让她感受到爱的依靠和力量；三是处理事情时尽量多和女儿商量，充分尊重女儿的意见，这是人生给的灾难，也是人生给的成长机会。

"你可以让圆圆看到你的眼泪，但更要让圆圆看到你的力量！"我认真地叮嘱着。圆圆爸爸惊讶地对我说："以前圆圆妈一直说圆圆有一位好班主任，可没想到你竟能想得如此周到，我一定把你的话听进去，努力去做到！"

在圆圆跟着我去办公室的路上，不祥的预感促使她不停地问爸爸为什么来接她。在人少的走道上，我停下脚步，把圆圆的手轻轻握住，缓缓对她说："你家里出了点事，稍后你爸爸会告诉你。"圆圆瞪大眼睛望着我："是……是什么事？""爸爸会告诉你。老师只想告诉你，不管出了什么事，老师一直都

在。"我感到圆圆的手开始不住地抖,我加大了握她手的力度,希望可以传递给她一点温暖和力量。

回到办公室,我依然紧紧握着她的手,陪着她听爸爸说了沉痛的事实。"我不相信!"她愣了一会儿,随后大喊,"不可能的,你骗人!"可是在父亲重复事实后,她开始全身发抖,圆圆爸爸及时抱住了她,圆圆在爸爸的怀里放声痛哭……我上前轻轻拍着她的背告诉她:"爸爸和所有家人、我和所有老师还有你的所有朋友都会在你身边,你不是一个人,我们一直会陪着你!"圆圆爸爸拼命点着头,帮女儿一次次地擦去满脸的泪水……

那天,我一直送他们到校门口,一路上,爸爸的手一直紧紧地拉着悲伤的圆圆……

有一种陪伴叫"你很重要"

圆圆不在校的这几天,我到心理辅导室查阅了很多有关心理创伤和危机干预的书,并和心理老师一起,初步商定了一个陪伴计划,希望尽可能多地帮助到她。

我每天坚持发消息去安慰她,给她保留好情绪宣泄的出口。我告诉她:"不管多晚,想找我说话都可以,我24小时为你待机。"这几天,虽然她在家我在学校,但情感维系从来没有断过。

她返校前,我组织了一次班团干会议,商量大家一起做点什么帮助她度过这段悲伤的时光。最后我们决定在圆圆返校的那天,给她一个温暖的小仪式。

圆圆返校的那天晨会课,全班都早早地来到班级,等我牵着圆圆的手走进教室,走到讲台前。温柔漂亮的班长上前给了圆圆一个拥抱,对她说:"我们都在等你回来。给,这是我们最想对你说的一句话!"圆圆诧异地接过班长递给她的卡片,上面是全体师生的签名,还有签名中间那句醒目的话:"你对我们很重要!"圆圆的眼眶一下子湿润了。

在班长的示意下,大家齐声对着圆圆喊道:"圆圆!你对我们很重要!"大家冲圆圆挥动着手,投去炽热的目光,圆圆再也忍不住,眼泪夺眶而出……她的好朋友纷纷走上前紧紧地拥抱了她,我也准备了一个太阳抱枕送给她,上面有一句英文刺绣:"You are the sunshine."我告诉她:"阴霾总会被驱散,阳光一定会到来。"

之后的日子,每当她上课发呆或午休独自站在走廊尽头时,我就找恰当的时机找她谈心;晚上熄灯前,我也会去她的宿舍看看她,拍拍她的背。她的"闺蜜团"也会和她一起吃饭,一起打水,一起回宿舍,一起参加班级活动。

我们一起陪她度过那段疼痛的日子。

有一种成长叫"携手向未来"

圆圆看似回到了正常生活轨道,但是眼底却总是藏着悲伤。我知道,对她而言,在后期帮助她重建生活、寻找到生活的意义更为重要。我发挥学科优势,利用自习时间,为她单独上了一堂课——史铁生的《我与地坛》。史铁生从母亲的去世中感受到了母爱的力量,从痛失双腿的不幸中走了出来,寻找到生命的意义。我也希望圆圆可以从这一次的悲伤中走出来,感悟母爱,寻找到自己的生命价值。

这一堂课,她听得非常入神,之后还写了一篇很长的感想,告诉我她想成为像我一样的老师。

平时我会和任课教师定期举办"班级教研活动",这一次,我把主题定为"一起做好圆圆的陪伴计划"。大家一致觉得此时圆圆更需要的是肯定和鼓励,找到自己在班级里的存在价值。所以英语老师建议,推荐圆圆代表班级参加校园文化艺术节上的英文朗诵大赛,她亲自指导圆圆。后来圆圆的表现得到了评委的一致好评,她的自信心也增强了。

一个月后我再次接到了圆圆爸爸的电话,他告诉我,圆圆放假回家会烧饭照顾妹妹了,也会和他说说心里话了。圆圆的成长也帮他度过了那段艰难的日子,他觉得圆圆真的长大了。我很欣慰,并和他再次约定:接下来要进行更多的家校沟通,承担起家校合育的任务。

现在,我常常会翻看这张圆圆和同学们送的教师节贺卡,也常常会微笑着想起我们送给圆圆的那张贺卡,满满的爱的签名,满满的美好回忆。我知道,这是生命给予我们的爱的礼物,也是成长的礼物!

(江苏省常熟中学 丁一可)

"可爱多"回来了

我在几年前曾读过一篇故事,讲的是一个老禅师发现徒弟夜里踩着椅子翻墙偷溜出寺庙,他不动声色地将椅子挪开,在徒弟翻墙而入时让他踩着自己的脊背跳进院子,并在徒弟惊慌地等待惩罚时只平静地说:"夜深天凉,快去多加一件衣服。"在那一刻,我猛然意识到,原来教师之道就是院墙下等待的那个脊背,就是惶惶不安的寒夜里的那句关怀。自那时起,我便下定决心也要成为一名教师,成为甘愿俯下身来、用智慧和包容守护学生的"老禅师"。

无声的变化:"可爱多"去哪儿了

和小叶相识是在她高二的时候。她是一名品学兼优的学生,个性稍微有些倔强。在刚刚组建起来的班级里,小叶给了我很大的帮助。当时的她开朗、乐观,又多才多艺——黑板报、运动会入场式、元旦晚会……到处都有她活跃的身影。就是这样一个"可爱多"女孩,却在高二下学期发生了天翻地覆的变化。

小叶变得越来越沉默,也不再主动和我沟通。一次月考失利后,小叶退出了学生会,给我留了一张便笺要求辞去班委的职务。到底是什么让小叶产生了这样的转变?我决定去小叶的家里进行一次家访。在家访的过程中,我了解到,小叶的父母在上个月办理了协议离婚,小叶跟着母亲生活。她的母亲是一位事业非常成功的医生,在性格上也比较强势。独自抚养小叶的母亲对小叶的要求愈加严格,要求她全身心投入到学习上,但凡发现小叶在学业上有不足之处便各种责骂,这让本来就很疲惫的一对母女,一见面,只剩下数落和埋怨了。

温暖的合力:家校拧成一股绳

家访后,我经常和小叶母亲通过微信、电话交流。在一次交谈中,小叶母亲跟我说："真不知道她怎么变成这样一个问题小孩了。"我听到后恳切地回复道："小叶妈妈,我想啊,我们也要时常站在孩子的角度考虑考虑,青春期的孩子,能够接受爸爸妈妈分开,也是经历了一番自我消化的。我也非常理解您对她严加管教的心情,但是她毕竟只有十六岁,可能还无法完全理解您的苦心,'严爱'加上'慈爱'才是真爱啊。"小叶母亲听了我说的话,沉默了很久,然后长长地叹了一口气。

在那之后,我为小叶母亲报名了由学校专职心理健康教师执教的"家长课堂",也经常推送一些家庭教育相关的文章供她参考,她也开始正视家庭教育上出现的问题,积极寻求改变。家访和调和工作取得了初步的效果,高二快结束时,小叶的妈妈在家长会上主动分享了自己的心路历程,她的那句"我们总是希望孩子快快成长,其实我们家长何尝不需要也跟着成长呢"让我记忆犹新。虽然改变无法一蹴而就,但我相信,真诚的关怀和温情的付出总会让小苗开出花来。

点滴的浇灌:引着孩子慢慢走

目光转回到小叶身上,我并没有因为目前出现的种种问题而紧盯她不放,我知道在家长严格的管控下,一个十六七岁的孩子其实更需要空间和理解。我也深深知道,小叶之所以会如此的烦恼,是因为她对母亲这位生命中最亲近的人看得非常重,她现在面临的问题,根源在母亲"厚重的爱"上。如何让小叶对母亲能再多一分理解呢?一个周末,我带着小叶参加学校组织的爱心捐助活动。一路颠簸,我们来到了小胜的家里,小胜当时刚参加完高考,在学校是一个品学兼优的学生。然而,一进家门,我们看到的是破败的木门,满是黄土的院子和空荡荡的连张像样的凳子都没有的门厅。小胜和父亲微笑着迎接我们,小叶却惊讶地发现小胜的父亲没有穿鞋子,整个脚面红得发黑,肿得老高。看到小叶疑惑的目光,小胜爸爸腼腆地说:"唉,干活太费鞋,干脆就不穿了,他妈走得早,家里乱得很,让你们见笑了……"

回去的路上,小叶没有说话,眼眶红红的,我明白,她的心里一定有一朵小花在缓缓盛开。这之后,我经常在晚饭过后抽出15分钟的时间,牵着小叶的手在操场上走上一圈,给她分享些人生经历,畅谈未来的模样,说说家庭的生活。慢慢地,小叶在谈论起家庭、谈论起妈妈时眼睛亮起来了,嘴角弯起来

了,我也打从心底为她高兴。小叶把操场上这一圈步行戏称为"取经路",我也不由莞尔,我还真成了一名"老禅师"啦。

坚定的守护:孩子,我一直在

虽然小叶和母亲的关系缓和了很多,在学校也似乎在逐渐变回那个"可爱多"女孩,但我仍然像往常一样默默守候在她的身边,会认真看她递过来的"心事笔记本"上的每一个字,认真地回复她的每一个疑问。

时光在书页的翻卷中一晃而过,不知不觉迎来了高考。小叶的母亲将她送到学校后,笑着挥手道别,而我牵着小叶的手送她到每场考试的考场。看着她投入的状态、坚定的眼神,我既欣慰又感动。高考结束后,我和小叶一直保持着联系,分享着彼此的生活,交换些零星的感悟。有一天,她在微信里给我发了一段语音,甜甜的声音唱着那首《真的爱你》:

> 春风化雨暖透我的心
> 一生眷顾无言地送赠
> 是你多么温馨的目光
> 教我坚毅望着前路
> 叮嘱我跌倒不应放弃
> 没法解释怎可报尽亲恩
> 爱意宽大是无限
> 请准我说声真的爱你

那一刻,我知道我的"可爱多"女孩真的回来了。

记得有段时间,有一段话刷爆了朋友圈,这段话大致是这样的:"每个孩子都是一朵花,只是花期不同而已。有的花开在春天,也有的开在别的季节……真正的园丁不会在意花开的时间,只会默默耕耘,静待花开……"我知道,除了小叶,还有小花、小草、小树……在等待着更好的我,我也将用我的一生默默守候呵护我的"花园",在寒冷黑夜里微笑着对他们说:"夜深天凉,快去多加一件衣服。"

(江苏省海州高级中学 李田梅)

"剧"说

我的育人故事要从学校小剧场的一台心理剧说起。

这样的争吵伴随着每一次的考试到来,他们相互埋怨着,看似没有直接骂我,但比打我骂我更让我心痛。我就是个麻烦,对不对?没有好的成绩,我每天扮演着开心和快乐,在他们看来就是没心没肺,这世界真的太糟糕了!如果我死了,还会有谁记得我来过?

这是心理剧中演员的台词,就在那个当下,我看到了台下不少家长偷偷地抹起了眼泪……

生 疑

高中的学习生活是紧张的,家长的焦虑、学生的迷茫、老师的重视、社会的关注交织成一张密网,笼罩在教学楼的上空,我们的故事就在这样的背景下发生了。

一次市大联考后,学生们拿到了全市的排名,也纷纷对照往年录取情况查看自己可能被录取的院校。作为班主任的我像以往一样,依次找学生沟通考情,分析他们存在的问题,比如学科不均衡、考试态度、考试技巧等。在与小黄的沟通过程中,她说了以下这些话:"照这个成绩,也就只能上个普通本科,那我读书还有什么价值?将来大学毕业了,做个打工人,人生有什么价值?""我妈妈每天起早贪黑地照顾我的衣食起居,我考这个分数,她的付出有什么价值?"小黄离开后,我不禁陷入沉思。

然而沉思还没有结果,又一个学生的倾诉来了:"老师,我怎么会考这么差?""老师,你能不能不要把分数告诉我爸爸妈妈,我保证下一次考好。"又是什么让这个文文静静的女孩子如此害怕?随着谈话的深入,一个或许我们司空见惯但又令人担忧不已的情况呈现在我的面前:一些家庭中,父母双方都是职场精英,强势的做事风格,让他们不能接受孩子的平凡。一方面,他们使用看似积极的教育方法,鼓励孩子;另一方面,他们总因为孩子的成绩而互相指责,这给孩子带来了无穷无尽的压力。用孩子的话说,"他们互相埋怨的语言,从门缝中漫了出来,仿佛能把我淹没,我真的喘不过气来"。

受此启发,在后续的考情沟通中,我更倾向于听听学生的心声,"对不起父母""考不上名校,活着没有意义""我妈说,就当没有生过我"等等话语从孩子们嘴里说出来,我们的家庭教育怎么了?

解　惑

一场考试,一次常规谈话,暴露出来如此多的问题,家庭本该是孩子们前行的指路明灯,本该是孩子们获取养分的沃土,本该是孩子们放松身心的港湾,然而因为家长们错误的认知、激进的做法,反而使家庭成了孩子发展道路上的最大阻力。

我们能不能做些什么?我们该做些什么?这成了那段时间萦绕在我心头的课题。

我是该和往常一样,与这些家长一一交谈吗?可是家长们总有很多自己的说法,他们坚信自己的做法是为了孩子好,我的措辞或许会让他们觉得危言耸听。

或许开一次家长会,告诉他们如何跟孩子们正确沟通。这样的家长会曾经也开过,可是从后续反馈来看,大多数家长觉得自己的教育没有问题,自己的孩子阳光乐观、积极向上。

直到学校组织的一次班主任专业成长沙龙上,我把这个问题抛了出来,当时在场的有学校专职的心理咨询老师,她建议我可以把孩子们与我沟通的内容以心理剧的形式演绎出来。一来学生们在排练和表演的过程中,把以往不愿直视的内心以剧中人的形式表演出来,可以排解压力;二来学生们自排自演自看,可以站到旁观者的角度看自己的心路历程,或许曾经堵住自己的牛角尖就自然化解了;三来在征得学生们同意后,可以邀请家长来观看,家长们是真心爱孩子的,如果他们能对孩子们产生共情,后期自然会主动调整家庭教育方法。

成 长

就这样,我边学边实践,一方面向心理咨询老师学习专业知识,一方面通过《中小学心理健康》"心理剧"专栏学习、借鉴他人的优秀心理剧。学生们也组成了全员参与的创作团队,他们以记名或匿名的方式倾诉了自己的困扰,这些困扰就成了我们创作的素材。

5月25日,是心理健康日,意为"我爱我",就在这一天,我们高二(13)班的心理小剧场开演了,演员们通过自己真实自然的表演将所有同学的心灵困惑演绎得淋漓尽致。

当小演员在台上说出"考不上名校,我的人生根本没有价值"这句话时,一名家长情不自禁地回答:"不对!孩子你说得不对!"

当我走上台,与学生们对话沟通,化解他们的困惑时,有家长主动举手上台,他告诉我们的学生:"孩子们,父母爱你们,这是一种无条件的爱,跟成绩无关。不管你们上什么大学,做什么工作,只要你们积极向上,勤勤恳恳,脚踏实地,你们就是有价值的。"

心理剧活动的最后,我让学生找到自己的家长,看到有的家长紧紧握着孩子的手,倾诉着自己的想法;有的家长抱着孩子,相对无言。或许此刻,一切尽在不言中;有的家长微笑着肯定孩子。那一刻,小剧场里满是温情,让我想起了一个寓言故事:北风与太阳为谁的能量大相互争论不休。它们决定,谁能让行人脱下衣服,谁就胜利了。北风猛烈地刮,路上的行人却紧紧裹住自己的衣服,太阳把温和的阳光洒向行人,行人就脱掉了外面的衣服。家校共育中,无论是老师对待学生,还是老师对待家长,抑或是家长对待学生,晓之以理胜于命之以令,仁慈、温和与说服胜过强迫。用温和的方式,更容易达到目的。

借用我与家长们的共勉来结束我的育人故事吧:

> 每个孩子都是种子,只不过每个人的花期不同。有的花,一开始就灿烂绽放;有的花,需要漫长的等待。不要看着别人怒放了,自己的那棵还没有动静就着急,相信是花都有自己的花期,细心地呵护自己的花,慢慢地看着它长大,陪着它沐浴阳光风雨,这何尝不是一种幸福。

(江苏省姜堰第二中学 徐 蕾)

与学生共成长

有人说,师生一场,不过是你们刚好出现在了我的世界,我们彼此珍惜这无数个"第一次",共同成长。一位聪慧的班主任,往往懂得让自己回到"学生的状态",走到学生中去,俯下身向学生学习,虔诚地完成自我的修行,与学生共同成长。

——周作发(连云港市赣马高级中学)

我和我的"小可爱"们

如果有人问我:"这个世界上什么声音最吸引你?"我会毫不犹豫地回答:"欢笑声。"如果有人问我:"你会如何对待出现在你生命里的人?"我会毫不迟疑地回答:"与他们做朋友。"如果有人问我:"朋友之间最重要的是什么?"我会说:"欢乐与爱。"我是这样想的,也是这样做的。

记得刚走上工作岗位的时候,我做高一的班主任,同时兼任隔壁班的物理教师。我满怀着激动而期待的心情走进了隔壁班的教室,本以为将欢快地度过一节课,没想到吃了个"闭门羹"。一节课的时间,我使尽浑身解数,教室里依然是"一潭死水"——我期待的欢笑声没有出现。我百思不得其解。后来通过观察,我发现他们的班主任比较严苛,与学生之间就是一本正经的师生关系,始终保持着较远的距离。而他们的成绩一直不见起色,违纪现象时有发生。从那以后,我就暗暗下定决心,我要让我的班级充满欢声笑语,我要与我的学生做朋友。

怎样才能有效地拉近我与学生之间的距离呢?"好看的皮囊千篇一律,有趣的灵魂万里挑一。"我要做一个有趣的人,让学生喜欢我!平时只要我在教室里,没事就跟学生开开玩笑,课堂上也会讲一些生活中的趣事。我还举行过类似"吐槽大会"的班会,让学生"吐槽"我,大家欢乐一堂。从此以后,他们都变成了我的"小可爱"。

疫情防控期间,学校要求上网课。本来我还担心物理上的距离会影响心灵的相遇,没想到我的线上课上得如火如荼,线下的学生也忙得不亦乐乎。他们在忙活什么呢?原来他们把我的视频截图,然后配上文字,打趣我,还发给我炫耀。每次我都说:"能不能给我修修图啊?这根本就不能如实反映我的颜值啊。"他们说"没问题",然后依然是原图。我深知,他们打趣我是因为喜欢我。

时间过得真快,我带了一届又一届的学生,他们懵懂而来,欢乐而去。而

育人故事

我也在一个又一个学生的陪伴下变得成熟。

9月9日,教师节的前一天,没什么特别的,我以为第二天的教师节也将像往年的一样。却不知,有一群孩子,在这一天一直密谋着一件事。我不知道他们是何时有这样的想法的,但我知道这个想法一经出现,他们将会兴奋得一晚上睡不着觉。

第二天发生了什么呢?原来,一群孩子,在早上四点钟的时候,偷偷摸摸进了教室,分工、构图、绘画、书写、修改,就这样忙了一早上,出了一期黑板报,专属于我的黑板报!他们看到我时,激动地说:"老师,你竟然没有感动到哭!""我才不会让你们看见我哭呢!"我顿了顿,平复了一下激动的心情,不好意思地说,"呃,我能说我是在强忍着吗?"哈哈哈,我们欢乐地笑着!

有时候,他们也会把我气到不行,我会责怪他们不知我的良苦用心,抱怨他们辜负了我的殷切期望。他们才不会坐以待毙呢,会立马还我以"颜色"。

在一个不经意的中午,我发现我的桌子上多了一颗"心"——用苹果摆成的心形,中间几个猕猴桃,猕猴桃上放着一张纸条,上面写着:"我们的爱,你不懂!"那我的爱他们就懂吗?他们当然懂,因为我的爱比较实在。

那是一个晴朗的春日,微风不燥,阳光刚好。上午的最后一节课,当下课铃声响起的时候,我宣布:"大家到楼下站好队,我请大家出去吃饭。"教室里面瞬间沸腾起来了。就这样,一行人浩浩荡荡地出了校门,就像是即将奔赴战场的军人,其实他们确实是去"战斗"的。在回来的路上,我跟他们说:"你们是真能吃啊,吓死我了!迟早被你们吃穷了!"他们马上回道:"老师,其实我们还隐藏着实力呢!没事,你没钱了,以后我们养你……""其实,我也很能吃的。"哈哈哈,我们在一阵又一阵的欢笑声中回到了学校。

我们就这样互相学习,懂得如何让彼此快乐,也懂得给予爱与回应他人的爱,共同成长着。

苏霍姆林斯基说:"一个好老师意味着什么?首先意味着他是这样一个人,他热爱孩子,感到和孩子在一起交往是一种乐趣,相信每个孩子都能成为好人,善于跟他们交朋友,关心孩子们的快乐和悲伤,了解孩子的心灵。"我深受触动!

有人说,师生一场,不过是你们刚好出现在了我的世界,我们彼此珍惜这无数个"第一次",共同成长。一位聪慧的班主任,往往懂得让自己回到"学生的状态",走到学生中去,俯下身向学生学习,虔诚地完成自我的修行,与学生共同成长。这些前辈们的名言,一直激励着我前行,让我在班主任的路上越走越顺畅。

自从走进学生的内心,与学生做朋友以后,我能更容易获得学生的信任与爱,而班级也获得了更大的活力与更强的冲劲。有的学生沉迷于手游会主动向我坦白,有的学生带手机进校园会主动交给我保管,有的学生犯了错会主动找我认错,有的学生遇到情感上的烦恼会主动找我倾诉,有的学生会跟我说班级里与宿舍里发生的那些趣事。每天都会有很多学生围着我问问题。面对着拔河比赛他们的众志成城,面对着教室后面满墙的奖状,面对着优秀班集体与团支部的表彰证书,我知道,"做学生的朋友"这个决定是对的。

我虽已成熟,但也从未止步,我将与学生共同成长,因为,教育是一场爱与被爱的修行,只有起点,没有终点。若是某一天你走过我们班教室的门口,里面突然发出一阵欢乐的笑声,请不要诧异,那是我和他们在亦师亦友地交流。

(连云港市赣马高级中学　周作发)

学会"真"爱

高尔基说:"谁爱孩子,孩子就爱谁。只有爱孩子的人,他才可以教育孩子。"教育之爱谁都懂得,但教育之真爱,却不那么简单。"真"应当是真实、真诚、真挚的,"真"源于"深",情到深处方可为真。但在工作之初,我并不懂得这一点。

那是当班主任的第一年,我23岁。就在每天手忙脚乱、焦头烂额时,班上又出了桩大事儿——班长收的杂志费不翼而飞!一共2800多元!这么大数目的钱没了,怎么办?当时教室里没有摄像头,怎么查?我当时是这样做的:先安抚班长,然后全班54人加上我一起分担这笔费用,先把丢掉的钱款悉数上交了再说。

事发后一个星期的一个早晨,校长找到我,说我班的班长拉着偷钱的孩子直接去了他办公室。原来是坐在班长后面的男孩,因为想买游戏机,趁大家去上体育课,把手伸到了班长的书包里……而至于班长如何怀疑到那个孩子,又如何让他在校长面前承认错误,整件事从头到尾,我这个当班主任的竟全然不知!更荒唐的是,我认为钱追回来了,问题就解决了。可以想见,当时的我是多么无知,多么失败!而更失败的是,面对这样一个犯错的孩子,我接下来有意无意的冷落给了其他同学最好的暗示:他有错在身,大家须敬而远之。更没料到的是,班长为发泄之前的种种怨恨,总是拉拢同学一起羞辱他。最后,原先品学兼优的班长因为这起事件导致报复心理加重甚至趋向病态,成绩更是一落千丈,无奈之下,家长只得将其转学。而那个曾因偷钱被全班同学孤立的孩子也最终没能抬得起头……

一个疏忽,毁了两个孩子,甚至两个家庭。而造成这样的后果,正是因为当初的自己眼中没有孩子,心中没有真爱,骨子里没有真情,更不懂得去呵护一个稚嫩的心灵。如果能够设身处地、换位思考,如果把学生真正当成自己的孩子,走进他们的内心深处,又怎会那样听之任之?又怎会只求"阿弥陀佛"解决问题,而不从根源上帮助孩子走出心理误区呢?人性本善,愚蠢的我不仅没有用爱心与耐心唤醒孩子善意的种子,反倒以冷落与惩罚浇灭了孩子向善的希望,这已然成为我教育生涯中一个永远无法饶恕的过错!

我始终把这个再也无法弥补的过失作为前行道路上的一个警钟。我不断告诫自己——永远、永远都不要去另眼相待任何一个孩子!因为每个孩子都是爸爸妈妈的宝贝,每个孩子的背后都有一群人,他们期待着教育能给他们一个更好的"作品"。尽管我们做不到把每个孩子"塑造成才",但至少,我们要陪伴他们"成长为人"!

讲到这里,我特别想和大家分享第二个真实的案例。这是学科组长沈老师与学生的真实故事,4000多字,我来来回回读了十多遍,每读一遍,都会泪流满面。而沈老师的故事给予我的最大启迪就是——选择信任是真爱最好的诠释。截取其中几段:

> 那天他站在我面前,满脸晦色,惶恐纠结,目光游移不定,我感觉到他紧张情绪的剧烈波动。
>
> "别放弃我。"沉默中他突然冒出这么一句话。
>
> 我惊诧地望着他,意识到这不自主的表达恰恰是他内心最真实的心理表白。我也沉默了。我理解他的担忧,当问及他能否将怪叫控制在下课后释放时,他愣愣地说:"就像憋尿一样,难受死了。"我怔住了,设身处地感受,他太痛苦了。
>
> 我让他坐在教室后门边,给他可以自由离开课堂的权利,只要控制不住就可以随时离开教室,减轻对他人的干扰。我建议他嘴里咬个东西或是戴个护齿,避免伤害到自己……
>
> 他真的接受了我的建议,他开始有意识地控制自己的行为,我经常看到他咬着衣服的领角,扭着脸,攥着拳头,他在默默地抗争,为了心中那份不舍,为了能在这个学校、这个班级学习。我深切体会到他的渴望,也感受到他的坚忍,自然也坚定了全力助他的信念。
>
> ……………
>
> 中考前他取得第一高中的指标生资格,他说:"我要超通中分数线进一中。"他做到了。他说:"我要和进通中的同学比,高考超过他们。"他也

做到了,考取了心目中的理想大学,圆了他的大学梦……

比起我那两个学生,沈老师笔下的"他"何其幸运。因为班主任这份笃定的信任与包容,因为沈老师由心而发的这份真爱,让那位学生拥有了与正常孩子一样健康成长的平台。而我们更有理由相信,信任是可以相互感染的,这个幸运的孩子一定会带着这份信任与期许,去相信更多的人,继而相信世界和未来!这才是教育真正的意义。

当班主任征途越走越远,我不断反问自己:我们何以永葆一颗"真爱"的初心?我们总会面对特别无奈的学生,也总会有怒不可遏或者心灰意冷的时候,而我常常冷静地想:如果出问题的正是自己的孩子,作为家长又将期待班主任怎样的态度呢?"双减"之后,班主任的在校时间更长、肩负责任更大,我们每天忙着教育别人家的孩子,对自己的孩子其实关心得并不多,那么我们就和天底下的家长一样,巴望着自己的孩子能够遇到温柔一点的、耐心一点的、对孩子好一点的班主任。学会换位思考,很多时候,我们就能控制自己的情绪,用一颗更包容的心去看待那一个个令自己头疼的学生,用一种更平和的心态接受班主任每天的琐碎和繁杂。班主任是一个良心工作,你对每一个孩子的真情付出都是善举,都会为自己、为后代积累福报的种子。

学会"真爱",是我的班主任工作从被动到主动的转化过程,更是自己的站位与境界逐步提升的过程,时代在前进、要求在提高,学生更在每天不断变化,这个过程永远没有终点,而作为班主任的我们,永远没有停下脚步的时刻。"不忘初心,方得始终;使命易晓,致远惟艰。"今天教育的主旋律是"立德树人",让我们将人字大写,看得见讲台下每一个活生生的人,以真实、真诚、真挚的姿态去唤醒每一粒种子!以信任、包容、悦纳为学生营造最温暖的精神家园,去呵护每一株幼苗!以一以贯之、一往情深、一往无前的坚守陪伴孩子成人,去静待每一朵花开!

(南通市教育科学研究院 李 屹)

始于误会，终于沟通

小吉同学性格活泼开朗、关心班集体，积极参加学校和班级组织的各项活动，难能可贵的是有艺术细胞，是班级文艺活动的骨干力量。高二上学期，他导演策划了语文课本剧，在排练过程中他常常主动和我交流角色表演、舞台效果、服装服饰等情况。在师生有效沟通和全体演员的共同努力下，课本剧表演取得了巨大成功，获得一等奖。到了高二下学期，英语课本剧比赛正在筹划中，班长来和我"告状"："小吉同学不愿意参加英语课本剧表演，而且态度很不友好。胡老师，怎么办？"听到这样的投诉，我惊讶于小吉同学的表现，内心疑惑不解。

我约小吉同学一起来到学校树人堂前，边走边聊，我首先和他一起回忆了语文课本剧的精彩表现，夸赞他有艺术才能，为班级赢得了荣誉。紧接着我请他帮忙策划英语课本剧，果不其然，他说不想参加。我顺势询问原因。他犹豫了片刻说道："不喜欢班主任，所以不想参加这些活动，正好留下时间好好学习。"听到他这样回答，我有点懵。沉默思考片刻后，我追问道："之前我们一直相处比较愉快、融洽，是因为老师有什么事情或言语，让你误会了？可以说说原因吗？"在平静的氛围中，他沉默了一会，鼓足勇气回答道："因为你不尊重我妈妈。"此时的话题又向前延伸，涉及家长，疑惑进一步加深了。

我极力在脑海中搜索相关回忆。印象中，我和小吉同学的妈妈交流次数较多，经常通过电话或短信交流，但谈话中并没有发生不愉快。于是，我拿出手机，将他妈妈发给我的信息给他看，其中有一条信息是："胡老师您好！谢谢您抽时间找小吉同学谈心，他告诉我您找他聊天，告诉他很多正能量的事，他这几天好多了，整个人都有精神了，人也变得有活力了，对生活对学习都充满了热情，以后还要继续麻烦您经常给他一些鼓励，他会变得越来越优秀。"或许是信息内容起到了催化剂效应，小吉卸下了心理防备，对我道出了原委。

原来两周前的一个下午，他午睡睡过头，没有按时来上学，我担心他的安

育人故事

全,电话联系了家长,当时家长在单位上班,家中只有孩子一人,打电话孩子也没有接,不知道什么情况。于是小吉妈妈心急如焚,从单位请假回家,发现孩子已经不在家。于是打我电话,而我恰巧在上课,手机放在办公室了,电话也未能及时接听。一波三折,孩子妈妈又赶来学校,在教室外面看到小吉已经在教室上课,便站了一会儿就回家了。小吉认为:他妈妈在教室外面,而我在教室内上课,没有和他妈妈打招呼,他认为我不尊重他的妈妈。

听完他的讲述,我明白了,原来是一次小小的误会,造成了我们之间的隔阂,只要有效沟通就能顺利解开心结。我引导小吉从以下四个方面进行分析:"第一,老师发现你没有按时来上学,不放心,给家长打电话,这说明什么?"他回答说:"老师关心我。"

"第二,当得知你是由于睡过头了而迟到,我一颗悬着的心落下来,但我觉得需要打电话告知家长具体情况,也好让家长放心,你认为打电话的合适时间是什么?"他回答:"下课时。"

"第三,老师在上课,可能没有关注到教室外的情况,这说明什么?"他立即回答:"老师上课很专注,同学们都觉得您的课上得好。"

"第四,对于这次事情,咱们换位思考,如果你是老师,你会如何处理?"小吉不再说话。这时我对他说:"老师也有做得不够好的地方,我要反思自己的班主任工作,从中吸取经验,如果以后发生类似的事情,我准备这样处理:可以请班级同学谅解一下,利用极短的时间及时给家长发短信报平安。如果家长在教室外,我可以用非语言形式沟通,如眼神交流、点头示意等,告知家长,你已来上课,你觉得如何?"

小吉听我这样说完,自己也主动说:"老师,是我太自私了,只考虑自己的感受,没有考虑到班级同学,没有考虑到老师。英语课本剧由我负责,请您放心,我会积极参与策划,为班级赢得荣誉。"至此,我们继续是好朋友、好伙伴,我依然是他心目中负责任的班主任。

反思自己的这次沟通案例,主要有以下三点收获。

主动交往,探知缘由。成功沟通的基础首先是交流基础要好。当班长来告状时,我首先冷静思考、避免责难,主动约小吉同学交流。其次交流环境要好。在树人堂下,处于宽松、平静的环境中开始谈话,慢慢渗透、点点细化。再次交流方式要好,当小吉同学对我表达不满的时候,我做到不争执、不辩解,用成功案例唤起他之前的美好体验,通过成功案例的迁移,助其说出心里话,获取学生对班主任产生误解的缘由,这是顺利沟通的前提。

用心倾听,感知需要。有效沟通源于获取信任,在谈话过程中,班主任需要集中注意力去倾听,和学生在同一水平线上,让学生感受到老师尊重的态度和友好的情感,在倾听的过程中适时给予引导和提问,步步渐进、层层深入,从而发现学生内心的需要。

学须反己,赋知情感。高中生已经具备一定的思辨能力,我请小吉同学换位思考:如果他作为班主任,碰到类似情况将如何处理?通过学须反己,学生自我检查、自我反省,从而达到自我教育的目的。同时班主任也要省察克制,反思自己在应对突发事件时的处理态度、应对方式,使学生感受到老师的诚意。在与学生谈话时,用"情"叩开学生关闭的心灵,用"理"来感化学生的纯真之心。

至此,一场师生之间的误会解开了。这一个小小的误会,使我明白沟通既是一门科学,也是一门艺术。沟通是一种相互关系和双边活动,是一个双向的动态过程。个体在这个过程中需要去感知、理解对方所传递的信息,也需要表达自己的意见和感受。沟通过程中,班主任要有较高的觉察能力,包括察觉自己和察觉对方的能力,这样可以做到知己知彼,有效把握沟通的过程,正所谓始于误会,终于沟通。

(江苏省扬州中学　胡有红)

"伤疤"带来的幸福

高二开学已经有半个月了,一天,年级主任领来了一个男孩,说道:"这个同学转学来的,是空军飞行员的好苗子,编在了你们班,好好培养啊!"再细看这个男孩,且称他为小陈吧——身姿挺拔,眉目下垂,看起来既帅又乖。我欣欣然带他去了教室,安排好座位。

一次课外活动,大家在操场练习跑操,我在前面讲解注意事项,突然队伍后面一阵骚动。我快步走到队伍后方,原来是小陈和小崔发生了争执。小崔看见我,愤怒地说:"老师,他骂我,如果他再骂的话我就动手了啊!""你很好地控制住了自己的情绪,你很棒!"我安抚了一句小崔,然后转向小陈,想听听他的解释,没想到一本很厚的英语词典向我砸来(学校要求学生跑操的时候带一本资料,空隙的时间读背),还伴着一句:"让你管我,让你多管闲事!"那本字典正好砸到了我的眉心处,当时我的脑子"嗡"地一响,人不自觉地就倒了下去!再起身抬头时,一脸的血。说实在的,当时我的内心是崩溃的,充满着委屈和愤怒。工作这么些年了,再顽劣放肆的孩子也没有打伤自己班主任的呀!即使是和同学之间有矛盾,在看到班主任来了之后也会立马停止的。

去医院缝了三针后,我便被领导要求回家休息了。是夜,身心俱疲,却怎么也睡不着,脑海中不断浮现出我临走时小陈看我的眼神,那眼神里似乎带着一丝怯生生、一丝无助。我开始思考学校会如何处理他。如果处理很严重,会不会影响他高三报考飞行员?如果处理轻了,如何服众?又如何打磨这个未来飞行员的品性?越想越不安生,我立刻给年级主任发了一条信息:"他是误伤了我,请您给他个机会,从轻处理。"

两天后,回到学校,小陈第一时间来到了我的办公室。

"老师,非常对不起,这是我的检讨书。"他低着头,还不忘瞄了下我的额头。

"不会破相的,放心吧!"我拍了拍他的肩膀,示意他坐下来,"跟老班说说这件事的起因、经过吧。"

"跑操时我随口埋怨了句'天气太热了还跑这么长时间',小崔就怼我,让我闭嘴。我最烦别人管我了,所以我就骂了他。"他不好意思起来,我却轻松下来——果然不是冲着我来的,只是他佯装动手时我恰好迎了上去,他也没想到会砸中老师。

我给他倒了一杯水,说道:"继续说说你存在的问题和你以后的打算吧。"

他开始说起来,说到了自己的家庭,谈到了他的妹妹——从小家里对他极尽溺爱,自从有了妹妹以后,父母便不再关注他,每次都要他让着妹妹,他很失落。他谈到了他的理想——初中毕业后考取了空军青少年航空学校,因为听力筛查不过关而被劝回学籍所在地,他的梦想是高考再考上空军飞行员,以证明自己。

哦,原来嚣张和狂妄,不是他的本色,他只是缺乏正确的引导,他不知道怎样表达自己。我开始感到庆幸——还好我做到了对他宽容,这也是对自己的宽容。

我开始用欣赏和柔和的眼光来对待他。恰逢学校运动会开幕式,全班需要以军姿走正步的方式入场,这正是小陈的强项,他可是在军校训练过一年的时间。在我的安排下,他带领着全班同学刻苦训练,大家都亲切地称他为"陈教练"。最后,我们班在开幕式上成为"明星班级"。5000米长跑比赛,他是唯一的报名者,长达12圈的长跑中,大家为给他加油喊破了嗓子。他也不负众望,拿到了第一名。他越来越开朗,越来越谦和,也渐渐融入班级。

故事讲到这里,还有一个结尾:寒假开始前一天的晚自习,我给大家颁发奖状,学生们开开心心地领完奖状之后,他忽然站起来:"老师,我们也给您准备了一张奖状!"他双手捧给我一张奖状,上面写着我被评为"2020—2021学年度最仁慈、最宽容、最辛勤的班主任"。我还没来得及说一句感谢的话,教室里便响起了热烈的掌声!

那一刻,我既感动又幸福……

(邳州明德实验学校 赵 玮)

"走近"才能"走进"

沟通是一门艺术，是班主任必须具备的技能之一，是班级管理工作顺利开展的重要保障。但现实是，"现在的学生越来越难管""学生没以前听话了""班主任的说教越来越苍白无力"等抱怨越来越多。出现这些情况，我认为主要是因为一些班主任没有根据时代以及学情的变化及时调整自己的工作方法，未能认真分析新环境下成长起来的学生特点，不能及时更新自己的教育观和学生观，这样的班级管理工作必定无法深入孩子内心，不能真正拨动孩子的心弦。

俯下身，以尊重打开心扉

班主任在与学生进行交流时，首先必须树立一个基本的观念，即学生是独立的个体，有着独立的人格与思想。从人格角度讲，学生与教师是平等的，处于青春期的孩子，主体意识正在逐步觉醒，他们不喜欢教师对他们进行居高临下的训诫，他们渴望得到尊重与认可。因此，班主任与学生沟通时需要"俯下身"，以尊重打开学生的心扉。

我曾经遇到过一个所谓的"问题学生"，接班时所有任课教师都告诉我，他是个"难管"的孩子，逆反心理很严重，喜欢与老师"对着干"。与他交流时，我并没有"急于冒进"，交流之前我做了大量的准备工作。在交流过程中，我并没有先入为主地批评他，也没有进行大段说教，而是首先和他聊了一下对学习生活的规划，听听他对学习、对同学、对集体以及对老师的基本看法。在交流思路与方法方面"先跟后带"，首先对他的种种想法表示尊重和认可，继而引导他对自我现状进行深入分析，让他认识到自身存在的不足，最终引导他制订、完善学习规划。

"先跟后带"的沟通方式，使这位"问题学生"有了倾诉的可能，他的情绪得以宣泄，我也了解到他的各种"问题"的成因。进入高中阶段之后他出现了诸多不适应，自我要求过高，压力大，但找不到正确的解决方式，最终选择通过顶撞老师等方式发泄情绪。在处理方式方面，我一方面对他的较高的自我要求表示了认可和赞同，同时表明在我心中他确实是一个有着巨大潜力的孩子，并告诉他：当任务较重时，压力越大越难以达成。相反，轻装上阵才有利于完成任务。在这次交流中，我既尊重了他的想法，同时又用专业的心理知识对他进行指导，得到了学生的信服和认可。

正如苏霍姆林斯基所说："学校内许许多多的冲突，其根源都在于教师不善于与学生交往。"如果班主任能尊重学生，与学生顺利有效沟通，建立起良好的师生关系，就能够顺利地指导学生的成长发展。

转过身，以理解引领发展

"转过身"，要求教师转变传统的学生观，以发展的眼光看待学生出现的种种问题，关注学生当下的发展，更需要关注学生未来的发展。现代学生观认为"学生是具有多方面发展可能性的人"，只有具备了这样的学生观，教师才会对学生的成长和发展具有坚定的信念和信心，与学生沟通时才会给予更多的信任和鼓励。

我所带班级曾有一名学生，每个老师对他的看法都是"他根本无心学习，到学校里来只是混日子"，对他的要求只是上课不破坏纪律就行。当我因为他没交作业找到他时，他显得很吃惊："老师，我一直都不做作业的，不是从来都不找我的吗？"学生的反问深深刺伤了我，这是一个被老师忽视的学生，这是一个需要我们给予更多关注的学生。此后，在与他的沟通中，我大多采取先肯定后建议、多鼓励少批评的做法，逐步建立起他的自信心。每个学生，不管他过去和现在怎么差，但在其内心深处总有向上的念头，教师的责任就在于点燃埋藏于他们心灵深处之火，发现自己潜在的能力。因此班主任在与所谓的"后进生"沟通时，一定要找准学生的闪光点，理解其暂时存在的困难，帮助其制订发展计划。针对这个学生，在班级管理中，我一方面像对其他学生一样严格要求他，另一方面努力发掘他的优点——他擅长体育，我就让他参加校运会，让他在集体活动中找到自信，在班级中找到自我存在的价值；组建学习小组，用同伴的力量、集体的力量帮助他实现成长。

走近身,以共情拨动心弦

所谓"走近身",是指真正能走近学生的实际,深入学生的学习生活,去体会他们的感受。真正的教育不只是教育他人思考,而是也要学习他人的思考方式,不仅仅意味着学会预知他人反应的技巧,也不是操纵他,使其对我们有利,而是站在对方立场去思考。卢梭曾说过:"孩子一切不可爱的行为都是在呼唤爱。"面对做得不够好的学生,我们不能轻易批评或否定他,必须进行换位思考,多分析、思考学生为什么会这样做,深入了解问题形成原因,对症下药,引导他们朝着正确的方向发展。与学生交流沟通时,切忌当众打击、羞辱学生,伤害学生自尊心,不给对方留余地的方式最终导致的后果是不给自己留余地,学生有可能会产生反感和抵触心理,形成逆反效果,从而影响身心的健康发展。

苏霍姆林斯基说:"在每个孩子心中最隐秘的一角,都有一根独特的琴弦,拨动它就会发出特有的音响,要使孩子的心同我们讲的话发生共鸣,我们自身就需要同孩子的心弦对准音调。"在与学生交流时,只要我们真正"俯下身、转过身、走近身","走近"才能"走进",才能真正拨动孩子的心弦,达到教育效果,促进学生的全面发展。

(江苏省邗江中学　易　劲)

一次危险的家访

我是一名普通而又不普通的高中班主任，说普通，因为我只是学校里60个班主任之一；说不普通，因为我是宏志班班主任。

宏志班的孩子，求学更加艰难，不仅贫困、孤单，甚至还有残疾。他们中有刚出生两个月，母亲就因精神分裂而离家出走，至今未归；有母亲患有小儿麻痹症，丧失了大部分劳动能力，家里一贫如洗，甚至都无一件像样的家具，遇到下雨天，家中漏水不止；有幼年身残，成长中一直忍受别人异样的目光……"折翼"的方式各不相同，一样的是，他们都是天使，都有一颗不屈服的少年心，都有改变人生的强烈追求。

何谓"宏志班"？就是让"折翼天使"不坠青云之志，让他们三春暖，冬不寒，天黑有灯，下雨有伞，一路有良人相伴！如何做到？以班级为家。宏志扬帆，温馨致远。

以班级为家，让孩子们体会"妈妈的味道"。每个周末，我采购大量的鱼肉、菜肴，母亲、妻子和女儿，全家总动员，为孩子们周末加餐。

以班级为家，提供有尊严的"粮草补给"。孩子们在食堂打饭的时候，我会"不经意"地站在窗口附近，发现有孩子只买素菜而舍不得买荤菜的时候，我会装着"忘记"带饭卡，向他借用一下饭卡，而在还饭卡给他的时候，我会偷偷地给卡里打上两三百元。当孩子发现自己卡里的钱多了，我淡淡一笑："老师以后可能还会向你借饭卡的，好好吃，吃好点。"

以班级为家，让活动承载孩子们的欢声笑语。我们都曾经受过伤，我们都紧紧咬着牙，友爱同伴、同进同退，"一个都不能落下"。以班级为家，是教师的职责所在，是孩子们成长的保证，是宏志班生活的日常。

然而，这一切被打断了，被终止了，那可恶的"新冠病毒"，猝不及防，来势汹汹。一瞬间，正常的生活受到了极大的影响。单个的家庭不足以提供成长的温馨，冰冷的网课不足以支持学习的热情，"求救"信息不断传来。

育人故事

"老师,现在这样,我实在无法接受……没有动力,不能静心,不能思考,我要崩溃了,我想回宏志班!"

"老师,我家住乡下,打印学习资料不方便,孩子担心落下功课,非常担心不能顺利参加高考,很是焦虑。"

不行,我要看到他们,我要让他们看到我,宅在家中的我也应和那些战斗在一线的白衣天使一样贡献自己的一份力量。我们聚在一起是一团火,散开之后仍是星星之火,他们不能回到班级,但是我可以通过家访组建一个"流动的家"!

这是一次危险的家访!此时,一套防护服是必需的装备,药店断货,医院有!于是,我拨通了朋友孙医生的电话:"孙医生,有事相求,我想从你们医院买几套防护服,很多孩子需要我去家访!""现在物资仍紧张,不好办。"

我急切地把情况和盘托出。"我来跟领导汇报请示一下。"孙医生很想帮忙,"王老师,我们领导很支持你的行动,但是必须对你做一个防护培训。"于是我接受了相关的防护技能培训。

紧接着,我拨通了各科老师的电话,请大家把所有网课期间需要打印的资料发给我。根据每位孩子的不同需求,我把相关的学习资料打印、分装好;同时分装的还有我和各位老师对每位同学的鼓励:不要辜负生活中的每一次挫折,每一次挫折都是给予你一次转折的机会,要相信自己是个强者……

第一家,去我们的班长小薇家。往日喧闹的街道空荡荡的,一个人都没有,新冠病毒的侵袭,让整个村庄蒙上了与往日不同的色彩。

村口的红袖套大叔拦下我:"疫情防控,不得进入。"当得知我是老师,想去小薇家家访时,他说道:"老师,小薇这孩子不容易,母亲去世后,父亲又不知所踪,跟奶奶相依为命。疫情这么危险,你还家访,难为你这么有心了,我带你去。"热心的大叔给我测体温、登记信息。

敲开门。"你是?"看着严严实实穿着防护服、手提着两盒蛋糕的我,小薇问道。

"生日快乐!"

"老师,是你!你怎么知道我生日的?"她的声音带着明显的激动和兴奋。

"听你提起过,而且我记得你奶奶的生日只比你晚两天,所以今天我们也提前给奶奶过个生日!"

"谢谢老师,谢谢!"奶奶悄悄用衣袖抹了一下眼角,"不怕您笑话,这么大年纪了,还是第一次有人送我老太婆生日蛋糕的。"接过学习资料,小薇看到六位任课老师写给自己的鼓励的话语,眼眶湿润了,而后目光坚定地朝我点点头:"老师,你们放心!"

紧接着赶往小希家。气喘吁吁地急行在乡间小道上,这防护服保暖效果真好,贴身衣服已经湿透,感慨医护人员真心不易!

"老师,您怎么来了?"听到我声音,小希高兴地跳了起来。

"这是所有需要打印的复习资料,外面打印不方便,有困难记得找老师。来,把最近的作业拿出来,老师帮你批改一下。"

"老师,我也有好多事想跟你说,还有好多问题。高考还能如期进行吗?好焦急。"小希迫切地追问。

"放心,会雨过天晴。多难能兴邦,也能磨炼我们的意志,我们要有'长风破浪会有时,直挂云帆济沧海'的豪情壮志!"

50多个学生,一个没落,疫情防控期间,我通过家访把宏志班所有人又"聚在了一起"——孩子们又"回家"了。

疫情有所好转时,孩子们终于走进了校园。我们班的孩子就如鹰击长空,鱼翔浅底,蛟龙得水,一个个踌躇满志,铆足了劲头。六月高考一战,硕果累累。"老师,请您看看我的录取通知书!""老师,也看看我的!""还有我的!""好好好,都好!"

在今后的教育生涯中,这一次危险的家访注定会成为我心中不可磨灭的记忆!

曾经,我有个梦想,要像教育家那样!何谓教育家?那就是以教育为家,努力成为孩子们的人生导师。所以,面对宏志班的孩子,我不想过多放大他们人生中的不幸,而是更多地引导他们充满阳光地去走未来的人生之路。

今天,我有个承诺,作为班主任,我要以班级为家,努力成为孩子们的爱的港湾。所以,面对宏志班的孩子,我不想让班级仅仅就是班级,我想让班级成为我们永远的、共同的家园!

(吕叔湘中学　王　涛)

■ 专家点评 ■

理念、策略与智慧
——班主任育人故事三要素

齐学红

育人故事是班主任工作状况的真实写照,也是班主任精神世界的叙事表达。一个优秀班级一定是有故事的班级,而一位优秀班主任一定是有故事的班主任;在这些故事中主要的是班主任与学生的故事,而在班主任与学生的故事中大多是围绕班主任与个别学生展开的,集中体现了班主任的育人理念、工作策略与实践智慧。阅读这些故事的过程,便是走进了班主任与一群孩子的精神世界,倾听他们之间的心灵碰撞与交流,感受班主任的用心、用情、用智,见证一个个优秀班主任与一群孩子的生命成长历程。接下来,我将从理念、策略与智慧三个层面,对高中组班主任的育人故事进行分析点评。

一、班主任的育人理念

(一)静待花开的教育耐心

孙伟老师的育人故事《一碗鱼汤》,讲述的是宏志班班主任孙老师面对陷入"网瘾"厌学的小王同学,通过家访了解到她不幸的身世,在教育劝说无效的情况下,允许其暂时尝试放弃学业的同时,给她一个缓冲期,让她体验打工的不易;在她重返校园后不断给予鼓励支持和帮助,最后顺利考上大学,也成为一名宏志班班主任。

(二)唤醒自信的教育用心

在高中学习阶段,面对升学考试的残酷竞争和学业压力,相信很多学生都曾经有过挫败感,进而失去信心和自信。做一束温暖的光,把爱种进学生心田,用爱照亮"被遗忘的角落",成为很多班主任共同的情感表达,他们用自己细致入微的行动诠释着一个教育的信念——"枫叶是自己红起来的",而班主任就是照亮学生精神世界的那一束光,是润物无声的雨露!

(三) 与学生共情的同理之心

对于高中生而言,在他们本该丰富多彩的生活世界里充斥着的却是简单乏味的学习压力,往往需要有良好的家庭教育的陪伴;而家庭变故、父母离异、亲人去世等生活变故,可能会给他们脆弱的心灵造成创伤。这时,班主任便成为他们内心的强大支持。班主任作为学生生命成长中重要他人的作用便充分显现出来。

二、因势利导的教育策略

陈宗亭老师的育人故事《用赞扬燃心中之火》,面对军训时青春叛逆不肯理发的小田同学,根据自己对该类同学的分析判断,在用浑话震慑住该生的同时,了解其"顺毛抹"的个性特征,发现其身上的"军人气质",并加以适时的表扬和肯定,进而激发起内在的学习动力。建立在细心观察基础之上对学生思想心理特征的把握以及方法策略的拿捏,进而产生了好的教育效果。

瞿雯老师的育人故事《"网红"风波》,面对当下中学生渴望通过网红一夜成名的心态以及家长的焦虑,班主任瞿老师不是采取简单粗暴的打压态度,而是推荐其作为毕业生奖学金颁奖典礼的主持人,用中英文在云直播平台播放;通过任务驱动的方式,帮助该同学提高自己的英语水平,帮助其认识到,作为主持人需要具有语言功底、临场反应、人文素养等综合素质,而不是依靠青春美貌。

(一) 从学生实际出发,不断创新育人方法

在徐蕾老师的育人故事《"剧"说》中,我们看到,高中班主任面对由家长焦虑、学生迷茫、老师重视、社会关注交织成的一张密网,需要有很高的教育实践智慧。当一味说教难以奏效时,需要不断寻找适合当下青少年身心发展特点的教育方式方法。面对来自家长的高期待与自己成绩之间的落差,当孩子们不断说出"对不起父母""考不上名校,活着没有意义""我妈说,就当没有

生过我"等等话语时,班主任的言语沟通显得那样苍白无力。家庭本该是孩子们前行的指路明灯,孩子们获取养分的沃土,放松身心的港湾,然而因为家长错误的认知、激进的做法,反而使家庭成了孩子发展道路上的最大阻力。面对这样一些棘手问题,徐蕾老师在学校心理老师的帮助下,将心理剧活动引入家校共育,通过孩子们的自我演绎,达成了良好的亲子沟通效果。

(二) 对话学生文化,发挥价值引领作用

青少年是网络时代的原住民,他们的阅读方式、交流方式都具有鲜明的时代特点。面对学生文化或青少年亚文化,班主任老师的价值引领作用显得尤为重要。李国伟老师的育人故事《我与"秦明"斗智斗勇的那些年》,针对《法医秦明》系列小说在高中生中产生的广泛影响,从自己的成长经历出发,不是限制他们看这个系列的书,而是和学生分享自己从书中看到的不一样的"风景",引导他们形成正确的价值观。引导他们摆脱"快餐文化"的诱惑,走进经典书籍的世界;引导亲子阅读,培养孩子的文学欣赏能力和自我管理能力,家校合作取得了更好的效果。

三、点石成金的教育智慧

(一) 内心格局激发教育智慧

戚逍逍老师的育人故事《虫儿飞》,为我们讲述了一位优秀班主任"妙手回转",将一间破教室里因各种虫子滋扰给孩子们学习生活带来的苦恼,巧妙转化成了一场时空穿越和文化之旅:从20世纪50年代"除四害"运动中"爱卫生,讲文明"的初衷,说到"天上鸟飞绝"的生态恶果;从杀虫剂的海报设计,讲到做不出题时的出气包和"替罪虫",把因教室条件恶劣引发的学生牢骚抱怨,转化成为一段教室里的美好记忆。

(二) 教育素养孕育实践智慧

昌晶老师的育人故事《目送》讲述的是一次到校园寻找诗意的语文课上,昌老师发现作为国际班的学生未来都是要走出国门的,但他们因为家庭条件优渥,上下学路上都是家人接送,缺少基本的出行常识,何以能够独行世界?

正是出于这样的教育敏感和觉察,她把教学变成了生活教育实验,在老师的陪伴下,让同学们自己寻找路线,走出校门,走出城门,了解眼前的道路和城市的历史。高中三年的生活不再是两耳不闻窗外事,而是成为一段奇妙的旅途:它为孩子们创造出一个开阔而自由的空间,为他们的未来生活打下了良好基础。而老师的作用就是看着孩子们的背影越来越远!正如陶行知所说:"教育要通过生活才能发出力量而成为真正的教育。"昌晶老师写道:"我们总以为教育是多么轰轰烈烈的事情,激发一个人的心灵得下多么大的力气,但其实教育很平常,就是带他们回到生活里,做原本在生活里就应该做的事情。"而这一生动感人的故事背后,是一位优秀班主任的教育素养和觉察力。

综上所述,班主任的育人故事是班主任教育理念、方法策略与教育智慧的集中体现,也是他们真实生活和精神世界的写照。从育人故事的表达来看,还存在一些不足或改进之处:例如,有的故事标题雷同,故事叙述的完整性、语言表达的流畅性不够,核心观点的概括提炼不够准确等。为此,班主任老师应不断加强自己的教育反思意识与能力,在不断锤炼自己的语言基本功的同时,自觉提升自己的教育素养和专业基本功。